本书献给我美好记忆中的父亲及恩师
萨缪尔·利希滕费尔德。

——伊米·利希滕费尔德

Si vis pacem para bellum.
和——人所向往，战——不可不备。

诚挚感谢以下马伽术组织对本书出版所做的卓越贡献

国际马伽术联盟（International Krav Maga Federation）

美国马伽术协会（Krav Maga Association of America）

以色列马伽术协会（Israeli Krav Maga Association）

特别鸣谢

世界马伽术联合组织 KMG（Krav Maga Global）

对本书技术更新和内容审定所做的卓越贡献

在伊米·利希滕费尔德的指导下，初代马伽术教官们花费了大量的时间和精力，展示了 500 余张照片，讲解了马伽术的不同技巧。在此诚挚感谢以下教官对于本书的大力支持与付出：加比·诺亚（Gabi Noah）、埃利·本 – 阿米（Eli Ben-Ami）、阿维·莫亚（Avi Moyal）、安农·达萨（Amnon Darsa）、多里·涅梅茨基（Dori Nemetsky）、约夫·冈（Yoav Gaon）。

感谢出现在本书使用的马伽术历史照片中的教官们：沙克·巴拉克（Shaike Barak）、哈伊姆·祖特（Hayim Zut）、盖伊·科恩（Guy Cohen）。

伊米大师以色列格斗术

面对持械攻击者，你须要这样自卫

KRAV MAGA: How to Defend Yourself against Armed Assault

Imi Lichtenfeld, Eyal Yanilov

〔以〕 伊米·利希滕费尔德
伊亚·雅尼洛夫 ◎ 著

汤方勇 ◎ 译

世界四大马伽术组织
唯一公认
权威指导
创始人正宗原著 独家授权中文版

北京科学技术出版社

KRAV MAGA: How to Defend Yourself against Armed Assault © Copyright Dekel Publishing House, P.O. Box 6430, Tel Aviv 6106301, Israel.

Chinese edition © Beijing Science and Technology Publishing Co., Ltd, No.16, Xizhimen South Street, Beijing, China.

著作权合同登记号　图字：01—2018—4934

图书在版编目（CIP）数据

伊米大师以色列格斗术 / (以) 伊米·利希滕费尔德，(以) 伊亚·雅尼洛夫著；汤方勇译 . — 北京：北京科学技术出版社，2020.11（2024.8 重印）

书名原文：KRAV MAGA: How to Defend Yourself against Armed Assault

ISBN 978−7−5714−1118−3

Ⅰ . ①伊… Ⅱ . ①伊… ②伊… ③汤… Ⅲ . ①格斗—基本知识—以色列 Ⅳ . ① G85

中国版本图书馆 CIP 数据核字（2020）第 161367 号

免责声明

本书作者、编者以及出版方对任何人以任何形式（无论正当与不正当）使用本书所授内容的行为不承担责任。所有对本书内容的使用须与法律所允许的一致，由此带来的一切后果，由本书的使用者自己负责。

有意进行本书技术训练的读者有义务咨询医师，以确定获取关于个人能力及限制的完整医学信息。另外，读者必须严格遵照本书中的技术训练及实际使用的安全原则。

作　　者：〔以〕伊米·利希滕费尔德		社　　址：北京西直门南大街 16 号	
〔以〕伊亚·雅尼洛夫		邮政编码：100035	
译　　者：汤方勇		电　　话：0086-10-66135495（总编室）	
策划编辑：苑博洋		0086-10-66113227（发行部）	
责任编辑：苑博洋		网　　址：www.bkydw.cn	
责任校对：贾　荣		印　　刷：保定市中画美凯印刷有限公司	
封面设计：何　瑛		开　　本：710mm×1000mm　1/16	
版式设计：创世禧		字　　数：290 千字	
责任印制：张　良		印　　张：17.5	
出 版 人：曾庆宇		版　　次：2020 年 11 月第 1 版	
出版发行：北京科学技术出版社		印　　次：2024 年 8 月第 12 次印刷	
ISBN 978-7-5714-1118-3			

定　　价：79.00 元

致中国读者

在以色列长大的我，少年时总是对战士和英雄们的格斗故事很着迷。我们的国家在那个年代时常经历战乱，军事概念深入国家文化，是人们茶余饭后的话题。我的很多家人都曾参军服役，保家卫国，自然而然地，我也加入了以色列国防军并参加了战争。当中国功夫电影传入以色列并广受欢迎时，我深为其中的技巧和风格所震撼。所有这些因素综合在一起，引领我走上了研究马伽术的道路。后来我更加深入地研究中国文化与思想，把老子的《道德经》和孙子的《孙子兵法》读了一遍又一遍，也读了许多中国和日本的禅宗大师的文章。这些研习为我研究马伽术和格斗术提供了极大的助力。

我第一次见到马伽术创始人伊米大师是在他的 64 岁生日会上，2 个月之后我就开始跟随他训练了。从一开始，我就被他清晰的逻辑、同情心、耐心，以及他与众不同的人格魅力深深吸引。那些年里，我们越来越亲近，像家人一样。当伊米大师无法出席授课时，我常常代替他为教练和高级别学员教授课程。我们一起前往美国，在犹太人社区演示马伽术。1981 年，从美国返回以色列之后，我很快成了他最亲近的助手，我们一起合作完善马伽术体系。伊米大师在解决问题上是一个天才，任何问题他都可以给出最好、最有效的解决方法。而天时、地利给了我这个机会：将马伽术转化为一个有条理的综合体系，并将必要的格斗战术、第三方及要员保护、策略思维融入其中。

伊米曾经预言，全世界的人都将肯定马伽术的效用，并把它作为最实用的自我防卫体系来学习。他的梦想是要与全世界的人分享马伽术，而我恰恰成长于一个教师之家，我的父亲是一个学校的校长，因而我做起教育与传播马伽术的工作也是游刃有余。

在国际上发扬传播马伽术是非常有意义的，因为马伽术不仅可以拯救生命，也可以改变命运、改善生活。它在众多国家的推广实行都很成功，这让我感到巨大的喜悦和荣幸。而将马伽术传入中国，是我事业上真正的高光时刻，是一个梦想的实现。

为了在广袤的中国大地上推广马伽术体系，我们在北京成立了总部。北京总部不仅为所有年龄段的学生组织定期培训，最重要的是，也为有志成为马伽术教练的武术爱好者和职业格斗者提供教练课程。

我们在中国的工作由 KMG（Krav Maga Global，世界马伽术联合组织）中国的主理人，一生都在习武的黄清龙（Von Ng）先生主持。Von 从 2004 年开始就跟随我和我们的专业团队在以色列、欧洲以及美国进行训练。KMG 中国致力于通过丰富的技术培训和端正的品行教育来培养业务熟练的教练，在北京、上海和中国其他地区设有世界一流的民用马伽术学校，并在专业安全领域与相关部门设有分支机构。KMG 中国团队展示了马伽术的专业技能，并全身心地传达着伊米大师的教学理念。

我非常期待 KMG 中国的未来发展，并诚邀初学者以及专业人士加入我们，让我们在这条振奋人心且充满意义的道路上共同前进。

伊亚·雅尼洛夫（Eyal Yanilov）

2020 年 10 月写于中文版出版之际

序 I

亲爱的伊米：

　　你将身体素质训练与马伽术（Krav Maga）倾力传授于以色列国防军的官兵们，伊米·利希滕费尔德这个名字已经和这项事业一样，成为以色列国防军不可或缺的一部分了。我非常感谢你为以色列国防军所做的贡献，是你造就了一代"强壮的犹太人"。同时，我也在此恭喜你的新书出版，这是一本突发危机应对手册，然而我更希望这本书的读者们终其一生也不必用到你在书中留下的经验和建议。

真诚的
伊扎克·拉宾（Yitzhak Rabin）
以色列前总理、以色列前国防部部长
写于 1992 年希伯来文原版出版时

序 II

当今世界上存在着两个最大的危险：由导弹（尤其是那些不尊重国境线的导弹）所发动的战争，以及匕首攻击（因为恐怖主义也不曾尊重过国境线）。

在那些由导弹发动的战事中，科技水平是一个决定性的因素；但应对恐怖主义时，是个人能力。伊米·利希滕费尔德创立了马伽术体系——一种能让所有人进行自我防御的策略，无论你是否进行过军事化训练，在孤身面对战斗的绝境下，也不会轻易落败。

在暴力事件频发的当下，马伽术体系是无与伦比的瑰宝。

西蒙·佩雷斯（Shimon Peres）

以色列前区域合作部部长、以色列前总统

以色列出版人序

我通常不会为自己所出版的书作序，然而这是一本由一位不寻常的人所写的不寻常的书。

伊米·利希滕费尔德（赛德－奥尔[①]），这位名震以色列的宗师（1910—1998）创立了备受好评的马伽术体系。伊米同他的弟子，也是追随者伊亚·雅尼洛夫花费了十余年的时间写出了这套世界各地的人们在紧急关头都会需要的图书。

凭借着浩瀚的知识和出色的人格魅力，伊米宗师被他的无数弟子和把他看作领袖的格斗从业者们誉为活生生的传奇。他创立的这一现代化的自我防卫体系，融入了其人格魅力的核心特征，折射出他精彩的人生。如同伊米宗师本人一样，马伽术是有逻辑性的、直观的、现实的、脚踏实地的。但最重要的是，马伽术也是一种敏锐的人文艺术。

伊米运用他对人体和人体动力学的深刻理解，建立了一个与众不同的自我防卫以及徒手格斗体系。他自身在真实暴力事件下积累的丰富经验，以及他对于不同格斗体系（包括拳击、摔跤这些他在年轻时便精通的技术）的浩瀚知识都充分融入马伽术。这一独特的格斗体系于伊米在以色列国防军任职的长时间内得以发展、测试并得到改良，随后也渗透到普通民众自卫应用中。

尽管外貌魁伟，但伊米宗师看上去从来不像是一个跟战争有交集的人。他对于和平的热忱追求表现出他心中的最高素养。他总是告诉他的弟子们，准确无

---

① 赛德－奥尔：伊米宗师生于匈牙利的一个犹太家庭，成长于捷克斯洛伐克，原名伊米里奇·利希滕费尔德。20 世纪 40 年代移民至以色列，开始使用希伯来文姓氏赛德－奥尔，意为"光明之地"。本书中对伊米宗师的姓名统一使用伊米·利希滕费尔德。

误地完成马伽术练习是极为必要的，因为这意味着即使在生命受到威胁时，也可以不必使用过度或者不必要的武力。他最大的愿望便是马伽术的教学能够最终走向国际化，使马伽术的传人们成为兄弟姐妹，从而通过马伽术这一媒介化解仇恨、拉近人与人之间的距离。

伊米在中欧地区的生活背景也同样在马伽术的发展中留下了浓墨重彩的一笔。他时刻认为自己是地球大家庭的公民，并期望马伽术能够借此跨越发展初始阶段的种种限制。所以，当马伽术不再局限于以色列国防军训练时，伊米重新改良了马伽术，以适应普通民众的需求，并开始向大众推广这个体系。也正因此，在以色列教育部的授意下，目前马伽术在以色列是一个男女老少皆宜的课程，并且也在一些私立院校中开展教学。

近几年，马伽术已经走出了以色列的国门。如今，在美国、绝大多数欧洲国家、巴西、澳大利亚、新西兰以及世界的其他地方，都有着马伽术俱乐部活跃的身影。甚至在某些国家，马伽术已经被政府组织以及立法部门正式承认，并且被列入训练计划。

我们希望通过从本书开始的这一套马伽术丛书，让以色列之外的更多的人，无论是职业从业者还是普通民众，都能够接触到这个崭新的体系。本书向读者提供了练习马伽术时所需的各类建议，通过讲解原则原理和具体技巧，辅以成百上千张照片和绘图帮助读者学习、理解。书中的理论部分包含：防卫技巧背后蕴含的原理、暴力事件的处置、格斗策略、包含精神训练在内的各式训练方式，以及训练中的安全须知和其他有用的附录。

简而言之，这套丛书是马伽术创始人伊米宗师唯一授意出版的、他与弟子伊亚·雅尼洛夫共著的马伽术综合训练手册。这套丛书既适用于刚开始接触马伽术的初学者们，也适合于那些马伽术已经小有所成的朋友们甚至马伽术教练，更同样适合其他格斗项目的研习者了解马伽术。

本次出版是多位相关人员热忱合作的成果。本人在此谨向洛杉矶马伽术中心的主席达伦·莱文在本次合作中作为技术指导与专业英文编辑所提供的长期帮助予以感谢，若是没有莱文的倾力帮助，本书的行文与表达将不会如此清晰。就我个人而言，我非常认同和感激本书的编写者——KMG 的首席教官伊亚·雅尼洛夫，他十余年以来的长久努力和决心与他在马伽术中的渊博知识，孕育出这一份有着梦想成真般意义的作品。

就我个人而言，我亏欠我的家庭太多太多，尤其是我的爱妻。若是没有她的鼓励和支持，我不知道我能否完成这份沉重的出版任务。伊米宗师的妻子和伴侣伊莱娜·赛德－奥尔也在这次计划中帮我们分担了重要的任务，她整理出了伊米那些被遗忘许久的照片以及伊米的不少名言。本书出版过程中，伊亚的妻子梅拉芙·雅尼洛夫－哈赞在各种法律事务上也为我们提供了重要的帮助。

最后，请允许我向马伽术的创始人、伟大的老师、真诚的朋友——伊米——致以我最崇高的敬意。我们都怀念他。

兹维·莫里克

2001 年 1 月于以色列特拉维夫

前　言

　　本书包含了对一种源自以色列、如今在世界范围内也极具声望的综合性自我防卫与近身格斗体系的首创知识。这种在希伯来语中名为"马伽术"的独特格斗体系，是由其创始人伊米·利希滕费尔德首先提出和发展，用于以色列国防军及其下属若干安保机构人员的培训之后予以改良，使其同时也能满足普通民众的需求。要着重指出的是，马伽术的种种技巧已经在真实生活情景中测试过，且有相应的精炼与改进。

　　本书是目前第一本，也是唯一一本被授权的马伽术体系图书，由马伽术创始人及其嫡系弟子所撰写。本书全面介绍了应对持有各种常见武器、有致命威胁的各类袭击者的防卫技巧，从而帮助读者学习自我防卫或者为第三者提供防卫保护的技巧。书中的先进防卫技术主要针对持有锐器（例如开刃的小刀、匕首以及破碎的玻璃瓶等）、钝器（例如长棍或者铁棒），以及火器（例如手枪或步枪等）的袭击者的攻击。本书也涵盖了其他相关内容：如何运用日常物品进行防卫，化解在有人质的情形下以第三者为目标的手枪或手雷威胁，马伽术常用特殊训练方法（包括精神训练），以及更多精彩内容。

　　本书所涵盖的情景大多针对具有潜在致命威胁的武器攻击。面对手持厨刀、铁撬棍或手枪的袭击者，要采用最有效的方法来逃避或反击。对于这类遭遇，我们必须在身体可实现的范围内采取合理的战术行为，来保证我们不会受到严重的伤害或死亡。因此，马伽术体系通过精神、技术、战术以及体能等各方面的训练，使受训者可以在极端危险的情境下增加逃生的机会。

　　马伽术作为一个创新的、高效的以及高度注重实战的独特自我防卫和近身格斗体系，已经得到国际上的普遍认可。这样的认可大多来自武术格斗专家以及在世界范围内各种战术小组中的教官，他们大多在军事机构、执法部门以及安保机构中任职。据许多接受过马伽术训练的专家们称，这一体系最重要、最突出的特点在于：

（1）马伽术体系包含了许多建立在自然身体运动原理和防卫逻辑上的简单易学的技巧；

（2）也正因如此，许多练习者都可以在短时间内熟练掌握这些技能；

（3）这些技巧和战术可以运用在无法控制的极端暴力的情境下；

（4）练习者可以在最小的反复练习限度下将学过的技巧融会贯通至一个较高水平。

这次出版的书中包含了完整马伽术体系中极为重要的部分以及许多高级技术。我们希望加强大众对于自我防卫的认知，这对于他们在面对持有武器的袭击者时会极为有用。近些年，无论是在发达国家还是在发展中国家，暴力事件频频出现，因此我们认为，出版这本关于应对持械攻击的技巧的马伽术图书比出版相关基础徒手内容的图书更为重要。我们看到了有越来越多的犯罪分子使用武器对无辜民众进行暴力侵害，这很大程度上决定了我们为这第一次出版的图书所选择的内容。我们的下一本书会包括马伽术体系内自我防卫和格斗的基本徒手知识，针对可能受过专业训练或者力量特别大的徒手攻击，对于防卫方而言，这将是很大的挑战。

从专业角度来说，我们认为国家层面的恐怖活动（例如劫持飞机、船只或者满载乘客的客车等）同那些纯粹由罪恶念头所致的暴行（例如抢劫银行或者绑架）并无太大差异。无论是上述哪种情况，这些暴力事件的结果都会因为人们能否在正确的时机做出正确的判断，以及能否在压力下保持应对的能力（可通过马伽术训练获取）而改变，这将决定你是否可以毫发无损或以最小的代价幸存下来。我们希望能使读者对暴力袭击有所警觉，并提高读者应对暴力攻击的防卫能力。显而易见，拥有这种技能会让你对保障自我安全更有信心，而这通常也会让你的生活质量更高。

尽管马伽术是在以色列国防军中诞生的，但它已被全面改良以适应普通民众的人身安全需要。它的创始人终其一生创造出这一男女老少皆宜的、让人们在面对暴力事件时有能力保护自己和同伴的体系。经过精心雕琢，马伽术体系所展示出的威力不再纯粹依赖于个人的身体素质。简单易学的技巧，融合了逻辑分明的战术，构成了这一"麻雀虽小，五脏俱全"的自我防卫体系。这也是马伽术之所以强大的真正秘密。

除了针对不同武器攻击的防卫技术性篇章之外，我们也附上了一些专门为提高学员能力所设计的重要训练方法，各种训练方法、技术和战术的理论知识也囊括其中，以供参考。编排这些内容的目的是让学员在面对压力时能够保持战力，同时能在最短时间内分辨出危机并做出应对。在第 14 章中强调训练中的安全须知，我们强烈建议读者在开展本书中涉及的任何训练之前先仔细阅读这一章！

在书的最后，我们提供了作者及其他出版者的介绍。后面的附录则解释了马伽术中的常用概念和术语。

最后，笔者向所有参与本书出版工作的人致以谢意，尤其是美国加利福尼亚州洛杉矶市的达伦·莱文先生。莱文先生作为一位技术顾问和职业编辑，为这本书贡献了他的专业知识和马伽术训练经验，以及对英文的地道运用。这本书中的绝大多数文字都来自莱文先生孜孜不倦的努力。

笔者以及出版方对美国马伽术协会在出版过程中提供的帮助与支持表示感谢，同时也感谢那些参与这个繁重任务的工作者们，是他们的努力造就了这本书（详情请见致谢）。

我们真诚地希望作为读者的你永远也不会有用到本书知识的一天。但若是你遇到这种情况，请务必不要犹豫，拿出你的自信，并祝你成功。

伊米·利希滕费尔德
伊亚·雅尼洛夫
于以色列内坦亚

目　录

什么是马伽术

"马伽术"（Krav Maga）在希伯来语中意为"近身格斗"，是被以色列国防军、以色列国家警队以及其他安全部门认可的集自我防卫与近身格斗于一身的一套体系。目前，马伽术在以色列各大公立学校以及以色列教育部的附属教育中心也被广泛传授。

马伽术是由伊米·利希滕费尔德在其担任以色列国防军近身格斗首席教官期间发明的。在此时期，伊米写下了适用于部队的近身格斗与自我防卫指南。他于1964年离开国防军，但依旧指导马伽术在国防军和执法部门中的传授。另外，伊米更不懈地改进马伽术，以使其能适应广大普通民众的需求。

马伽术是专为当前不安稳的世界环境所设计的、经证明有效的一套现代化实战防卫体系，其特点在于，人们通过短时间的练习即可掌握这些富有逻辑且条理清晰的防卫及格斗技术。在马伽术诞生之初，伊米便围绕着多元化这一思想设计，因此马伽术既能高度适应军队系统，也能在执法部门中大放光彩，更能满足普通民众的防卫需求。马伽术从诞生到现在，一直受到各类战士、武术专家、军警人员的一致赞扬，既可以高度应用于各类实战，也适用于初学者进行个人安全防卫，因为其技术简单、合理、有效。

马伽术体系包括了互为整体、密不可分的两大类别：自我防卫和近身格斗（实战对抗）。

什么是自我防卫

结束了一整天的劳累工作之后，你向着停车场里自己车的方向走去。正要打开车门的时候，忽然有人从背后接近你并将一把匕首架在你的脖子上。你必须迅速地做出激烈的反抗，保护自己，控制对方的武器，制止攻击者。这就是马伽术中的自我防卫。

自我防卫是马伽术体系的基础。现有的多元化自我防卫技术能让马伽术受训者在暴力事件中保护自己和他人，应对、规避伤害，并消除对自身的威胁。马伽术的自我防卫技术包括了针对各种徒手高危进攻的防卫，例如拳打、脚踢、掐脖、锁喉、熊抱及其他挟持攻击。同时，马伽术也适用于防御各种武器的致命攻击，例如棍、匕首、手枪，甚至是手雷。

在马伽术发展初期，创始人伊米宗师曾面临着一个难题：如何将这些防卫技巧迅速且有效地传授给以色列士兵？这些士兵既有身体健康的高中毕业生，也有体形开始走样的中年预备兵人群。因此他发明了这么一套不同于那些需要多年刻苦训练的死板技术，而是基于本能反应和简单动作的安全体系。就结果而言，马伽术的自我防卫技巧可以适用于不同身体状态、不同能力、不同肌肉力量以及不同年龄的男女。

马伽术的防卫技术是由一系列非常有效且易于学习的简练的身体本能反应动作组成的。马伽术学员们会系统学习如何将这些技术和原理运用在不同场合与情况中，比如幽暗的环境中、坐姿或躺姿状态、某些行动力极为受限的极端环境里等。

什么是近身格斗

有人正和你对峙，他用双手推你，你俩都不占优势，直到你们中的某人做出下一个动作。此时此刻，一系列的攻击，例如拳法、踢击或是各种身体移动等，一触即发。现在，你已经被完全牵扯进了一次武力对抗中。

近身格斗是马伽术更为复杂的一个阶段，马伽术学员在这个阶段主要学习如何快速有效地解决对手，如何处理一场对抗中的各类因素：攻击、防御、时机掌握、佯攻、战术、行动、视野等，同时注重生理和精神层面的反应，从而让你在这种暴力冲突中存活下来。

注意　尽管某些情况下你可能出于被动防卫的目的来反击，但你会很容易被牵扯到一场纯粹的打斗中。举个例子，如果在你进行防御和反击之后，对方没有知难而退，这时你会发现你已经不可避免地卷入一场武力对抗中。

马伽术的发展

当我们尝试去理解马伽术体系发展背后的动力时，我们会发现这与其创始人的身世背景密不可分（详见第 15 章）。伊米宗师曾在捷克斯洛伐克度过了他三十来岁时的黄金阶段。那时，他在当地是一个非常有名的冠军运动员，参与很多体育运动，尤其精通摔跤和拳击。伊米深受其父亲影响，当时他父亲在警署担任警司，还是自我防卫教官，教授了伊米很多格斗技术以及体育运动。伊米在家乡布拉迪斯拉发曾因不堪忍受年轻的纳粹分子经历过很多街头暴力对抗。而且，每当伊米面对危险的暴力事件或情境时，他都会用他与生俱来的能力设计出最为迅速、有效且巧妙的解决方法。

马伽术体系中包含了各种各样的动作技术，同时也为初学者们灌输着能燃烧他们格斗之魂的独特精神训练。教练们通常会使用一些特别的训练方式来模拟一场真实的对抗及对抗带来的心理压力，从而让你能清楚认识到街头对抗给人身安全带来的危机有多么严重，并让你准备好为生命而战。这些训练方式曾被以色列军队里名声最为显赫的精英特种作战单位采用，并且在无数近身实战中证明它的价值。

马伽术这一体系是为了让人们能够应对这个暴力不断滋生的世界而开发出来的，让人们有能力保护自己和他人的生命安全。由于诞生于一个暴力频发的环境下，年复一年地，频繁经历来自不同环境下暴力事件的考验，马伽术成了世界上经实战测试次数最多的安全防卫以及实战对抗体系。

近些年来，马伽术已在世界各地的执法部门和普通百姓中推广开来。马伽术训练得到了国际各类武术组织及格斗专家的广泛认可，它是极为有效、实用的个人防卫和格斗体系，正如伊米宗师所预料的那样："人们终于可安全和平地走路了。"

马伽术的基本要义

就像其创始人伊米宗师所强调的那样，马伽术的基本要义有如下几点。

✡ 不要受伤。这意味着你必须熟练掌握自我防卫的内容。然而，假如你在不可规避的情况下受到伤害，你必须了解如何尽可能吸收、承受这些攻击（踢击、击打等），同时在新的条件下采取正确的防卫姿势和行动。

✡ 保持谦逊。不要过分夸大自己的水平，并避免不必要的争斗。你要时刻准备着接受来自他人的意见和指导，超越自我并控制你的精神状态，从而让自己在战斗时不会因为心神不稳而落败。

✡ 正确行动。你必须在正确的地点、正确的时机做出正确的选择。你的身体和精神状况决定了你在对抗中的能力。为了有效地处理危险情况，要充分发挥你的能力，并尽可能地利用你周围的环境和物品。

✡ 精通才能收放自如。一个精通马伽术的人能在不给对手带来不必要伤害的前提下有效地解决矛盾冲突。即使在险境中，你也要考虑对方。当然有句老话叫作"若是有人想杀你，那便先杀了他"，但这仅仅指双方都走投无路、陷入生死争斗的情况。

另外，人们有必要锻炼自己辨别潜在伤害等级的能力。这对年轻人来说尤为重要，因为他们必须学会自我防御和规避暴力的价值观，同时也要掌握有效保护自己的方法。首先尝试规避冲突和对抗，但如果你已经被攻击了，那么要以合适的武力进行防卫反击，能消除威胁并让自己从险境中脱身。

马伽术技术的指导原则

✡ 避免受伤！要特别注意每个动作的潜在危险，并尽可能规避这些危险。你应选择自我防卫作为反击的基本方式，马伽术特别强调使用防御类技术。

✡ 马伽术技术是以身体的自然本能动作为基础发展而来的，这些自然的反应随后被改良，以适应不同情形下防卫人员的需求。

✡ 基于各种起始状态，考虑安全原则以及动作协调性，应尽可能以最短的距离和最直接的方式进行防卫反击。

✿ 学会在不同的环境下做出正确的反应，并仔细检查你的反应情况和武力等级
（以免造成不必要的伤害）。

✿ 寻找并精确打击攻击者的弱点让你能够有效击败攻击者。

✿ 使用身边的物品及工具来实现保护自己、防卫反击的目的。

✿ 马伽术里没有技术上的局限以及体育项目的种种规定。

✿ 训练的基本原则：从单纯的技术提升到动态开放的技巧（结合精神训练），从
单项动作扩展到根据现实情况而进行的适应性反应行为。

第 *1* 章
针对持刀攻击的防卫

马伽术体系中发展出了应对匕首等锋利刀具攻击的非常实用的防御技术。这一章并非完全涵盖刀具攻击的所有内容，实际上，我们会更多地从防卫原则、战术以及一些具体的技术方面来讲解如何应对那些最常见的刀具攻击。本章涵盖的场景包括各种角度下的近距离、中等距离、远距离攻击的防御，以及如何缴械和结束战斗。

本书主要从**自我防卫**的角度来说明面对持刀攻击时的方法。也就是说，你是**处在被动防卫的立场**保护自己不受持刀伤害，而不是作为攻击发起者参与战斗的。

马伽术非常强调针对持刀或者持其他常见锋利物品（碎玻璃瓶、刀片、剪刀等）攻击的防卫技术，所以我们会从最基础的各种持刀姿势以及可能出现的攻击手段开始讲解和示范。通过讲解，你可以辨别由这些姿势和手段演变出来的不同技术，比如刺击或划砍等。只有这样，你才能更有效地在敌人的刀尖下保护好自己和身边的人。

针对持刀攻击的基本防卫原则

✡ 在条件允许的情况下，尽可能地避免进入这样的冲突形势中。通常而言，最明智的做法是迅速撤离，尤其是你可以跑得很快的话。

✡ 当你发现疑似进攻者正在接近你或者意图攻击你时，根据此时他和你之间的相对距离，可分为以下四种情况。

　　极近距离：除非你极度幸运，否则在这种情况下几乎无法进行防卫。

　　近距离：可以使用上肢进行防御。在这种距离下能有效地保护自己，尤其是针对动作较明显的弧线进攻。

中距离：上肢防御动作加上些许的身法可以有效增加你的防卫和反击效果，从而在相对较早的阶段阻止攻击者。

远距离：这是一个你可以在对方攻击到你之前通过踢法阻止对方攻击的距离。

✤ 当你和持刀的攻击者对峙时，在任何可能的情况下都要**尽量与他保持一个安全距离**。这会迫使他在攻击你之前采取一个尝试接近你的明显动作，这样你就有更多时间察觉到他的攻击意图，从而有效防卫。在战斗中，你可以寻找并利用身边的物品。常见的有用物品可以是一张椅子或一根棍子，也可以是一块能投掷的石头，用这种东西你既可以守住自己又能击打对方。（详见第 7 章"使用日常物品进行防卫"。）

✤ 如果有足够的时间，那么你可以仔细**观察攻击者是如何持握刀具的**。这能让你对他可能采取的攻击方式有一个大概的认识，从而使用有效的防御技术。

✤ 必须记住，**人的腿比胳膊更有力，攻击距离也更远**。因此，在大多数情况下应该选择使用踢击进行防卫，同时也可以让你在离对方更远的距离结束争斗。这个距离是你的安全距离，能让你在对方发起致命攻击之前先攻击到对方。

✤ 徒手防卫持刀攻击时，你**必须进行最快速度的防卫反击**，我们强烈建议你牢牢**抓住对方持刀的那只手**，确保对方无法用它继续进攻。因为通常情况下，持刀攻击者不会只进行一次刺击，而往往是重复多次。我们设计出的防卫和反击技术，目的是尽快结束冲突，让攻击者没有机会进行多次攻击。

防卫反击能对攻击者造成冲击，打断其继续攻击的节奏。造成这种效果的原因有以下两个方面：一是攻击者的身体动作被中断，二是攻击者一开始计划的一系列攻击行动以及指挥他做出这些攻击行动的精神状态被破坏。

在纯身体动作层面，防卫方的防卫反击造成的强大冲击力可以强行遏制住攻击者接下来的继续攻击。尽管第二次刺击仍有出现的可能，但防卫方对攻击者咽喉或下颌等位置的有力击打会有效削弱攻击者的攻击力量，也会影响到攻击者手臂的速度和惯性控制等。

在精神层面，一次强烈的反击能够有效打乱攻击者心中为接下来的攻击所构建的一系列顺序行动。因此，反击造成的冲击力会使攻击者感到震惊，这会暂时阻碍其大脑发出下一步攻击的命令，因而打乱攻击者接下来的进攻计划，达到我们想要的效果。

✿ 在应对攻击的各种防卫技术中，需要适当的身法。在你的肢体防卫动作失败时，它们会是你额外的安全保障，可以将你受到二次攻击的可能性降到最低。

✿ 如果让攻击者在其舒服的距离施展攻击，他完全伸展爆发出的力量与速度会使攻击变得更加强大而危险。因此，在近身战斗中，你应当在其手臂达到最大惯性前做好防卫并拦截其攻击，比如当对方的持刀手离他自己的身体还很近的时候。

✿ 尽管马伽术非常喜欢**在同一行动中兼顾防卫与反击**，但在某些情况下，比如当你遭遇到一次出其不意的偷袭时，是无法做到两全其美的。在这些情形下，通常只能做出防卫反应。你需要立即冷静下来，在一刹那找到机会做出强力反击，以求尽快控制攻击者的持刀手。**注意：**你的防卫技术能帮你格挡住对方的第一次进攻，但让你得以保全自己并制伏对方的，是你之后做出的反击。

✿ 在条件允许的情况下，当你使用上肢防卫技术时，要**向前压制，接近攻击者**。这样你可以在合适的距离进行一系列反击，同时降低对方改变角度再次进行攻击的可能。

✿ 若是你在最后关头才觉察到朝你攻击的刀具，那么，你要**向正确的方向快速跳出**，有或者没有手上的防卫动作都可以，先脱离攻击距离。在新的位置，不管防卫还是反击都会变得更加从容。

✿ 当你成功从险境中脱身，或是攻击者不愿、不能继续攻击时（对方放弃、被制伏、逃离现场等），冲突即宣告结束。如果你继续留在现场，你应当妥善控制住对方使用的武器，比如夺下对方的刀具或将对方的刀具扔到一旁，以此确保对方或其他任何人无法继续使用。

✿ **受到攻击往往是意料之外的事。**持有利器的攻击者通常都会隐藏自己的武器。实际上，被攻击的幸存者们在被捅伤之前通常都不知道对方携带了利器。据他们称，他们最初只是陷入了一场徒手对抗，只是在意识到自己被利器伤害之后才发现对方手中有锋利的刀具。简单来说，在对抗发生的初期，人们都不会及时发现对方持有刀具。所以，首先你应当时刻留意对方的双手，确认他是否持有武器。其次，你要在对抗的过程中揣测对方在什么时候有可能会使用他的武器，从而有一个心理准备。

✿ **你的起始姿势**。如果你第一时间就看到了对方手上的刀具,那么**保持自然或者放松的姿势**,并在这个姿势下进行防卫。当然你要做好准备,但要表现出放松或者自然的姿态,这可能会让对方采用简单直接的攻击模式,没有虚晃或其他战术,这样你防卫起来会简单一些。

如果你是在对抗中才发现对方持有刀具,不要转变为自然或者放松的姿态。这时要引诱对方攻击某处你可以随时防御住的位置,并让四肢缩回一些,更靠近躯干,来降低你被划伤或者刺伤的概率。

训练提示

✿ 刚开始练习时,你和搭档可以试着用一把软匕首(例如橡胶做的训练匕首)来帮助你们训练,直到在快速强力的攻击下你也能游刃有余地进行防卫。这时你们便可以尝试进一步用木匕首或者塑料匕首来相互练习。**金属刀具只允许在更高级阶段的训练中使用,并遵守相应的安全条例。**学员在学习阶段就必须让自己习惯于针对真实刀具攻击进行防卫的感觉。

✿ 在训练的初级阶段,我们建议扮演攻击者的学员**在持刀手的小臂上佩戴护臂**。这样他便无须担心防卫方的行动对其手臂造成疼痛或伤害,从而能以要求的速度和力道对防卫方进行攻击。

真实事件

一位来自芬兰的跆拳道初学者接受了 2 小时左右的马伽术中针对刀具攻击的基础防卫训练。不久之后,在夜总会,突然有人试图用匕首刺击他的脖子。这位学员使用了他学习过的防卫技术,同时攻击对方的下颌,结果对方被击倒并失去了意识。

握刀的不同方式

冰锥式握法（常规握法）

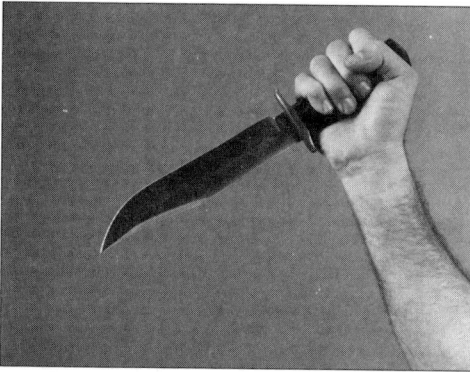

持握方法。

持握。鲍伊猎刀（又叫单刃长猎刀）通常为左右不对称刀锋，只有一侧开刃。持握这种刀具时，刀尖朝下，像上图示范的那样，易获得更强大的穿透力。

刺法。由上而下垂直攻击，或是沿对角线方向朝内侧攻击。详见下文针对此种刺法的防卫技术。

东方式握法

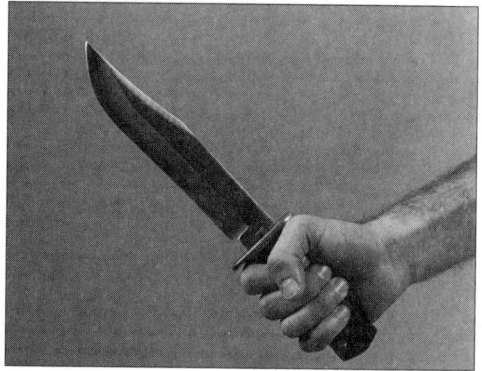

持握方法。

持握。持鲍伊猎刀采用东方式握法时，刀尖须朝上，如图所示。

刺法。由下而上垂直攻击，或是沿对角线方向朝内侧攻击。详见下文针对此种刺法的防卫技术。

直刺握法

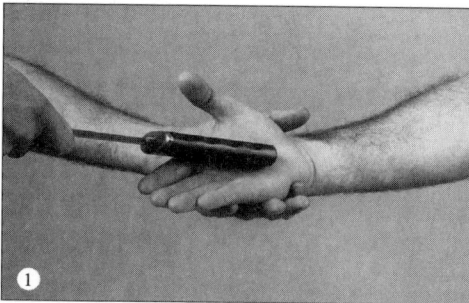

❶ 刀具在手掌中的角度。

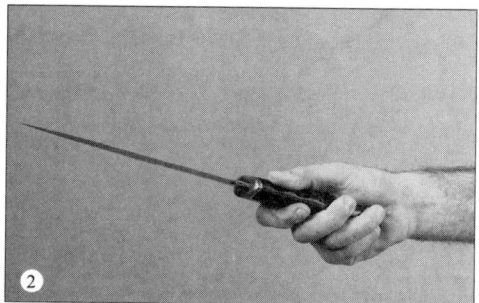

❷ 持握方法。

持握。将刀柄沿对角线方向放在手掌中心。为了让刀刃在刺击时保持水平，刀柄须和手掌表面成约 45° 夹角。刀柄顶住手掌根部，同时用拇指按住刀柄的中间位置，以防止刀具在攻击时往后滑落。这样可以保持一个相对比较稳定的握力，从而发出强有力的直刺。

刺法。类似于直拳，通过水平向前的动作完成，与握刀手同侧的脚通常在前。详见下文针对此种刺法的防卫技术。

划砍握法

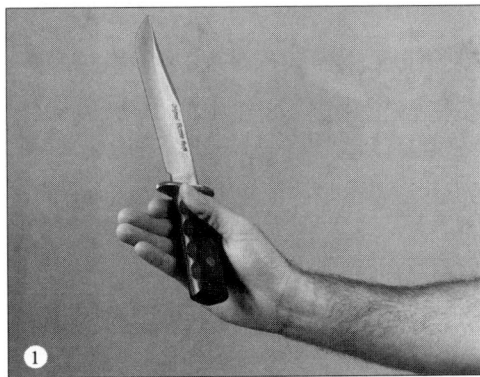

① 在进行划砍之前的握刀姿势。

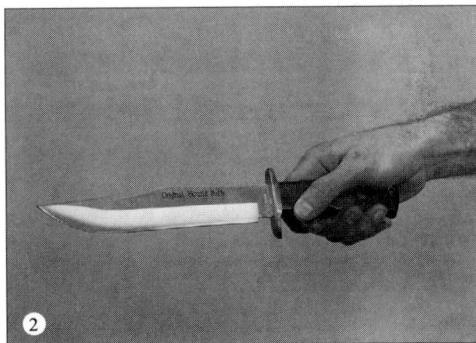

② 向前水平划砍时的握刀姿势。照片拍摄角度为从上向下。

持握。刀和手掌之间的相对角度类似于**直刺握法**，但这次你可以将刀柄放在手掌中其他位置。在这种握法中，刀的运动轴向刚好控制在虎口间，同时我们不会用手掌根部死死抵住刀柄。拇指放在刀柄稍侧边处，用拇指下部内侧将刀柄按压在掌心。

划砍。沿水平或对角线方向从一侧向另一侧挥过来。当你从外向内进行划砍时，应使用手指的内侧将刀柄钩在掌中，以增加攻击目标时的速度，同时也使持握更有力。

从内向外的划砍有两种起手方式，取决于你使用的刀是一边开刃还是两边都开刃。若你使用的是像鲍伊猎刀这样只有一边开刃的刀具，那么你在攻击时应略微旋转小臂，让刀和手掌都面向挥斩的方向。如果你使用的刀两边都开刃，则不需要旋转小臂，只需用手背朝目标方向挥刀即可。值得一提的是，如果你选择旋转刀的朝向（使手掌朝向目标方向），击中目标时刀在手中会握得更牢固，不易因冲击力而脱手。

注意　以其他方式握刀时也可以做出划砍动作！

如何防卫向下的刺击（冰锥式握刀）

敌·从正面刺来（冰锥式握刀）

攻击者近距离面对你，突然以冰锥式握刀向你发起攻击。他可能要向前一小步来接近你。

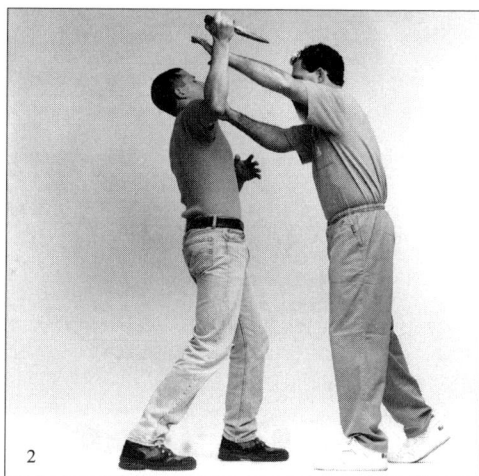

使用小臂进行防卫。向你的防卫方向快速伸出手臂，同时以直拳攻击对方下颌或颈部。（在一些不那么突然的进攻中，建议上前一小步来接近对方。）

用你防卫的那只手臂推开对方持刀手的手臂，并顺势用手牢牢抓住，或是使用勾手控制他的手臂并对其持续施加压力，以防止对方发起后续攻击。尽快上前抓住对方的肩膀或者衣服，并顺势用膝盖对其裆部进行打击。

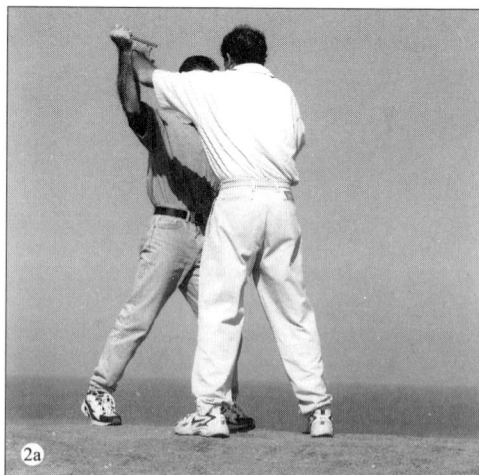

图 2 背后视角。

使用你手部最坚硬的位置（大约在手肘和小指的中间位置）来格挡对方的小臂。你要精确地格挡在其持刀手的手腕附近。如果你提前预知到了这次攻击，你**可以在防卫的同时进行反击**。在时间和距离允许的情况下，你可以上前接近对方进行防卫和反击。在攻击来得更为突然的时候，我们通常会首先专注防卫，再寻找机会反击。

在你保持手部防卫的同时，我们建议你具有进攻性地靠近对方，对其手臂施力，将它慢慢向下压低，以避免对方再次挥刀。一定要**抓稳对方的小臂**，防止对方将手臂抽回。你可以通过推挡并抓住他的小臂，或是用你的手掌钩住他的小臂来达到这一目的。这样，你给对方继续用刀增加了许多难度。通常而言，这就是你阻止对方继续用刀攻击所要做的全部内容了，别忘记你此刻也正在反击。这一阶段结束时，你应该继续抓稳对方的小臂，随后尝试夺下对方的刀具，或尽早与对方拉开一个安全距离。

変式　这一技术的一个重要变化为，用上肢动作来防卫和反击（未抓住对方的小臂），踢击其裆部，随后在情况可控的前提下迅速撤离。

敌·从侧面刺来（冰锥式握刀）

1 攻击者已处在他可以发起攻击的距离。如图中所示，对方右手持刀，在你左边。

2 对方靠近并尝试攻击。在你注意到之后，你要伸出手臂来格挡他的小臂。与此同时你要略微缩头以保护头部。

以最快的速度进行移动并反击。掉转身体方向，必要时可以靠近对方。保持对对方小臂的压力，尽快用手抓住或者钩住他的小臂。

用力抓住对方的肩膀或者衣服，并用膝盖攻击对方裆部。

如果你可以及时观察到对方的攻击，这个技术会更加有效。因为它能让你同时进行防卫、转向以及反击。针对更加突然的攻击时，防卫分为单个动作依次进行：用小臂格挡对方小臂，随后进行反击，同时用力抓住对方小臂防止对方抽回手臂继续攻击。

通过用膝盖攻击对方裆部来继续反击，同时用力抓住他的肩膀或是衣服，也可以用手指抓住他的斜方肌。最后尽快远离此处。

真实事件

大卫走进了纽约市一栋居民楼的电梯，电梯在低楼层时停下，一个可疑的男人走了进来。电梯又上升了几秒钟后，这个男人试图从外套口袋中抽出手臂。大卫在嗅到了危险气息后，警觉地抓住了男人的小臂并反击。当大卫把男人的手完全抽出口袋时，男人的手上正握着一把大型弹簧匕首。

敌·向我"活区"^①刺来（冰锥式握刀）

对方已处在他可以发起攻击的距离内。如图中所示，对方右手持刀，在你右边。

对方上前并发动进攻时，你使用小臂格挡其小臂，随后快速逃离，或是按之后描述的流程进行反击。

将对方持刀手的小臂用力向侧面下压来偏转其攻击方向，在此过程中保持压力，之后用力握住他的小臂。同时，使用直拳或者勾拳反击。

追加反击，用膝盖攻击对方裆部。

---

①译者注：当你正面面对对方，对方既可以看到你，也可以使用双手、双腿对你进行攻击，此时你位于他的"活区"。注意，不管何时，尽可能避免让自己处于对方的"活区"。

针对这种由侧面发起、瞄准你的胸部和颈部而来的攻击，你需要使用手臂采取一系列行云流水的向外的防卫动作。最后偏转其攻击方向，用力下压对方持刀手的小臂，同时进行反击。若你提前预测到了对方的攻击动作，你可以**借用对方攻击时的惯性**来将其攻击的手臂沿外旋弧线引导开，而不是以 90° 的角度完全格挡住攻击。

另一方面，如果你的动作稍显迟缓使对方有了再次攻击的机会，你就不一定能在这时候再偏转他的攻击方向并抓住其手臂了。根据现场情况，你有以下几个选择：转向攻击者并继续用后手（左手）防御，同时用前手（右手）进行反击；迅速移动离开攻击者；尝试控制住接下来的攻击并保护好自己；侧踢，踢向对方的膝盖或者肋骨。

注意　上述三种防卫方式主要是针对出其不意的进攻，在本质上，其作用是相似的，即首先用上臂进行防卫，同时快速对对方的脆弱部位发起反击。在必要情况下可以考虑：继续保持反击、夺取武器、撤离现场等。

敌·冰锥式刺击 vs 我·踢裆防卫

在对方距你还有两到三步的距离时，观察对方的攻击方式。

在对方上前发动攻击的同时，你要快速斜向上步并踢击对方裆部。

冰锥式刺击之所以有极强的攻击力，是因为它是沿对角线方向朝内侧斜向下攻击（从攻击者的肩膀以上一路到其身体另一侧的大腿旁）。此前，攻击者一定会有一个上前的动作，同时他会略微将身体后仰来积蓄力量，而这将使其腹部

在攻击者发动攻击之前，他需要前移接近你，他的持刀手向后扬，这就是你的击打时机。使用你的前脚掌迅速向上、向前踢击对方裆部。踢出之后，脚继续保持前伸并向前送一段，以保证踢击的最大威力，从而在一个安全距离内截停攻击者，并使其失去攻击力。

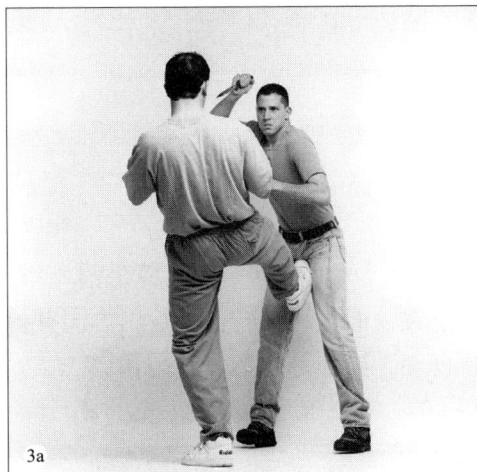

图 3 背后视角。

到大腿之间的空当完全暴露出来。

　　使用前脚掌前踢对方裆部。在攻击过程中保持髋关节前伸，以获得最大威力和最长距离。攻击的角度是向前上方约 45°，这样做可以在**对方离你还有一定距离、不能用刀攻击到你**时，你便提前打击对方，因为对方的胳膊是由上而下挥动的。

　　在对方靠近你并准备发动攻击时，你上前进行踢击。根据你们之间的距离以及你的意图，有以下几种上步方式。

　　1. 像前文描述的那样，避开对方的攻击线，快速斜向外踏步上前，同时（右腿）踢击对方裆部，避免被对方的前腿绊住。

　　2. 不上前，用一只脚（左脚）在原地踏一小步，你身体的重心将落在这只脚上。稍微旋转身体，用另一只脚踢击对方裆部。在你们双方相对距离较近的时候这种方法更加有效。（或者你可以等对方进入你的踢击范围时采取这种进攻。）

　　变式　如果你选择用左腿进攻，则用右脚向右前方上步靠近对手，用左腿踢击。一定要避免踢到对方的前腿。

如何防卫向上的刺击（东方式握刀）

敌·从正面刺来（东方式握刀）

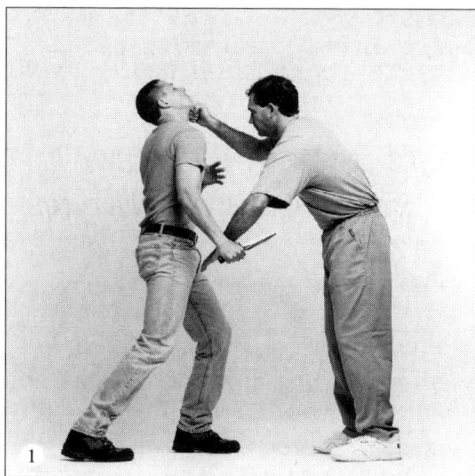

攻击者在近距离突然发动攻击。你身体向前微屈，以手臂防御其攻击。这时发动反击，比如击打对方面部。如果可能的话，可在防卫的同时进行反击。

如果你决定继续控制攻击者并反击，那么向前靠近对方，用手臂向外推开其持刀手（手掌转为拇指朝外）。另一只手用力抓住对方肩膀、衣服或者斜方肌，以更有效地控制对方。

抓住对方的手臂并用膝盖攻击对方的裆部。欲了解如何抓稳并锁住对方的手臂，详见第4章"解除手枪威胁"中"敌·背后近距离威胁"一节。

这里描述的攻击是来自正前方近距离的突然袭击，使用与攻击者持刀手的同侧手进行防卫（例如对方用右手发动攻击，你用左手防卫），手肘弯曲，格挡对方的手腕位置。你的上半身要微微向前倾斜，从而防止对方的刀触及你的腹部。这时，要特别注意保持膝盖挺直，不要弯曲，这样你可以使身体和刀之间保持最大距离来保护自己。在防御的同时，如有机会，立即进行反击，如击打对方的面部或咽喉。

　　如果要在防御的同时进行反击，你必须**及时发现正在接近的攻击者**。否则，你要在防御之后再反击。在你没有太多准备的情况下，同时做出防御和反击动作的难度是相当大的。

　　在防御和初次反击之后，你有以下几个选择。

✿ 向后退步以拉开安全距离。这让你有时间调整姿势，观察反击的效果，阻止事态的进一步发展。

✿ 前踢裆部，并进行一系列的反击，确保防卫反击措施起到了该有的效果。

✿ 上前强力压制，如图所示，用你的手臂缠住对方的手臂，将其控制在你的大臂、小臂、胸口和手之间，并进行反击。

✿ 如果对方手臂持续对你的手臂发力，则斜向上前一步并抓住其手腕。之后，使用"*敌·东方式刺击 vs 我·斜进防卫手法*"一节中提到的腕部关节技。

　　防卫反击对攻击者的影响以及你当前的心理状态决定了你的下一步行动。

　　记住　还有一个值得推荐的备选方案——**尽快逃离**（如果你的速度够快、动作够敏捷），这或许让你看起来没那么英勇，但大多数时候这是最安全的做法。

伊米宗师示范针对东方式握法的防卫技术。

敌·东方式刺击 vs 我·斜进防卫手法

　　在你有幸提前发现对方的攻击意图，而对方距你太近以至于你无法进行踢击的情况下，可采用斜进防卫手法。如果你对自己的踢法不自信或不习惯，也可以采用这个技术；或者你就是更爱用这个技术，也可以。

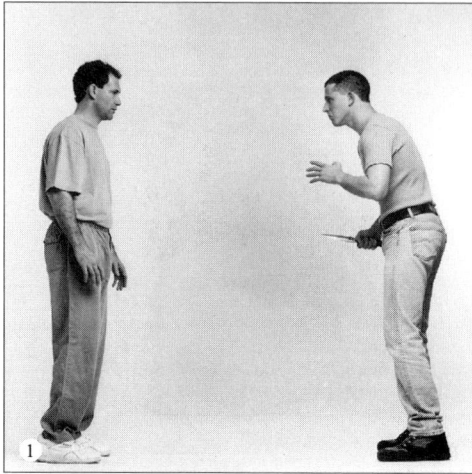

攻击者持刀准备攻击你。

对方向你靠近并有意发动攻击，这时你迅速上前，用小臂进行防御，将你的身体斜向"拉"近对方，同时身体前倾，快速转向以避开刀的攻击方向。这步防御动作被称为身法或闪避技术。

旋转身体并用小臂防御，抓住对方持刀手的小臂或手腕，并用直拳打击其下颌。这些动作要同时完成，并且要让身体重心前倾。

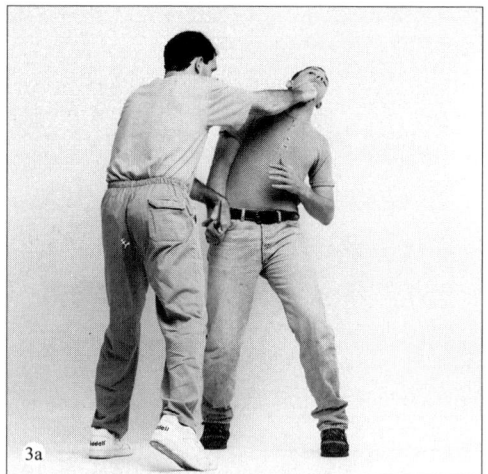

图 3 背后视角。击打攻击者之后可以选择撤离现场或者按图 4 之后的流程继续。

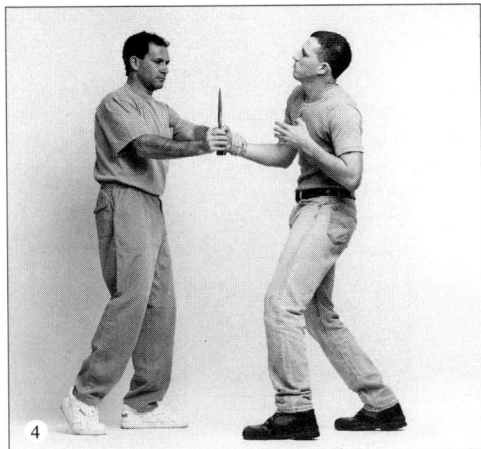

牢牢抓住攻击者持刀手的手腕，同时变换脚步，让自己的身体远离刀和对方的攻击范围。

对其裆部进行踢击，随后可以按图 6 所示进行缴械。

弯折对方手腕，手指用力抠其持刀手的掌心。抠住刀柄之后，用力将刀从对方手中"刮"出来。

在一个理想的防卫过程中，图 2 和图 3 中描述的动作是**同时流畅进行**的。然而，在学习阶段，我们可以暂时将这步动作分为两个阶段。

1. 上步的同时使用小臂防御并转身。

2. 抓住对方手腕并反击。

警告　如果对方对你进行东方式刺击，他有可能**斜向或水平向内**发起刺击，而不是直接由下而上。因此，在绝大多数情况下，我们建议你像防御稍远距离的攻击一样，瞄准对方下颌踢击，这会在之后详细讲解。所以，当你决定要使用这个技术时，为了保护自己不被刺伤，你要进行如下行动：斜向迅速上前，在对方的攻击获得足够的惯性、力量和速度之前，尽可能靠近对方的身体，用你的小臂格挡对方持刀手的小臂，以防对方从意外的方向划伤你。以小臂防御的姿势能为你构建一个完备的防卫框架，即便对方意图斜向挥刀，你也不需要将小臂移动太多，便能继续格挡其进攻。

另一种情况示范：对攻击者的手腕进行反关节制伏，将其摔倒。

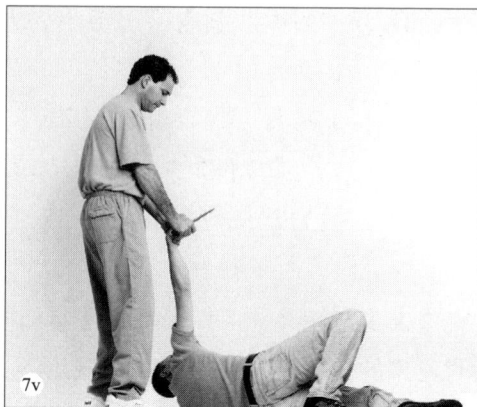

对方摔倒后的姿势。

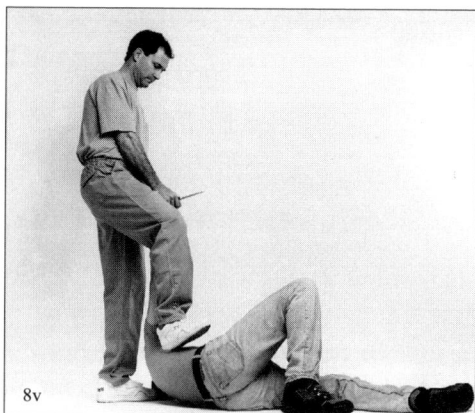

在必要情况下，对对方的肋骨或肾脏部位进行踢击，随后从对方手中夺下刀具，缴械动作与图6相同。

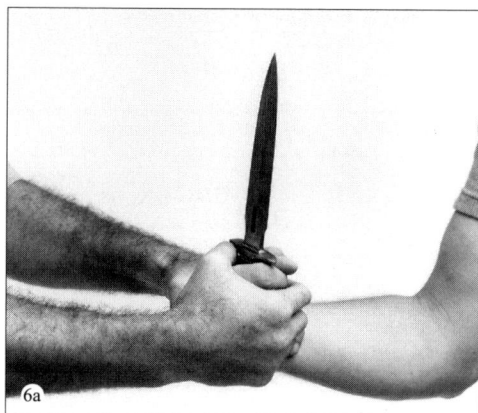

图6细节。弯折对方手腕部位。

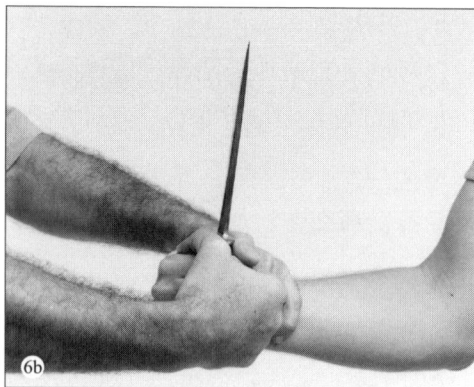

图6细节。将手指嵌入对方掌心。

图6细节。抠住刀柄，将刀从对方手中"刮"出。

记住　身体移动也是防卫中的重要一环。例如之前提到的斜向上前靠近目标，主要目的在于将身体离开对方的攻击线路。反击必须尽早，例如击打对方下颌或咽喉，有时可以在采用防卫手法之前反击。由于此时你的身体前倾，对方在攻击你的时候也在朝你靠近，因此这将是一次极为有力的打击。

整个对抗或许会很快结束，甚至有时你打出第一记反击之后便可以宣告结束，这完全取决于对方的状态。作为防卫方，我们都希望反击能快速有效地令对方失去攻击能力，但如果事实并非如此，可以攻击其裆部来追加反击。你也可以对对方的手腕使用**关节技**，通过弯折其持刀手并向外施力，尝试将其摔倒在地。这个技巧在第 6 章"解救人质"中"如何解除手雷威胁并解救人质"一节中有更为详细的讲解。

在对方倒地之后，根据实际情况你可以选择继续追加反击，例如对其腰部踢击，或是在特定的情况下踩踏对方头部。

警告　这些在对方倒地之后追加的动作有可能致命，因此**除非对方仍能对你的人身安全造成巨大的威胁，否则不要使用这些技术。**

注意　上面提到的使用腕部关节技的缴械技术，主要是为警官或者其他不愿意采用过重反击的人所设计（比如当你面对一个持刀的少年时）。换句话说，在你进行防卫和反击之后，对方会被你所用的腕部关节技放倒并缴械，但也不会受到太大的伤害。

下面列出当你要从对方手中夺下刀具时的三种可选方式。

1．将刀从对方手中"刮"出来。无论对方是否被放倒，你都可以尝试这么做。

2．击打对方持刀手的**手背**，尝试将刀击出其手心。

3．对其手腕**施加关节技**。当他倒地后，对其手腕向地面施压，这种反关节会让刀从他手中滑落到你手上或者掉在地上，但过大的力量可能会导致对方手腕骨折。

注意　如果你要用一只手捡起对方的武器，那么你的另一只手要时刻做好防御或者反击的准备。

敌·从侧面刺向我腹部 vs 我·向外格挡

如图所示，攻击者右手持刀，从你右侧直线或斜向接近你。

对方瞄准你的腹部斜向上发起攻击。你使用小臂格挡对方手腕位置，同时身体前倾。尽可能同时朝斜后方撤步并靠近对方。

用另一只手抓住对方持刀手的小臂，同时以刚才格挡攻击的手做出一次有力反击（水平捶击，或者用手刀劈砍对方脖子、下颌或咽喉）。

使用侧面捶击或者手刀来反击对方。

然后，抓住对方肩膀或上衣，用后腿（左腿）膝击对方。或者如图中所示，后腿（左腿）快速上前一小步，前腿（右腿）顺势攻击对方裆部。

这个技术是在对方准备对你的腹部发起攻击，且你及时发现对方攻击意图的情况下完成的。在使用手臂格挡的同时，向斜后方退一小步并靠近对方。

通过猛力切砍对方的手腕来完成向外防卫，挡住对方的同时，抬起另一只手臂迅速发起反击。换手动作必须快速完成：后手迅速向前抓住对方持刀手的手臂，以防对方再次用刀进攻；用之前格挡的手进行切砍或者捶击反击。

注意　为了更好地防止对方用刀继续进攻，当你抓住他的手臂后，要下压，并将他的手臂推向他的身体。

变式　如果对方的进攻极其突然，或是瞄准你的肋部或背部攻击，你在成功防御住攻击之后应立即避开，并且拉开距离。这会让你找到一个更好的位置，而不是保持近距离向对手发起反击（详见下一个技术讲解）。

注意　如果对方从同样的角度和方向，**以左手持刀攻来**，并瞄准你的肋骨，你则首先使用小臂格挡或使对方的攻击变向，之后立即拉开距离并重整姿态，重新采取正确的战术行为。这非常必要和关键，因为在这种情况下发动反击是比较困难的，而且很难阻止对方再次刺击。同理，当对方右手持刀从你左侧攻来，你要采取相同的防御策略。

敌·从侧面刺向我肋部或腹部 vs 我·防御与速撤

攻击者从侧面对你腹部或肋骨突然发起刺击，你要前倾身体并用小臂格挡其持刀手的手腕位置。

避开攻击者，拉开安全距离。创造可以攻击对方的有利位置。

显然，当对方突然发起攻击时，大多数人除了本能反应之外很难完成其他行动。在这种情况下，若你认为很难反击或者无法控制对方的武器，你别无选择，只能立即拉开安全距离，暂时脱离危险位置。

敌·东方式刺击 vs 我·踢击下颌

我们建议从正面进行高位前踢，但要注意**反击时不要太靠近对方的刀**。要有效打击对方下颌（而不是胸腔或者腹腔），首先要尽量抬高膝盖，然后伸腿前踢，用前脚掌踢击对方。

避开对方的攻击线路，转身并朝侧面移动。通过踩踏地面来改变脚跟的位置。对方即将发动攻击时手会自然后扬，在靠近你的途中被你踢中。根据对方与你的距离以及时机，你也可以通过交叉踏步、主动上步或者向后撤步调整距离。

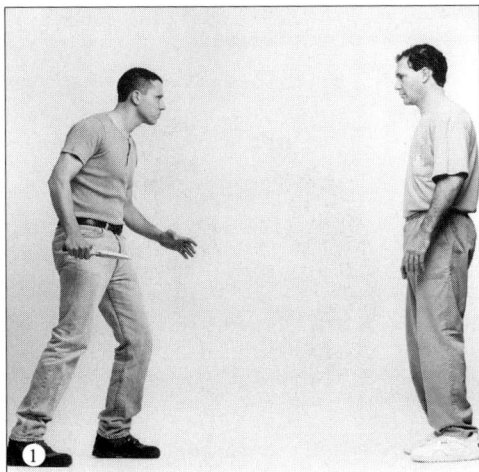

当你发现对方准备攻击时，你们之间的距离足够你发起踢击。

对方向你靠近，这时如果你想用右腿踢击，则快速后踩一步变换重心用力，调整身体，支撑脚（左脚）的脚趾朝斜外方向用力，使你处在一个防御的身法姿势。

抬高膝盖，瞄准对方下颌进行前踢，用力伸腿以施展最大的力度和距离。

补充方案：

✿ 如果时间不够的话，你还可以在现有位置踢击对方，支撑脚和腿原地旋转。

✿ 如果你习惯用左脚踢击，则右脚朝右前斜踏一步。这可使你避开对方的攻击线，避免腿在踢击的过程中被刀伤到。

如何防卫直刺袭击

敌·直刺来袭 vs 我·切入对方"死区"①

在攻击者还未进入攻击距离时，就准备好防御手势和状态（详见附录中站姿的注意事项）。

对方的攻击被成功偏转后。将你用作防御的手臂沿对方手臂向前压制、滑动到对方肘部附近。

对方发动进攻。我们先从前臂防卫手法开始，同时把自己的身体斜拉向前，处在一个防御的身法状态。肘尽量放低，这样能增加防御面积，同时防住对方低位直刺的可能。使用小臂接触攻击者持刀手的手背处，去偏转对方的攻击。

手臂的防御动作会帮助你完成防御的身法。手臂垂直于地面，努力向前伸臂来扩大防御范围，增加防护能力，这样一来，你的头部到腹部之间都能受到保护。

身法同样重要，并且防卫手法与身法动作必须以最快速度完成。

谨记，手上的防卫动作必须在第

---

①译者注："死区"与"活区"相反，你位于对方靠近你的那一侧肩部的后面或者对方背后，此时你处于反击和控制对方的绝佳位置，因为对方较难使用肢体对你进行攻击。注意，不管何时，尽可能让自己处于对方的"死区"位置。

抓住对方持刀手的手臂，同时进行大力反击。根据对方是否要快速撤回手臂，决定你要抓住其手腕还是抓住其小臂靠近手肘的位置。

双手并用，抓住对方的手腕并使用腕部关节技。快步、碎步与对方拉开安全距离。

踢击对方裆部。如有必要，可以继续进行后续动作。例如强行缴械，或使用腕部关节技将对方摔倒。见前面"敌·从正面刺来（东方式握刀）"一节。

图 3 背后视角。

一时间做出，并对准对方的手背或者手腕后侧精确格挡，**而不是小臂部位**。

　　由于对方可能会快速进攻，然后回手准备下一次攻击，我们需要限制其回手动作，从而达到控制对方攻击的目的。当对方撤回手臂时，**无论如何都不要去抓对方的刀**（刀刃和刀柄）。因此，你要将你用作防御的手臂沿对方手臂向前滑动，和对方手臂之间创建"连接点"，这样你才能快速抓住对方后撤的手臂。同时因为有"连接点",也可以防止对方将刀重新指向你。如果对方选择低位进攻,或者以较低的姿态发起攻击,那你也需要放低身体,这样你的防卫手法可以保护你的腹部。

注意　只有在学习阶段,我们要求你从起始姿势开始进入技术动作。但记住,在真实对抗中,你大多数时候会在一个被动或者普通姿态下进行防御。另外你也需要考虑到,如果你的姿态显得警戒,对方或许会选择刺向或划向你的前侧手臂。因此,在之后的练习中,在做出动作前你要保持手臂靠近身体,一只脚在前,步距不大。我们以此来模拟现实中突发对抗时,你没有太多机会准备的情况(或者你只希望对方头脑发热,径直向你攻击而不做其他动作)。施展这个防御技术时,要像图 1 和图 2 中展示的那样完成防卫手法和身法。记住,你用于防御的那只手是主导整套防御技术动作的关键。

敌·直刺来袭 vs 我·切入对方"活区"

①

②

在攻击者还未进入攻击距离时,就准备好防御手势和状态(详见附录中站姿的注意事项)。像上一个技术中一样使用前手防御,但这次要从攻击者持刀手的内侧发起防御。

防御的手臂前伸,小臂垂直于地面,触击对方掌根或手腕位置,横扫以偏转对方的攻击方向,在这个过程中需要让自己的手臂和对方的手臂保持接触并持续发力。

通过手臂的横扫动作来偏转对方直刺的方向。手臂的防御动作会帮助你完成防御的身法，斜进上前靠近对方。另外要提醒的是，在做这个防御动作的时候，你的身体会自然地略微向后倾斜。

用作防御的手抬肘反击，同时另一只手抓住对方持刀手的手臂，此时抓握的位置根据对方是否抽回手臂而定。

侧向水平捶击或用手刀砍向对方的头部、颈部或者咽喉位置。

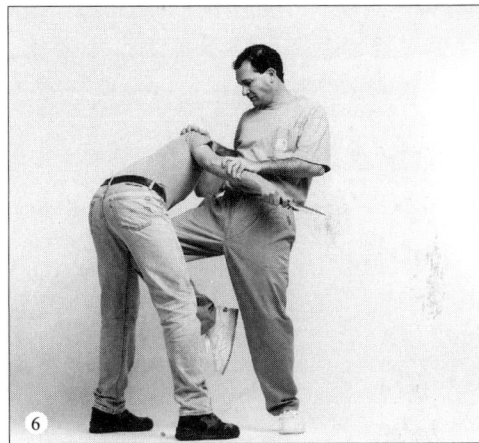

继续反击。抓住对方的上衣或肩膀，将他拉近并顺势用膝盖攻击对方裆部。你可以后腿（左腿）快速上步，然后使用前腿（右腿）进行攻击，但是最好是直接用后腿攻击。

用小臂格挡攻击者持刀手的手掌或手腕附近位置，利用横扫动作偏转其攻击路线，做此动作时要防止对方肘部弯曲而可以继续实施其攻击动作。在防卫过程中，有一只手始终放在你自己的脖子附近，抓住机会尽早发起反击（手刀或水平捶击）。此时，不用于反击的那只手要抓住对方的手臂。

警告　一个老练的攻击者会像弹簧一样，一击不成立刻缩回手臂准备下一次攻击！要时刻记住这点，当你伸出后手去抓他的手臂时，要准备去抓他的肘关节附近，这样即使他迅速回手，你也能抓到他的手腕。抓稳后，放低你的肘部并对他的手臂持续发力，这可以避免对方重新对你发起划砍。

与攻敌"死区"相比，攻敌"活区"对身法的要求更为苛刻。要想提高你的身体防御效果，你得将被攻击部位向后缩，比如，当对方朝着你的脖子发起攻击时，**你的上半身要通过向后倾斜来避开危险。**

注意　这里同之前的要求一样，图中的起始姿势只是针对学习的初级阶段。日常生活中，我们不会时常以格斗姿势进行各种活动，而在实际危机中，也不会有太多时间让我们在做出防卫技术之前将姿势调整为格斗式。在战术层面，如果我们随时保持过于固守的姿态，会让对方提高警觉并更多地注意我们的防御动作。我们希望"引诱"攻击者做出简单粗暴的动作，而不是用佯攻等手段虚晃欺骗我们。因此，为了更好地模拟一个相对真实的情境，你要以一个看似无任何反应变化的姿态做出防卫技术，不要给攻击者任何心理压力或防范提示。换句话说，**不要向对方暴露你受过训练并且有能力化解对方的进攻。**

伊米宗师示范面对持刀攻击时的防卫姿势。

敌·直刺我下腹部

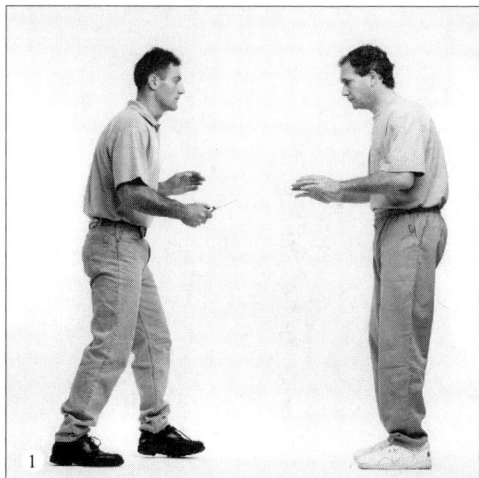

攻击者直线刺向你的下腹。你以本能反应驱动，向前伸出双手阻止攻击，并且向后移髋闪避。

将自然伸出的手转化为向外勾手，用你的手腕画一个小弧线，向侧面偏转对方的攻击，并弯腰收腹。

快速调整姿态，髋关节回到中立位，借势前踢对方的裆部、下颌或者心窝。

身体对这种针对较低位置的攻击，尤其是对于突袭，做出的自然反应是，髋关节向后移动，同时向前伸出双手。

这个防卫手法是腕关节的勾手动作，在防卫手法快完成时发起反击。这时你要重新挺直身子，并借势向对方的薄弱部位踢击，踢对方心窝可以起到逼迫对方后退的作用。一个成熟的习练者有时能在做防卫手法的同时用拳法进行反击。

变式　其他针对这种直刺攻击的反射性动作还有张开手掌进行防御的技术（这与第 2 章 "针对持刀威胁的防卫" 中 "敌·正面远距离威胁" 一节里提到的技术很相像），或者使用上一节中切入对方 "活区" 的变形动作：旋转小臂，手掌在下，手肘在上。

敌·直刺来袭 vs 我·踢击对方身体中线

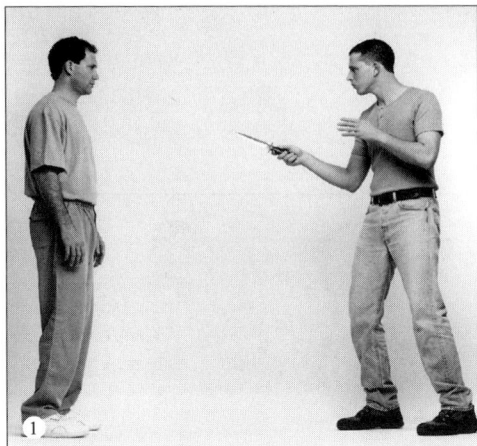

在攻击者刺来之前，你们之间的距离较长，你有足够的空间施展踢法。

当对方靠近你试图攻击时，你上半身后仰，同时向前伸髋，踢击对方身体中部。具体的踢击位置取决于你出脚的时机和对方靠近你时他的身体角度，图中示范的是前踢对方心窝。

如果你在更早的时机做出前踢，则可以踢到对方下颌。可通过原地踩踏来调整脚跟位置，做出更快更强的踢击。

这个技术需要身体自然后仰，但不要向后移动重心，同时快速完成远距离的大力前踢。这个前踢结合了常规的前踢技术并伴有一个向上扬腿的动作。

采用这种踢击方式可以对对方身体中线从裆部到下颌的任何部位进行打击。如果你的鞋是鞋尖较硬较尖的款式，你可以用脚尖来踢，否则请选择用前脚掌或者脚跟踢击对方。

变式 在条件允许的情况下，你可以后踩一步或原地踩踏来调整脚的位置，强化踢击力度（详见本章"敌·东方式刺击 vs 我·踢击下颌"一节）。

注意 我们所谓的身体中线是指从对方头部开始垂直贯穿身体的一条虚拟

直线。根据对方身体所呈现的角度不同，你踢击的位置也会有变化。从防卫的角度，你应将对方的身体看成一个剪影，只要中线包含在剪影内，则它经过的区域都可以踢。当然，这条中线的位置也会因攻守双方的相对位置不同而改变。

敌·直刺来袭 vs 我·踢其腋窝

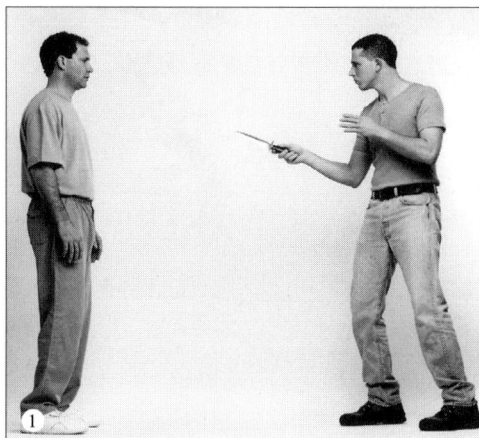

在攻击者刺来之前，你们之间的距离较长，你有足够的空间施展踢法。

当对方靠近你试图攻击时，用你的左腿向对方持刀手的腋窝处发起踢击，同时上半身后仰。

这个技术需要身体后仰，同时向前伸髋，踢击对方腋窝。这个技术通常会从一个比较自然或者放松的姿态开始，踢出的腿（左腿）与对方进攻的手（右手）位于同侧。腋窝是一块非常敏感但位置又相对比较静态的区域，所以对这里进行攻击比较容易。熟练掌握这个技术后，根据现场的时机和距离，也可以踢击对方手臂上的其他位置（例如手腕、小臂或肘）。

注意　本节与上一节所描述的两个技术本质上是相同的。除了你对自己踢法位置的个人偏好之外，对方的攻击角度是你选择某种技术的主要依据。如果对方从你的右侧斜插进攻，则用右腿踢他的腋窝；如果对方从左侧来袭，则瞄准对方身体中线踢出左腿。这也是马伽术的基本原则：**根据攻击者和你的相对位置合理选择防御反击的方式。**

敌·直刺来袭 vs 我·侧身防卫和踢击

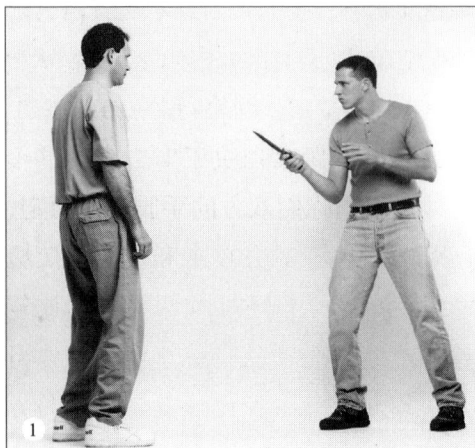

在攻击者刺来之前，你们之间的距离较长，他必须先靠近你，才能用刀刺击。

当对方试图靠近你并向你发起攻击时，你要斜进快速上步，身体转向侧面，胸口向下，顺势扫踢对方心窝或裆部。

完成扫踢后，接着侧踢对方膝盖侧面，或者立刻与对方拉开距离。

如果你决定控制对方并继续反击，则根据新姿势及位置灵活选择技术。例如用右手抓住对方持刀手的小臂，同时左手拳击。

这个技术非常适合用来对付迅猛来袭的攻击者，因为它能让你迅速避开攻击线。你也可以在移动中使用这个技术，例如你正在转换重心脚，或者当你突然失去平衡时，尤其是当你的主踢腿在前面的时候更加方便。

用左手（后手）拳击对方下颌。如果他身穿大衣或者长袖上衣，通常更方便抓住对方的衣袖。

用你的头部带动身体移动，比如在这个技术中，你的上半身倾斜旋转，使胸口与地面大致平行（并不是完全的侧方向倾斜），并斜向前上步。你上前的方向和距离取决于对方靠近的程度，也根据你们双方的手脚长度而定，还可能取决于对方攻击和你防御反应的时机。举个例子，如果你的腿比较长，或者你行动的时机比较迟，你可以选择向攻击者的侧面甚至是侧后方移动。如果你的腿没那么长，或者你提早行动了，那么你就要更往前一点。

在身法移动的同时，安全起见，把右手放在脖子附近来准备截挡防御。根据对方出刀时的位置，扫踢对方心窝、腹部或者裆部。

根据首次反击的效果决定后续行动。在必要情况下，可以进行多次踢击；或者用一只手控制住对方持刀手的手臂，用另一只手反击。**记住，只有你彻底化解了对方的威胁之后，对抗才宣告结束。**

变式　只使用一次踢击（扫踢或者侧踢），随后立刻控制对方持刀手的手臂并反击。另一个方案是，在初次或二次反击之后立刻撤离。

真实事件

一位练过马伽术的安保人员被一名强壮的恐怖分子袭击。该恐怖分子突然来袭，用一把 40 厘米长的匕首不断攻向安保人员的脖子。安保人员使用了简捷的防御技术，在恐怖分子上前时用自己的手臂格挡对方的持刀手，随后猛地将恐怖分子向后推，顺势子弹上膛并对其开枪。

敌·直刺来袭 vs 我·侧踢

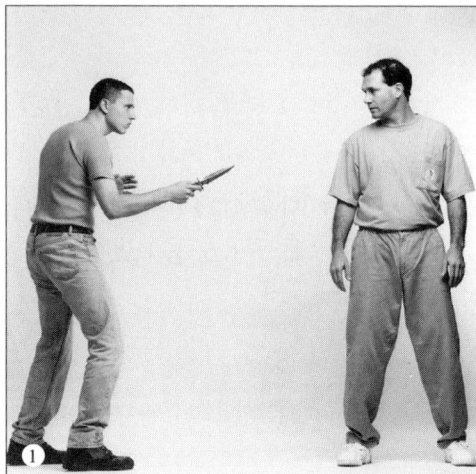

攻击者从侧面接近，在这个距离下他必须要更靠近你，才能出刀刺击。

对方上前试图攻击。你向侧面倾斜，将躯干放低，在必要时也可以同时靠近对方。在图中，防卫者通过前移后脚靠近攻击者。你的手（靠近对方的那只）要随时准备好防御。

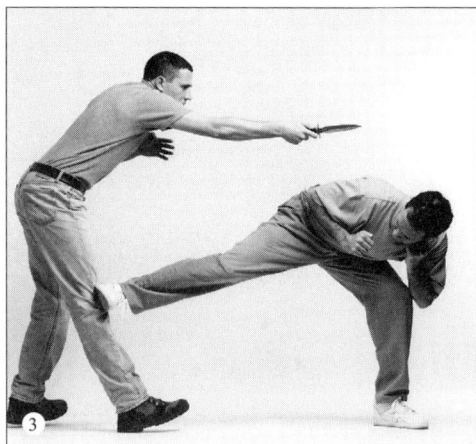

侧踢对方前腿膝盖或者肋下。在其距你还有一段距离时截住对方，并防止对方的刀接近你的身体。此时你的支撑腿和躯干要弯曲，通过放低身体来躲避攻击、保护自己。

这个防御技术结合了身法和适时的截停攻击。你的身体要向侧面倾斜，踢击时将髋部侧面朝向对方。这样，在进行一次强有力的踢击同时，也将你身体的要害部位（例如上半身）移动出了危险范围。侧踢的目的是在对方距你还有一段距离、你尚处于对方刀刺范围之外时截停对方的进攻。整个动作需要合适的时机，通过上步来缩小两人之间的初始距离。

为了达到最佳的攻击距离，有几个不同的移动方案，你需要进行如下动作：双腿用交叉步来调整站位和距离，再发出侧踢，你甚至也可以在后撤的同时使用侧踢。**要记住攻击者身上的两个弱点：前腿膝盖，心窝到肋下这块区域。**

出于安全考虑，你可以同时用前手来偏转对方的攻击方向。但是，这个动作是否有必要其实是值得商榷的。如果是在一次突发的意外袭击中，你或许会条件反射地做出这个动作。不过同时也要记得放低身体并进行大力侧踢来回击。

当攻击者从正前方接近时，你也可以在自然的姿态下使出这套技术，只是要稍加一些步伐上的调整和转身，以此来让自己处于一个合适的角度，这样你才能正确地进行侧踢。在上述技术完成之后，你可以选择继续进行其他踢击，或者以消除危机为目的，抓住并控制对方的持刀手，同时以后手（左手）进行反击。当然，你也可以拉开安全距离。

注意　本节和上一节中提到的技术也可以用来应对本章开头所述的其他握刀方式的攻击。

如何防卫划砍袭击

如果攻击者使用划砍的方式攻击，会使战斗情况更加复杂。一般来说，对方使用划砍作为主要攻击手段的目的是，先造成一些（可以是表面程度的）划伤和割伤，随后再将刀刺入我们身体的要害部位。

在之前的针对持刀攻击的防御技术，尤其是针对直刺的防御技术中，详细讲解了很多防御原则，也可以用在针对划砍的防御中。

✿ **投掷小型物品**。在对峙初期，当对方有进攻意图时，你可以朝对方面部或者眼睛投掷一些物品，例如钥匙、手表或者钱包等，来分散对方注意力。这个方法在第 7 章 "使用日常物品进行防卫" 中有详细讲解。随后适当拉近距离，踢击对方裆部。

✿ **向侧面倾斜身体并扫踢**。就像之前在防御直刺袭击中示范的那样，选择正确的方向以及合适的时机完成该技术。

✿ **踢击防御，后仰身体**。举个例子，像图 a 和图 b 中示范的那样踢击对方身体中线或头部，或者使用上一节中提到的侧踢技术。

✿ **通过防卫手法来格挡对方的攻击**。通过上半身后仰来闪躲攻击者的第一次划砍（见图 c）。对方的刀从一侧划至另一侧，在他进行反方向划砍时，你要使用一只手或者双手来格挡这次攻击。如有必要，你可以在对方进行第一次划砍时就加以格挡（见图 d）。这些技术在第 8 章"用短棍应对持刀攻击"中应对持刀划砍的部分中有详细讲解和示范。

注意 对付划砍的防卫手法是非常复杂而且困难的，尤其如果对方是干净利落的老手，划砍动作短且快，那么你在格挡防卫时以及格挡之后，应**尽快进行反击来解除威胁**。

防卫持刀攻击的特殊情况

对方从身后来袭

　　如果有人持刀从你身后靠近你并想要攻击你，他大概率会选择捅刺方式攻击，并且他的意图很有可能就是要杀了你。出于我们长久以来对这种从背后突袭的人的了解，以及从上述情况的突发性来考虑，这种情况下要成功防卫是非常困难的。

　　当面对这样的对抗时，你基本上只有如下选择。

　　1. 立刻逃离。

　　2. 防御并尝试用反击来打断对方的进攻，在保证安全的前提下第一时间撤离现场。

攻击者从背后来袭。

　　3. 用强效的防御和猛烈的反击来解除威胁。

　　由于这种对抗本身具有严重的危险性，你不用对任何能保护自己或对对方造成严重伤害的技术抱有顾虑，包括那些一般人会认为特别"过分"或者极端残忍的攻击。在马伽术的理论中，我们允许（同时也建议）大家**使用身边的一切物品**来为自己提供额外的保护或者进行反击（详见第 7 章"使用日常物品进行防卫"）。

预感

　　如果你以任何方式，比如看到、听到或者通过直觉感知到可能有人将要从背后对你发起袭击，那么你可以在下面提到的三种应对方式中选择其一。

✿ **向背后发起攻击。** 当你回头看时，将上半身向前倾斜，这时也可以向前迈一小步，并借势向后发起踢击。在马伽术中，我们称此为"**后蹬**"，该踢法直线向后，与马匹或公牛向背后踢腿的动作类似。

✿ **后转防卫。** 在转身的同时向侧面稍移，并用小臂防御对方的攻击。完成这个动作后，你通常会处在对方的身侧。在这个姿势下，你必须根据对方所处的位置及其攻击方式来决定自己如何防御和反击。随后，尽早使用适当的技术，并进行坚决的反击。

✡ **拉开距离**。在感觉到有可能发生危险时，你应该同对方保持一个安全距离。根据具体情况，你可以选择向前方、侧前方或者两侧移动。在移动过程中，记得时刻观察背后情况，并尽早将身体转向对方，然后像前述小节中示范的那样，用防卫手法与反击或者踢法"欢迎"对方。

一旦你被刺中……

通常在最初几秒钟内，你不会感觉到自己被刀刺到了，而是感觉到像被人用拳打到一样的冲击感与疼痛感。如果这时你将刀从身体中取出，则有可能造成内出血等严重伤害。因此，**只有专业人士才可以取走刺入你身体的刀**。而且在战斗中，刀抽出后，攻击者可能还会继续用它攻击你。因此要注意，这个阶段我们的主要目标是**防止对方用刀再次刺中你**。

一旦你意识到自己被人从背后袭击了，你要首先假设对方拥有刀或斧子等武器。现在你要迅速做出反应：快速移动，用三到四步与对方拉开距离，同时转身面对对方。如果你没有及时与攻击者拉开距离，那么你可能会受到多次攻击和更严重的伤害。根据现场的具体情况，朝前方或者两侧移动，在移动时注意向后观察对方的动作，并根据你们之间的距离和行为，采取本章中提到的相应措施。随时保持你的战斗精神，不要惊慌失措，也不要轻易放弃。

如果你觉得在这时候你无法站起来，那么你可以通过倒向其他方向来尝试移动。你可以侧身倒向离对方较近的位置，并踢击对方的膝盖或者裆部等位置。

即便在被刀刺中之后，训练有素的人也能在绝大多数情况下迅速转身面对攻击者，并进行防御和反击。**最重要的是，要保持求生欲**，不少人在面临尖刀危机时，即便身中数刀，也都选择了继续战斗下去而没有投降或放弃抵抗，最后他们成了幸存者。因此，即使在你伤痕累累的时候，也不要丢掉你身为战士的意志，不要放弃对生存的渴望。

敌·用锐器或钝器攻击 vs 我·携有枪支

假如一名丧心病狂的攻击者试图在你的配枪还在枪套中，或者你的枪没法立刻开火的时候对你发起攻击，你要首先用徒手防卫来保护自己，确保身体不会即刻受到严重伤害。大多数攻击者能够在防卫方准备使用手枪或警棍等武器的过程中拉近 4~6 米的距离，很不幸的是，世界各地的许多军警人员因此遇难。

假设一名持刀攻击者从 6 米外向一名刚刚意识到危险的执法人员突然袭来，如果执法人员试图操作随身携带的枪械，结果往往是徒劳，执法人员会在开枪前便身中数刀。这是由于我们的身体需要足够的时间来进行反应，这包括了大脑处理信息（觉察攻击—认定危险—决定掏枪）的时间，加上瞄准和开枪所需的时间。一般而言，这一连串的时间加起来有 1.5~3 秒，而在这段时间内对方的行动是不受阻碍的！所以，即便在你携有枪械的情况下，也需要训练徒手防卫的技巧以及反击技术，这样才能让你在近距离战斗的情境中有更多机会活下来。

使用防卫手法或者踢击反击化解最初的威胁之后，通过移动确保你与对方处在安全距离的前提下，你才可以更安全有效地用枪（见图 a）。如果你是一名携有冲锋枪或步枪的士兵或者军官，并且遭受近距离攻击，你也可以使用你手中的武器来进行防御和反击：首先用枪作为冷兵器（钝器）来偏转或格挡对方的攻击，随后用枪打击对方或者进行踢击（见图 c），在此之后，在必要情况下才开枪射击。

有一些极端情况，例如对方处于精神恍惚（可能因吸毒、过量使用药物、精

a

神失常等因素导致）的状态，身中数枪却感觉不到痛楚，甚至没有意识到自己被击中（特别是被小口径子弹击中），这说明对方非常具有攻击性且意念决绝。所以，当你无法在第一时间使用武器压制对方时，你要时刻准备徒手防御和反击（见图 b）。事实上，你应把枪作为一件称手的工具使用，**不要仅仅依赖于枪作为热兵器的功能**。

小结

　　当攻击者掏出刀具时，他的目的多半是给你造成巨大的身体伤害或者杀害你，而他强力迅速的攻击通常可能连续数次。在施展防卫手法时，我们的基本原则是偏转或格挡对方的攻击，并且防止他再次用刀攻击。与此同时，你需要尽快反击来解除威胁。在必要情况下，你需要缴对方的械。

　　踢击能在远距离造成不俗的反击效果。其技术目的在于，在对方接近你并发起攻击之前就击倒对方或者阻止其攻击。

　　本章中提到的技术仅供你在别无选择时使用。如有机会，我们更建议你尽早撤离现场，如果不行，可以使用专用武器（例如手枪）及其他临时获取的物品（例如铁棍、棒子、椅子等）来帮助你进行防御。

第 2 章
针对持刀威胁的防卫

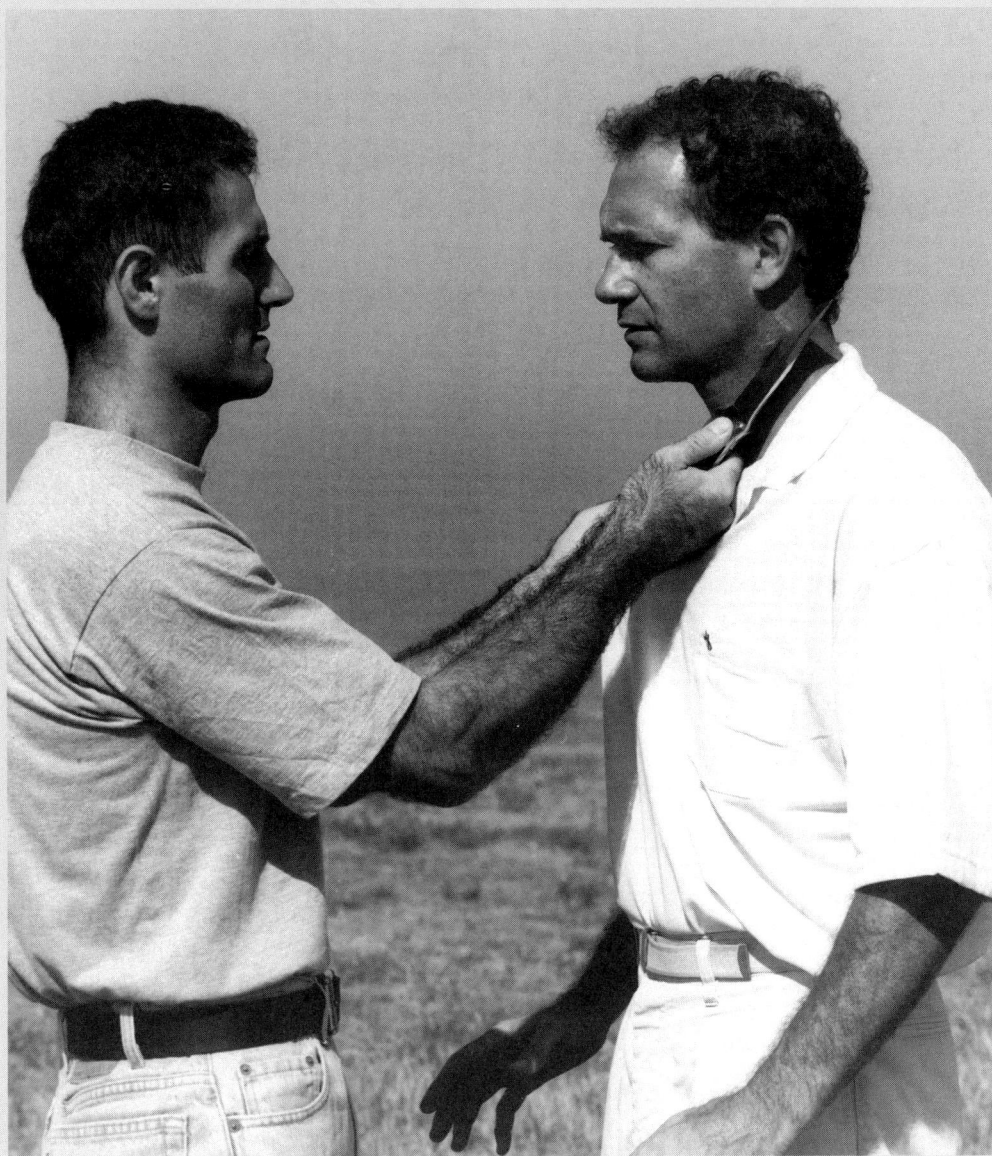

我们认为，当对方决定拿出刀来威胁你的时候，他的意图和那些持枪威胁你的人没什么差别。与那些亮出刀来就攻击你的人相比，其实际目的倒有所差别。在我们的认知中，这些掏出刀威胁你的人，是想用这种恐吓的方式达成一些目的。这种目的可能是索取信息、金钱、财产或是别的东西，甚至于只是逼迫你从一处转移到另一处。这样的攻击者大多会以强势的姿态和带有威胁性的动作向你比画手中的刀，或者将刀靠近你的身体，给你带来恐惧感和压迫感，从而迫使你放弃抵抗，立即就范。因此，在此情境下，他手中那把刀一般不会真的在你身上做什么大动作，问题的关键在于刀的位置和它所造成的威胁。

攻击者可能会从不同距离（近距离、中距离和远距离）的不同方向与角度对你进行威胁。在此过程中，他可能会在不同的位置亮刀，也可能会将刀靠近你身体的不同部位来达到控制目的。攻击者也有可能通过抓住你的衣服、手臂、头发等方式来迫使你按其意愿行动。

从历史上看，马伽术体系中针对持刀威胁的防卫技术，大多是从那些应对持枪威胁的技术、针对持刀攻击的防卫以及针对步枪刺刀近战的防卫技术中逐渐演变而来的。

行动原则

✡ 在觉察到威胁后，**尽快采用防卫技术**。谨记，运动中的刀（刺击或者划砍）比静止时能造成更大的威胁。在你觉察到威胁与采取防卫技术之间的间隔越长，情况就可能变得越危险，也就越有可能演变成一场真正的持刀攻击（刺击或者划砍）。

✿ 攻击者注意力稍有分散的那一刻，将是你应对威胁的最佳时机。例如，当他正在说话或者下达命令时，以及当他正在专注于听你乞求时。

✿ 当你做出防卫动作时，攻击者有可能会下意识地做出一些相应的动作，例如收回持刀手以便对你进行刺击或者划砍。同样，他也有可能直接用刀刺击或者划砍，推打、踢击或用另一只手攻击你。因此在设计专门针对持刀威胁的防卫动作时，我们也特意考虑到了这些因素，从而使你能够预知到这些可能出现的情况。

✿ 大部分应对近距离持刀威胁的防卫技术动作，尤其是当攻击者抓住你进行威胁时，都是由应对持枪威胁的原则及技术演变而来的。

    1. **防卫手法伴随相应的身法。**

    2. 靠近攻击者，**控制住对方的武器或持有武器的那只手。**

    3. **强力反击。**

    4. **通过移动拉开安全距离或缴械来结束整个防卫技术。**

✿ 一般而言，一旦有机会，要竭尽可能与攻击者拉开尽量远的距离。不过你要注意的是，马伽术中很多应对持刀威胁的技术在运用时是没有缴械这一动作的。我们推荐你采取本章讲解的技术，因为在多数情况下，你可以先控制住攻击者持有武器的手，同时反击，再拉开安全距离。相比于直接尝试缴械，这样要更为有效和迅速。

✿ 应对远距离持刀威胁的防卫技术是由应对长棍和刺刀步枪直刺的防卫技术及原则演变而来的。首先开掌拍击攻击者持刀手以偏转刀的指向，随后如有必要，可以倾斜上半身并旋转身体，**踢击对方。**

接下来，我们会用一系列的例子和示范来讲解如何正确地应对持刀威胁。你应该首先勤奋练习这些基本技术，根据学习情况再模拟练习应对各种不同的威胁。记住，在实际对抗中，攻击者不会像我们设想的那样行事。因此，在你学习并练习基本技术之后，为了收获更多经验，对不同的潜在威胁有更深的理解，要多进行更加紧张的高强度练习，本章不再赘述。本书涵盖的所有技术内容都应采用上述方式进行训练。

敌·正面远距离威胁

你已觉察正面的持刀威胁。攻击者在你正前方，距离相对较远，将刀举在身前。

用最简捷的方式偏转刀的指向。手掌张开（手指伸直），击打攻击者持刀手的手背。在你做出这个防卫手法的同时，手臂会带动你的身体略微旋转，因此这也是一种身法动作。如有必要，你也可以顺势将身体前倾，来增加手上防御动作（变向防御）所覆盖的区域。

接着前踢对方裆部，同时身体后倾远离刀具。在这之后，你可以选择撤离，也可以按下文描述的步骤继续反击直至解除威胁。在你突然用力击打攻击者手背或踢击对方裆部时，对方的刀有可能会因此掉落。

如果你选择继续反击，建议你采取如下动作：前踢之后收腿，用靠近对方的手（右手）抓住对方持刀手的手臂（靠近肘关节的位置），并将你的身体重心前移。

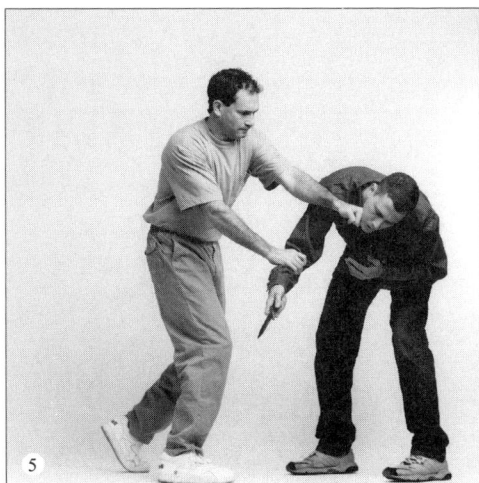

接着出拳攻击或采用其他必要的反击技术，例
如膝击或踢击等。

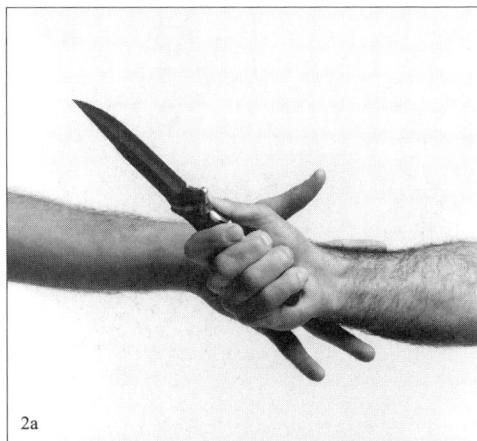

图 2 细节。击打攻击者持刀手的手背。

　　拍击攻击者持刀手的手背来偏转刀的指向这个动作，是从应对长棍和刺刀步枪直刺的防御技术中演变而来的。在动作中，你的手要始终保持拇指朝上、小指朝下，并尽量张开手掌，伸直手指，斜线向前拍击对方持刀手的手背。

　　防卫手法尽可能做到简捷利落，径直拍击对方手背，将其持刀手打到侧面即可。如果攻击者持刀的高度与你面部平行，我们则选用另一种手势（立起小臂）拍击对方的手。在这种情况下，你需要将手指靠拢并保持指尖朝上。

　　在完成拍打的防卫手法和出脚踢击之间，你可以在原地用力向下踩跺，或是向前上步，这样能迅速将身体重心移至支撑脚上，同时也可以缩短你与攻击者的距离，从而让你以普通放松的姿势做出最迅速和强力的踢法。一般来说我们会用防御手异侧的腿进行踢击，最好使用前脚掌踢击对方裆部。

　　为了对实际情况有更深刻的认识，你要多加练习**在完成踢击后立即撤离**的战术方式。如果在现实情形中你无法迅速脱身，则尝试按照我们在这里示范的动作行动：抓住并控制攻击者的持刀手，随后反击并缴械。

　　在进行了最初的防御反击之后，你需要时刻留心周边的其他物件，以便可以使用它们来进一步防御或反击。

　　変式　若攻击者在你的侧面或者后面，距离相对较远，持刀威胁，你采取的技术其实是相同的。本质上，这些技术都是首先用手掌或小臂内侧（骨骼）击打攻击者的持刀手使其变向，随后向刀的相反方向倾斜身体，进行踢击。这里，通常会使用侧踢或者防御性后踢。如果有必要，你也可以不做手上的防御动作而直接用脚踢击。但是，在使用脚踢的时候你要非常注意身法闪避。

敌·正面持刀威胁 vs 我·踢裆

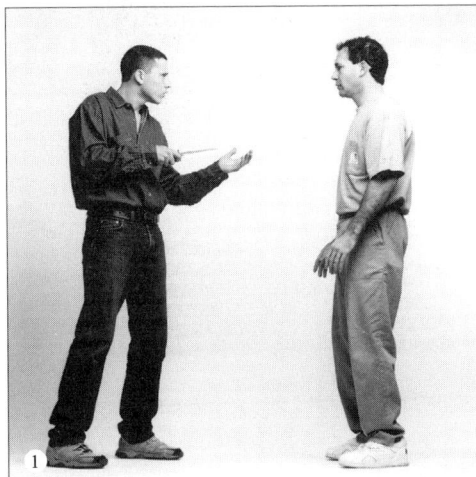

面对一个处于中远距离的持刀威胁者。和上一节中的情况相似，只不过攻击者将刀拿在靠后的位置，让你很难够到。

快速大力地前踢其裆部，身体顺势后仰。然后如果可能的话，迅速撤离。如果你无法迅速脱身，那么就继续进攻，直到对方丧失行动能力，或者无法再继续用刀。

　　除了没有拍击的防卫手法，这个技术和上一节相似。你可以通过假意服从攻击者的要求（例如假装按照对方的要求拿出钱包）而让对方放松警惕，再寻机使出示范中的技术。

敌·正面近距离威胁

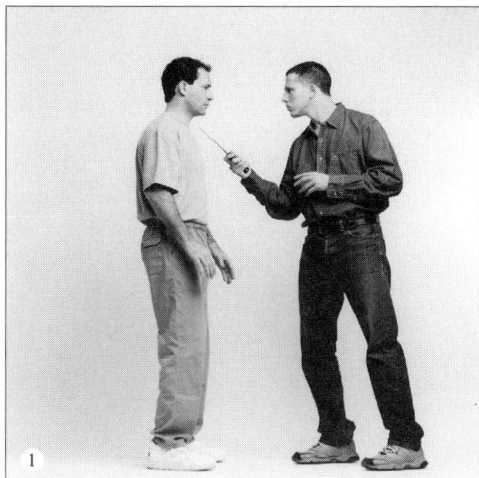

攻击者从正面将刀放在你颈前或上身的其他位置。

首先用防卫手法拨开对方的持刀手，随后身体侧转，用手抓住攻击者持刀手的手腕，将对方的刀平推变向。当你用手接触到攻击者的手腕时，须保持拇指在下、食指在上。将你的身体重心斜向前移到抓握手的一侧。

抓握手同侧的脚上步靠近攻击者，身体重心相应地跟着移动，对攻击者的持刀手向下、向外施压。另一只手出拳反击，同时持续对攻击者的持刀手施加压力，在这个过程中保持你的肘关节伸直。之后你可以继续反击，或者直接将攻击者向后猛地推开，然后迅速脱身撤离。

如果你决定继续反击控制攻击者，可以像示范中这样使用双手抓住对方的持刀手并向后退一小步，以便进行强力踢击。

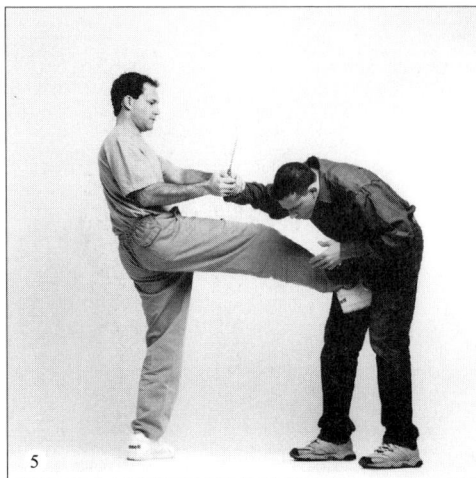

踢击对方裆部。

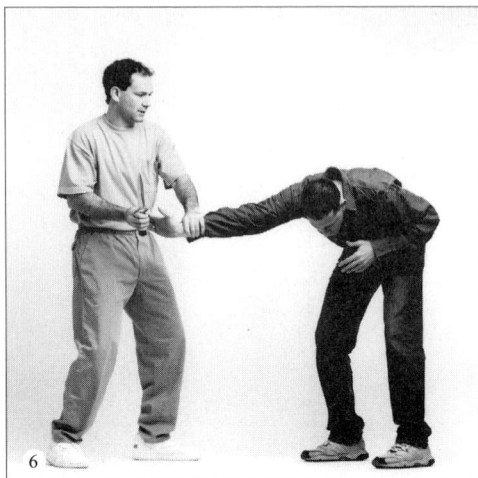

使用上一章中"敌·东方式刺击 vs 我·斜进防卫手法"一节里讲解的技术进行缴械。

本节介绍的技术是基于第 4 章"解除手枪威胁"中"敌·正面远距离威胁"一节里使用的技术，并加以变化发展而来（在这里你需要抓住攻击者持刀手的手腕）。其实，大多数应对正面近距离持刀威胁的技术，都是基于这一基础技术的原理而设计的。这些技术都包含：一个防卫手法（抓住对方持刀手的手腕，偏转对方的攻击方向），一个身法动作（侧身，斜进上前），控制攻击者的持刀手（抓住并斜向下施力），反击并缴械（可选动作），以及最后迅速撤离。

图 2 细节。抓住攻击者持刀手的手腕向侧面平推。

注意   在一些近距离的威胁下，如果攻击者并没有抓住你的身体或衣服，那么你仍然可以使用第一个技术：偏转刀的攻击方向，踢击对方，迅速撤离。

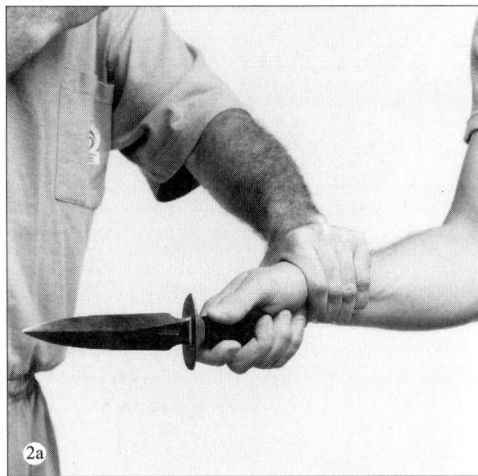

敌·正面持刀贴近我咽喉前方

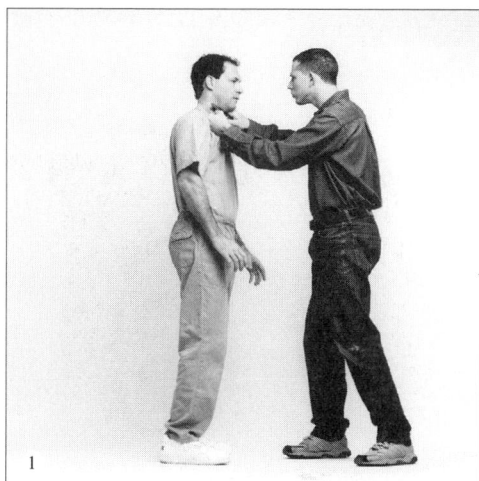

攻击者将刀靠近你咽喉的正前方。此时事态已经这样，你无法阻止。攻击者同时抓住了你的上衣来加强对你的控制。

用得力的手（示范中为左手）抓住攻击者持刀手的手腕偏转刀的方向，使刀远离你的咽喉。要用最简捷的动作完成上述技术。与此同时，运用身法（旋转）斜向前转移身体重心，让刀远离咽喉。

防御手同侧脚（示范中为左脚）上前，抓稳攻击者持刀手的手腕后出拳反击。整个过程持续对其持刀手的手腕斜向下施力。

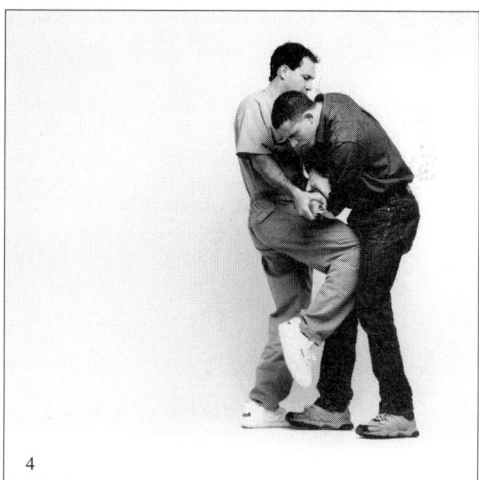

双手握住攻击者持刀手的手腕以更好地控制对方，同时膝击对方裆部。之后，按前面小节中提到的步骤，尝试缴械，或者向后猛地推开攻击者并迅速撤离。

就像上一个技术中提到的一样，首先偏转攻击者的持刀手，并抓住它。随后转身运用身法，斜向上前靠近攻击者，进行快速强力的反击。在整个过程中将攻击者持刀手的手腕朝对方身体方向推，并持续向下、向你的外侧压迫。

攻击者持刀威胁时，他还有可能会将刀举在你咽喉左侧或右侧。下一节要讲到的技术是特别针对刀放在你咽喉左侧的情况。

敌·正面持刀贴近我咽喉左侧

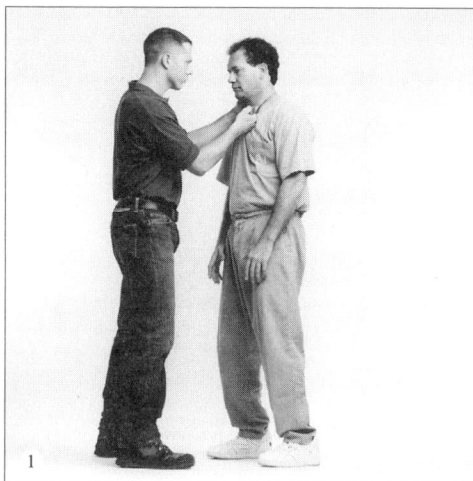

攻击者牢牢抓着你的衣领，并将刀置于你咽喉旁试图控制你。与上一节的情况非常相似，只是这一次对方将刀放在了你的咽喉左侧。

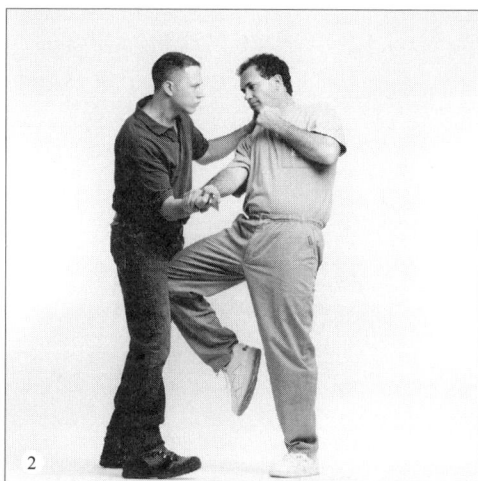

首先以右手完成基本防卫手法。抓住对方持刀手手腕偏转其方向，身体侧转，拉开咽喉与刀的距离。身体移动的同时右腿膝击对方裆部，推挡的手臂（右臂）肘关节要伸直。

很明显，在这样的情况下如果你仍使用之前的防卫技术，用左手将对方持刀手向内拨打，你的咽喉极有可能被划伤，因此这里我们选择**右手**来做这个技术。用右手控制对方持刀手的手腕，偏转刀的方向。这时要注意

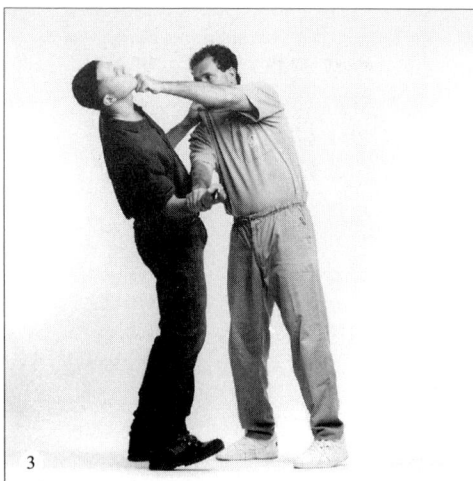

继续靠近攻击者，并在适当的时机发出反击。随后你可以视情况追加反击，或是尝试缴械，也可以将对方猛地推开并迅速撤离。

通过身体侧转和重心转移来保护咽喉不受伤害，随后膝击反击。

如有需要，你可以先右脚前移，同时寻机用直拳先发制人，随后再用后腿（左腿）膝击对方裆部进行反击。

变式　首先用右手抓住攻击者持刀手的手腕偏转其攻击方向，拉开你的身体和刀之间的距离。之后左手也快速抓住攻击者持刀手的手腕，用力扼住对方腕关节加强控制，这样会更安全。然后连续进行膝击。这一技术由针对手枪威胁的技术演变而来，详见第 4 章 "解除手枪威胁" 中 "敌·斜前方远距离威胁 vs 我·切入对方'活区'"一节。

在某些情况下，你也可以用左手完成向外推挡攻击者持刀手手腕的防御，同时出拳反击；完成相同的身法动作（转身，右脚向前移动），对攻击者持刀手手腕进行推挡变向（左手）。在这一变化技术中，抓住对方持刀手手腕（控制）的动作会相对较晚。

敌·背后持刀威胁（抓住肩膀）

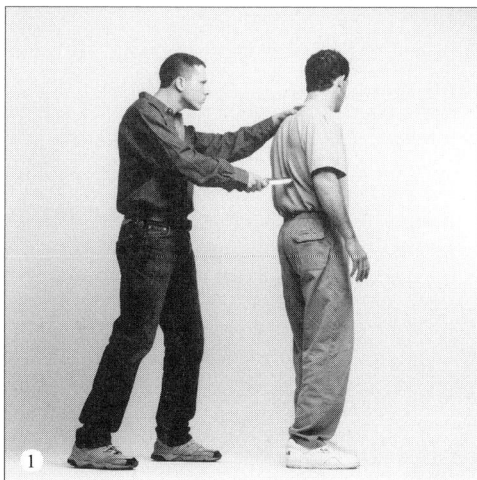

① 攻击者在一个适中的距离抓住你的肩膀，将刀置于你身后。此时他的意图可能只是威胁你，或是逼迫你前往某个地点。

② 与针对背后手枪威胁的基本动作相同，你要用手偏转攻击者的持刀手，同时迅速转身并向前压制性地接近对方（详见第 4 章 "解除手枪威胁" 中 "敌·背后近距离威胁"一节）。

这个技术和针对背后手枪威胁的防卫技术并无太大差别，因此我们建议你在读到相应章节的时候记得回到这里再复习一下。

进行偏转防御的手"拉动"你的身体向前靠近攻击者。这时如果对方向后推你（用他抓你肩膀的那只手），或者你感觉对方的刀或抓你的手正处于一个让你别扭的位置，你难以像示范中这样转身（向左转身），那么你可以做出一个相反的动作：向右侧旋转，用右手抓攻击者持刀手的小臂并将其偏转变向。

斜进靠近对方并保持格挡，然后抓住对方持刀手肘关节附近位置。同时，用后手肘击对方下颌或咽喉。注意肘击应是水平向内、向前进行击打，击穿整个目标。

这个技术的原理与上一节相同：先采用防卫手法和身法动作，再控制对方的持刀手，随后强力反击，最后选择缴械或者迅速撤离。

另一技术   如果攻击者并未抓住你，大多数情况下你可以直接用小臂打击其持刀手以偏转其攻击方向。同时向前踏一小步并立刻向前倾斜上身，然后用力后踢，使用本章的第一个技术中提到的原则。

真实事件

一位名叫阿维的以色列马伽术教练在里约热内卢的科帕卡瓦纳海滩闲逛时，有三名可疑人员鬼鬼祟祟地包围了他并意图对阿维实施抢劫。在阿维左侧的人掏出了一把匕首并架在阿维的咽喉上，第二个人随即开始在阿维的口袋中翻找财物，第三个人在他们几米之外的地方。

这时阿维用马伽术技术偏转了第一名劫匪的匕首——他采用的正是本章中讲解的技术。他的这个反抗动作直接导致被偏转的匕首划伤了第二名劫匪的脸。与此同时，持刀的劫匪被阿维两拳放倒在地。第二名劫匪看到同伴倒下，自己也受了伤，捂着脸后退了几步。第三个劫匪也飞速逃窜而去。最后，阿维看着这次抢劫的"受害者"们逃之夭夭。

敌·背后近距离威胁

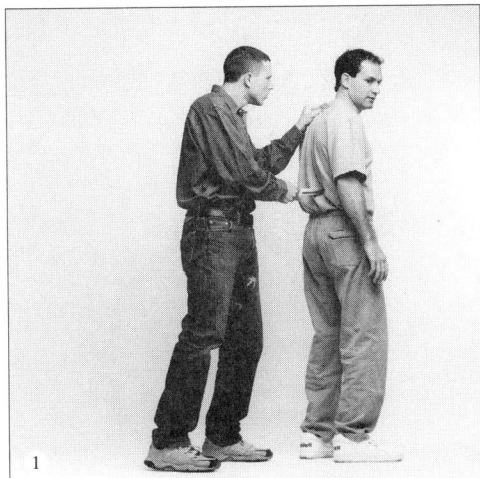

攻击者从你身后靠近你，而且距离非常近，他抓住你肩膀并将刀抵在了你背后。这时候，**由于攻击者抓住你的左肩不断向前施压，你无法自如地转身或向左移动。**

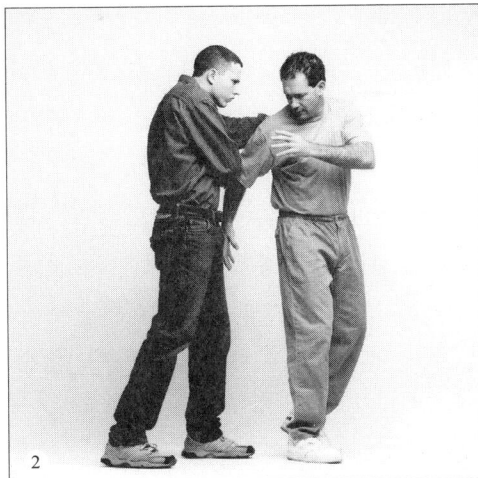

与前面章节中示范的动作一样，偏转攻击者的持刀手，同时迅速向右转身并尝试靠近对方。现在你与对方距离非常近，很难再用推挡的手抓住攻击者的小臂，所以这时你要用另一只手抓住并控制攻击者持刀手的肘关节或者大臂位置。右脚上步朝向对方。

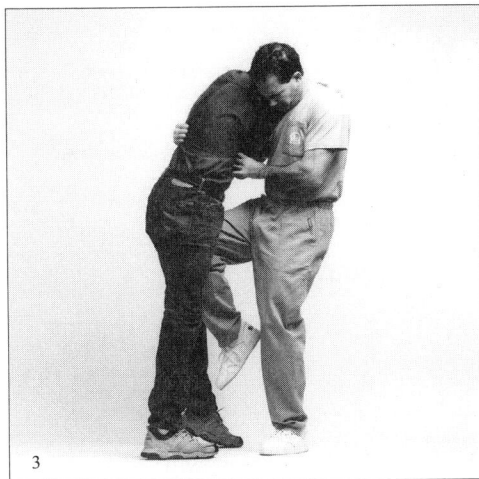

用你的右臂死死环抱住攻击者，用你的左手抓住攻击者持刀手的肘关节附近并用力向里推。左脚迅速前进至攻击者的身侧，这时将攻击者向后推，并顺势用右腿连续膝击其裆部。

这个技术同上一个技术动作极为相似，都是以偏转对方持刀手方向作为开始。成功偏转对方持刀手之后，立刻侧转身体并用推挡的手的同侧腿靠近对方。

由于你们双方距离非常近，因此此时你会在攻击者身侧或者身后，不利于你使用抓住对方前臂等常规技术，所以在这里我们提供的解决方案是继续靠近攻击者并抱住他。

与此同时记得控制住攻击者的持刀手，抓住他大臂靠近肘关节的位置，并在你将他向后推的时候锁住他的肘关节，来限制他的攻击。

最后，你可以推开对方，迅速撤离，或者用左手抓住对方持刀手的手腕或小臂，并用之前章节中讲解的方式对攻击者实施缴械。

变式 在某些情形下（下一节中会提到），你也可以用你的左手抓住攻击者的小臂，而不是大臂。

敌·侧面近距离威胁

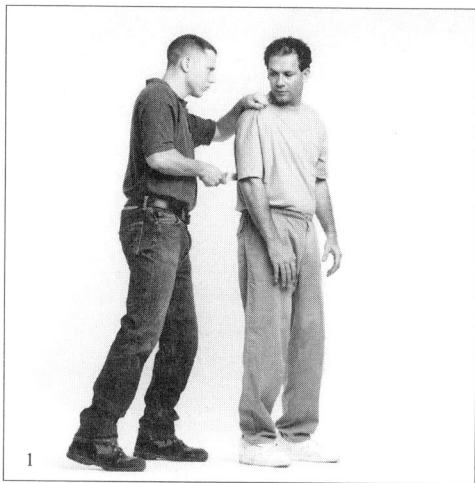

1

攻击者从你的侧面接近你，抓住你的肩膀，并将刀抵在你手臂后的肋骨附近。此时他的目的极有可能是对你实施抢劫。他这样做可以有效限制你的行动，并且不易被旁人发现刀具。

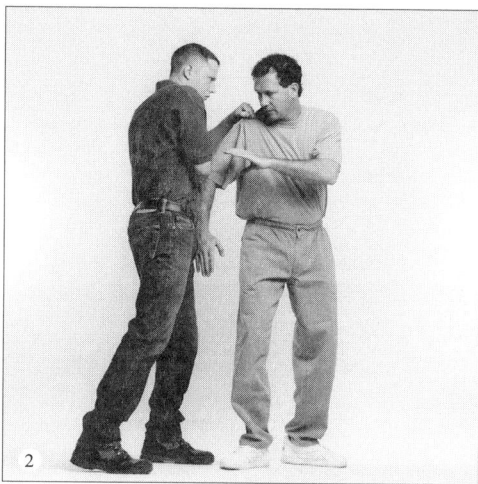

2

你得突然行动，用你下垂的右手臂偏转对方的持刀手，将它推向对方腹部，同时侧转身体，如有必要，靠近攻击者，用你的左手抓住对方持刀手的小臂。

这个技术与应对背后或侧面手枪威胁的基础技术一样，首先偏转凶器方向，转身靠近对方，完成身法防御。考虑到距离与角度，你很难在偏转对方凶器方向之后再使用推挡的手臂抓住对方的前臂，所以为了限制对方的动作并且防止他抽回手臂，你必须用另一只手（左手）抓住对方持刀手的小臂。也可以同时动用右手抓握，以增加你的控制能力，尽快反击，让对方无法再次使用武器。然后进行缴械或者与对方拉开距离结束对抗。

抓住对方前臂，同时继续用防御手（右手）手臂对攻击者施加压力。尽快发起反击，比如用头撞击对方头部或面部的脆弱位置。

用你的两只手一起抓住攻击者的持刀手，同时膝击对方裆部。接着缴械或尽快撤离。

敌·背后持刀威胁咽喉

攻击者在你背后将刀置于你的咽喉处。

迅速抬起你的双手，以勾手状抓住攻击者持刀手手腕，用力将对方的手扯开，使刀远离你的咽喉。

　　这种情况下，攻击者的目的是在你无法轻易反抗的情况下进行威胁。攻击者的最终目的既可能是抢劫，也可能是劫持人质。本节所讲的技术是从基础马伽术对背后锁喉（气绞）的解脱技术中演进而来。

在向下拉开攻击者持刀手手腕的同时，向后仰头撞击对方面部。将你的右肩上抬，将对方的持刀手尽可能压在自己胸前，并用力保持住对其持刀手的控制。若有需要，你可以在这一阶段或是上一阶段用手对攻击者的裆部进行击打。

侧转身体（将你的头朝向拉扯出的空隙），同时**一定要小心，不要让刀靠近你的咽喉**。随后将你的头从空隙中钻出，摆脱对方的控制。

从攻击者的角度，他并不能看见你的手向上抬起的过程，当他看见你时，为时已晚。这个技术的第一步，用力下拉攻击者的持刀手，同时向后仰头撞击对方面部，让刀具尽可能远离咽喉。弯曲身体并且用力向内侧转身，从对方的控制中摆脱出来。

强力下拉对方手腕，同时转动身体在攻击者手臂之间创造一个空隙，让你得以脱离。要稍稍放低左肩，同时抬高右肩，这能帮助你更好地控制并限制对方将刀再次靠近你。

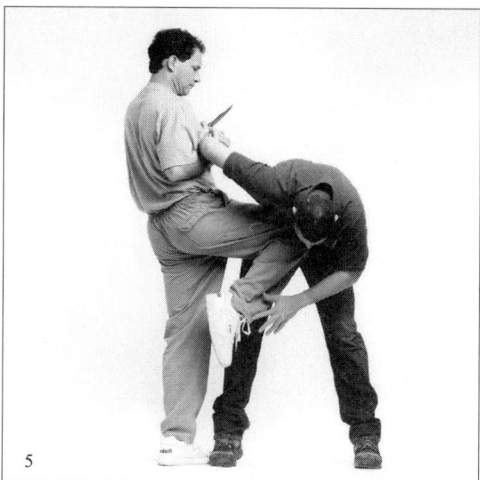

继续将攻击者的持刀手控制在你的胸前，再次反击。

注意　一般而言，这是一个**使用风险较高**的技术，因此我们强烈建议你只在**紧急关头使用**。毕竟有些时候，耐心等待一下可能会为你创造出更好的时机。

第 *3* 章
针对持棍攻击的防卫

当攻击者用棍作为袭击武器时，他通常会以单手或双手握住棍的一端。可能出现的攻击方式有如下几种：**自上而下挥击**、**正面打击**、**向前直刺**、**侧面水平挥击**，或是从不同高度和角度发起的**斜向挥击**。当然，除这些之外也有很多平时不常见的攻击方式，例如从下往上的垂直或斜向挥击等。

倘若攻击者的技巧更为娴熟，他也有可能两只手持握棍的两头使出各种不同的攻击技术，不过这就要取决于棍的实际长度和重量了。在攻击时，攻击者也有可能切换不同的持棍方式，例如左右手不断交替持握，或是略微向前移动持握点，从而使用较短的一截来进行攻击。

注意 本章中讲解的针对持棍攻击的防卫技术，也可有效应对持各类棍状物体的攻击，例如铁棒、斧头、棒球棍、锄头，甚至于装有刺刀的步枪等。

必须要时刻谨记，就棍来说，指向你的棍的末端，是速度最快、最危险的位置。因此，你越是接近于另一端（也就是靠近攻击者的那一端），棍的打击力度便会越小，危险性也会相应小一些。这是所有棍棒攻击的基本特征。

针对持棍攻击的防卫技术可分为**防卫手法和身法（闪避）两类动作**。身法的基本原则在于猛然向前移动（有时候也会斜向前），以及快速拉近与攻击者的距离。这类身法主要适用于攻击者用棍向下挥击、侧面水平挥击（棒球式挥击）、斜向下挥击（见图 a、图 d、图 e）。

如果攻击者径直朝你头顶发起攻击（见图 a、图 b、图 e），此时的防卫手法是基于**滑挡防御**而展开，偏转攻击者的棍或小臂的攻击方向。而针对侧面水平方向的挥击（图 d），可以在猛然向前移动之后，在移动速度较慢、较安全的棍尾位置或者攻击者手臂位置，采取**承接卸力**的原则来施展防卫手法。还可以采取向内的防卫手法，通过偏转棍击方向来应对正面的打击或直刺（见图 b、图 c）。

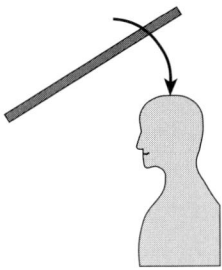

a. 自上而下挥击。

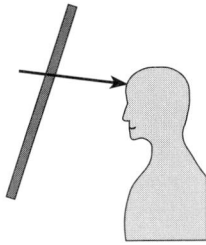

b. 正面打击。

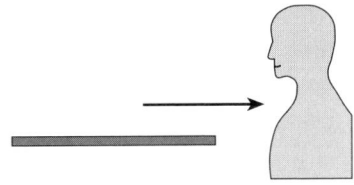

c. 不同高度的正面突刺。

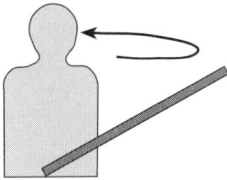

d. 不同高度的侧面水平挥击。

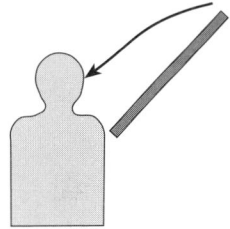

e. 不同高度、角度的斜向下挥击。

敌·挥击头顶 vs 我·突刺式切入内侧

起始姿势为自然站立姿态。

攻击者举棍靠近进行攻击，你需直向上抬臂准备 "突刺式防卫"。向前屈身，同时极速接近对方。突刺手的手背要朝向外侧，另一只手抬起准备进攻，将头部缩进双肩中间。

向前突刺靠近攻击者，手臂伸展并滑至其举棍手的手臂内侧，同时尽快攻击对方咽喉或者下颌，眼睛看对方。此时你的身体向前倾斜，向前伸展的手臂与你的后脚脚跟成一条直线。

抓住攻击者，膝击对方裆部，结束整个防卫技术。

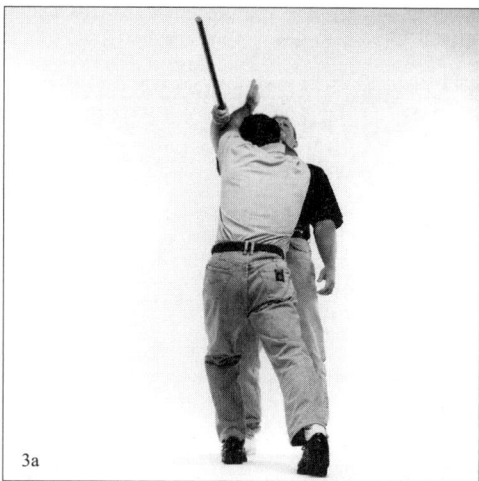

通过切入攻击者持棍手的手臂内侧（突刺技术）来开始你的防卫手法。如果对方的攻击非常突然，你的突刺手有可能接触到棍子。不过，不管是哪一种情况，当对方的攻击方向被你偏转之后，他的手臂或棍子都会沿着你的手臂外侧一路划过你的身体外侧。这个防卫手法会自然地将你的身体牵引至一个向前突进的姿势。

在突刺防卫中，突刺手的肘关节

图 3 背后视角。你的头应放低，缩在两肩中间，伸出突刺的手臂要贴紧耳朵。你可以根据现场情况选择哪只脚上前。

应该朝下，同时手臂（肱二头肌）要贴紧耳朵，并将头缩在两肩中间。上述动作也可以用来应对攻击者**双手持棍**的情况，但此时你就需要朝对方的手臂外侧（见下一节）进行突刺式防卫。

a. 身体前倾。采用正确的姿势，从而让你的头部能更靠近攻击者，远离危险位置。

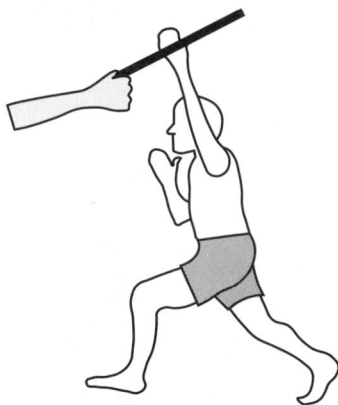

b. 身体直立。这是一种**不正确的姿势**，因为这样会让你的头部离攻击者更远。

你的身法动作是在对方举棍的一刹那抓住时机向前突进。你可以用任意一只脚向前，不过在图中所示的情况下用左脚采取弓步姿势能更有效地加强防卫的效果。如果选择右脚上前的话，则能让你的身体更为迅速有效地远离攻击者的攻击线路。

如果你能清楚地看到攻击者进攻的动作，并且其动作较慢的话，你便会有更多的时间准备向前突进的身法动作。

c. 针对突然来袭的防卫。

很显然，这是优先于防卫手法动作的。不过你要明白，事实上，向前突进的身法和防卫手法都需要你在**对方举棍的一刹那**做出，因为此时你已经处在对方的攻击范围之内。

记住　如果对方是突然来袭，那么你整个身体向前突进靠近对方需要太长时间，这时你的动作重点应是身体前倾，要更加注重防卫手法（见图 c）。这样也可缩短你与攻击者之间的距离，并能将你的头移到一个相对安全的位置。

如果攻击者从正面打击你的面部（见第 65 页图 b），你必须明确直接地对棍进行防御，而不是去防御攻击者的手臂。这时你需保持头部低缩前倾，而你的手臂要比上述情况更向前伸才行（见第 65 页图 2 和第 66 页图 3）。

敌·挥击头顶 vs 我·原地突刺式防卫

将手臂切入攻击者的外侧（或内侧，视情况而定），使用突刺式防卫。紧接着快速向前移动并进行反击。尽管图中的示范只是为了向练习初期的学员演示这个技术的效果，但不可否认，在你毫无防备的情况下，这是一个非常有效的应对技术。

图 1 背后视角。注意看，防卫者的手臂和躯干与突刺方向成一条线，用手臂外侧的肌肉组织去滑切对方的棍（与棍击方向成锐角）。

　　上图适用于学习的初步阶段，为了说明此技术的实际效果，我们把切入攻击者持棍手附近进行滑挡变向的突刺式防卫单独抽出来进行讲解。作为日常训练，这一动作能有效加强手部防御，配合训练的"攻击者"可用普通木棍进行中等或更小力量的击打，或是用海绵训练棍进行较强力的攻击。如果遇到无法快速靠近攻击者的情况，比如对方突然朝你头部发起攻击，你可以迅速做出这个反射性的防卫手法。

　　你要根据攻击者的攻击方向和角度，决定将手臂切入其内侧还是外侧。你还需要考虑另外一个重要因素，**是否还有其他攻击者在场**，如果有，要观察这些人所处的位置，他们会从哪一边接近你，等等。

敌·挥击头顶 vs 我·突刺式切入外侧

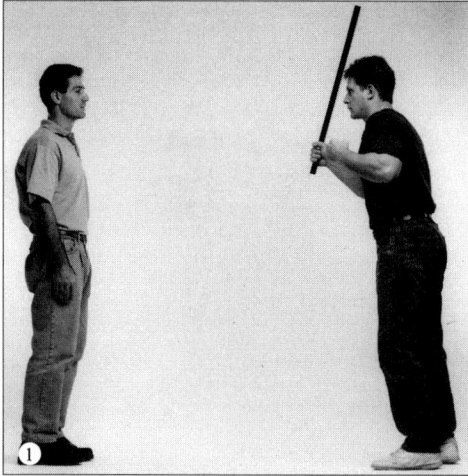

你位于攻击者的斜前方或者正前方。

攻击者举棍靠近攻击的瞬间,你抬臂准备进行突刺式防卫(右手),同时快速上前靠近攻击者。要用你突刺手异侧的脚(左脚)上步。

用你的手臂进行突刺式防卫,保持手肘朝下并贴着攻击者持棍手的手臂外侧滑挡。你的身体此时向斜前方略微倾斜,缩头,保持头部始终缩在两肩之间。突刺手的肱二头肌要贴紧你的右耳,手背朝外,另一只手靠近脸部。至此,防卫第一阶段结束。

旋转身体,同时双手抓住攻击者持棍手的手臂。注意你后腿的位置,在转动身体的时候后腿避开棍子落下的方向。

向下用力拽住攻击者的手，转换控制手（左手）。若攻击者穿着长袖上衣，其手臂会更容易抓握。

用后手（右手）打击对方下颌或面部，可以使用直拳或者介于平勾拳与上勾拳之间的弧线拳，这取决于你们之间的相对角度。

缴械。用一只手握住攻击者持棍手的手腕，另一只手握住棍子。以攻击者的拇指为支点，使用杠杆原理向下旋转棍子，让对方无法继续持握，从而达到缴械的目的。如果在缴械过程中遇到抵抗，你可以在向下旋转棍子的同时，膝击对方持棍手的手腕或手背位置。

图 7 细节。抓住攻击者持棍手的手腕和棍子来缴械。

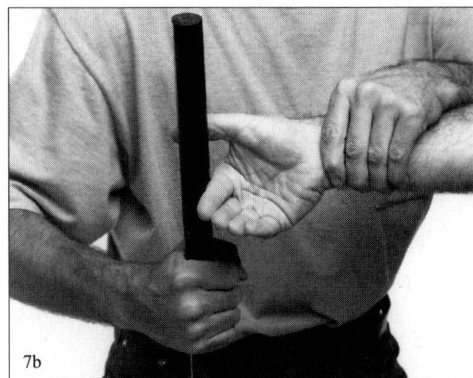

图 7 细节。将棍子绕对方的手旋转便可使其脱手。

不同于图4中的双手抓住攻击者的手臂，你也可仅用一只手（右手）来执行这个动作。随后快速旋转身体，用另一只手（左手）攻击。此时，你的后腿会随着你的动作避开棍子落下的方向。

抓稳攻击者的手臂（或他的长袖上衣），防止其继续用棍攻击，同时出直拳反击。如果棍子因惯性继续下落，你仍可以在攻击者手臂回落到接近他身体的时候将其抓住，但切记不要提前。

用反击结束这个技术，例如踢击对方裆部。

当一名攻击者举棍打向你头部时，一般的应对方案是迅速接近攻击者并向其持棍手手臂的**内侧**使用突刺式防卫。

当攻击者从对面袭来，现场情况需要你切入其持棍手手臂**外侧**使用突刺式防卫来偏转攻击方向时，则可以采取本小节讲解的技术。在这种情况下，你必须斜进一步接近攻击者，首先迈出突刺手异侧的脚，这样可使你的身法更为迅速和有效。因为用棍向下挥击，特别是单手持棍的情况下，攻击方向绝大多数都是斜向下的。

　　下面的图示描述了当你被攻击者用棍从正面、斜前方或侧面攻击时，突刺式切入外侧技术的具体使用情况。

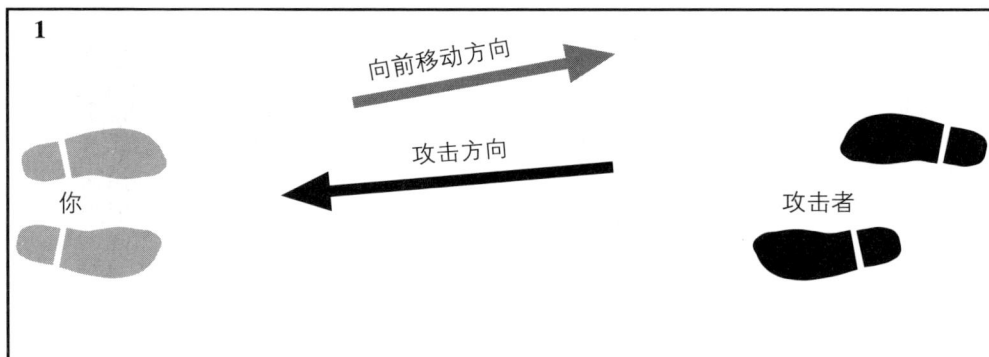

你站在攻击者的正对面，向外斜进移动靠近攻击者，同时切入其持棍手的外侧进行突刺式防卫。一般来说，在这种情况下，如果对方单手持棍，我们更建议你使用本章的第一个技术——**突刺式切入内侧**。

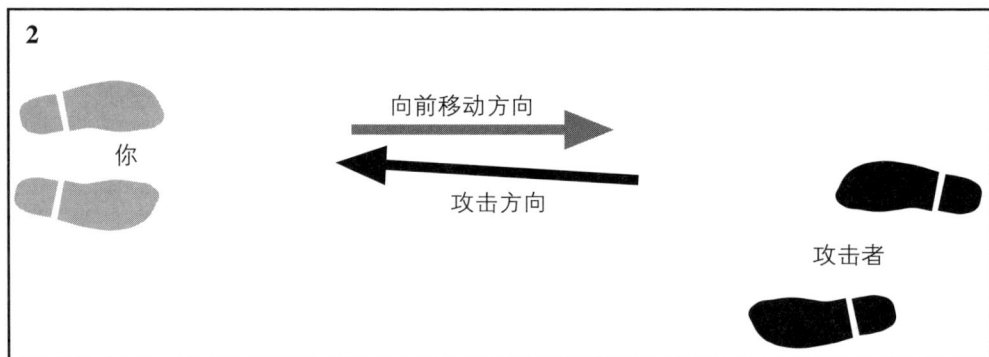

当你站立位置和攻击者身体错开一定角度，并正对着攻击者持棍手的手臂时，使用本节中的技术会较为自然一些。你只需照本节中图 3 示范的做法，径直靠近攻击者做突刺式防卫即可。

　　切入对方持棍手外侧进行突刺式防卫的时候，你可能会遇到一种特殊情况，即当时你的同一侧手脚在前面。这在某些情况下是必要的，比如当你防卫来自侧面的攻击时，或者当你出于战术考虑主动近距离切入攻击者身后时。在这种情况下（即出同侧手脚），你可以将这名攻击者的身体看作肉盾来应对其他威胁，比如从你身后接近你的第二名攻击者。关于这种情形及具体措施，详见本章"敌·挥击头顶 vs 我·突刺式切入外侧（两步上前法）"一节。

敌·双手挥击头顶 vs 我·突刺式切入外侧

攻击者开始攻击，我使用突刺式防卫手法迅速靠近对方。

与上一个技术相同，都是通过切入攻击者手臂或棍的外侧进行突刺式防卫。

快速转动你的身体，同时将后腿从棍子落下的方向移开，抓住攻击者的手腕并持续向下施力。

发起反击。

在这里，向前迅速切入的动作和防卫动作同上一个技术并无太大差别。当攻击者的棍子由于惯性继续下落时，你必须转动身体、移开腿部来让自己脱离攻击范围。这时寻机抓住对方的手臂并持续向下施力，用另一只手尽快反击。

变式　在图 3 中，如果你不想按照示范的动作转身，也可以选择直接用你的后腿膝击对方裆部。

敌·侧面向下挥击头顶

攻击者从你的侧面接近你。

当攻击者举棍意图攻击的瞬间，你转动身体正面面对攻击者，同时向对方靠近，准备做突刺式防卫动作。

施展防卫手法并进行反击。上述动作均可参考本章讲解的第一套技术内容。注意，此时一定要将你的头部缩低，藏在你的手臂下面。

使用应对棍击的防卫技术来防卫攻击者持斧的攻击。可作为本节内容的拓展应用。

注意   在这个技术中，一定要在做突刺式防卫动作的同时，转身面向攻击者做出身法动作（不要把你的侧面留给攻击者）。这样当攻击者的棍子贴着你的身体滑过的时候，便不会伤害到你的头部。

敌·挥击头顶 vs 我·突刺式切入外侧（两步上前法）

起始姿势，自然姿态。攻击者举棍挥击。

切入攻击者手臂外侧使用突刺式防卫，同时迅速上步靠近攻击者。此时你要首先迈出突刺手（右手）同侧的脚（右脚），并斜进向前移动。如果在你和攻击者之间连一条直线，你的切入路线应穿过这条线。

图中显示了你迈出第一步后的位置，以及此时的防卫动作。在使用突刺式防卫的时候，保持肘部始终向下，手臂伸直，手背朝外。如有必要，你可以在此时便发起反击，跳过第二步中的移动过程。

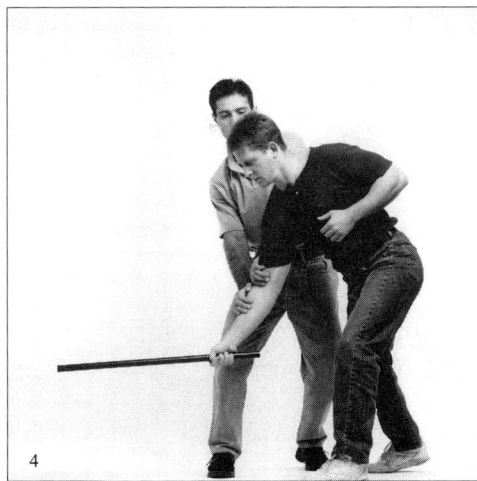

用异侧脚（左脚）上前，走出第二步，以至你几乎移动到了攻击者身后。这一步的目的是继续缩小你和攻击者之间的距离，并防止可能来自你右侧和背后的其他威胁因素。此时你可以使用一只手或双手抓住攻击者持棍的手臂并向下按住，来限制其进攻动作。

5

保持你对攻击者持棍手的控制，同时根据你们的相对位置（你在对方身侧或身后）发起相应的反击。

在这个技术中，你要用**两步上前法靠近攻击者**。具体应用方式取决于以下几种情境。

情境一：场景中有两名攻击者。如果你只是对其中一名使用常规的防卫技术，则有可能把后背暴露给第二名攻击者。你所迈出的第二步就是为了避免这种情况。更多讲解详见第 10 章"应对两名持械歹徒的原则与步骤"。

图 1a~ 图 1c 显示了在此情境下你的应对方式。

1a

你   攻击者

双方初始站位。

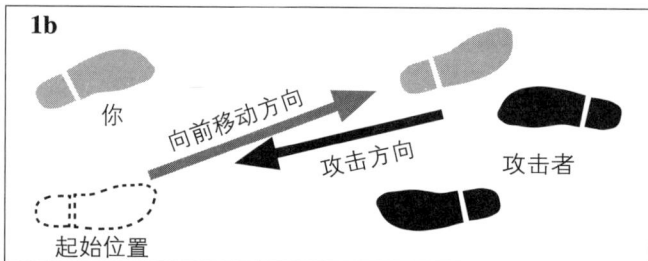

1b

你
向前移动方向
攻击方向   攻击者
起始位置

迈出第一步迅速靠近攻击者，同时施展防卫手法（见第 75 页图 3）。

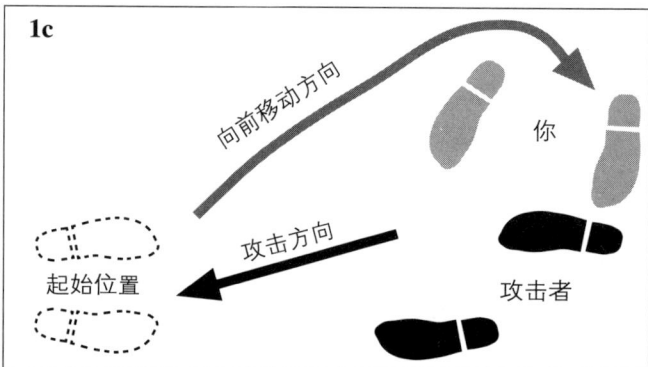

1c

向前移动方向
你
攻击方向   攻击者
起始位置

迈出第二步，到达攻击者身后（见第 75 页图 4）。在这种情况下，此攻击者的身体挡在你和其他攻击者之间，你的处境会安全一些。

　　情境二：攻击者从你的侧面（或斜侧面）接近并用棍向下挥击你的头顶。在使用突刺式防卫手法的同时，向前靠近对方（迈出同侧脚）。转动身体使你正面面对攻击者，并用手臂保护你的头部，以免棍子打到你的头。图 2a 与图 2b 显示了这种情境下你的应对方式。

攻击者在你右前方，准备向下挥击你的头顶。

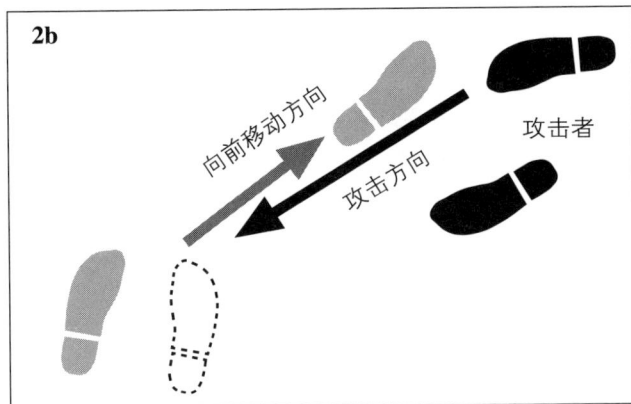

以你的右手施展防卫手法，并转动身体，迈出右脚靠近对方。

　　情境三：如果攻击者持有比普通棍子更长的武器，或者你们之间的距离较前两种情境中更远，那么你也需要使用两步上前法，因为你无法仅用一步就接近攻击者并有效控制对方。下面的图 3 显示了这种情境下你的应对方式。

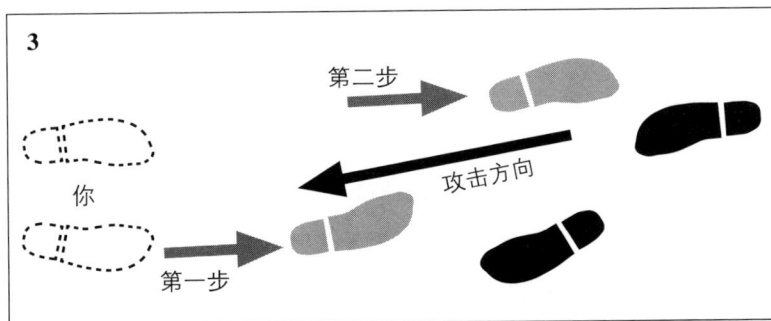

攻击者使用更长的棍子进行攻击。

敌·侧面水平挥击 vs 我·向前冲撞

起始姿势，自然姿态。

攻击者持棍向你靠近并水平挥击。你需转身并向前迅速靠近攻击者，用对方攻击你的那一侧的手臂和腿（如攻击者用右手，则你用左侧手臂和腿），随身体旋转向前冲撞。前手指向地面，另一只手护住头部。

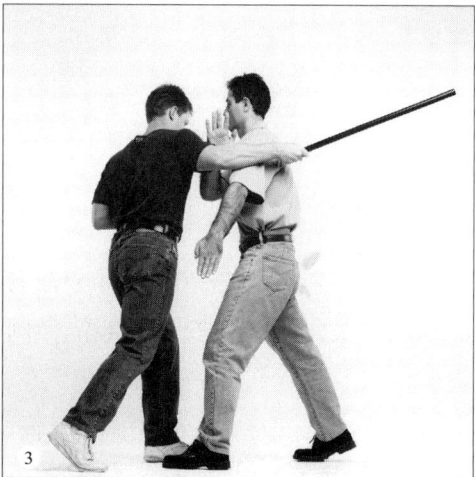

当与攻击者的身体相撞时，你的肩膀和手臂应在对方肩膀附近。你向下指的手背以及另一只手的手掌朝向你的外侧（左侧）。

用你的双臂抱住并锁死对方的持棍手，同时根据你与攻击者之间的距离做出相应的反击（例如水平肘击对方头部）。

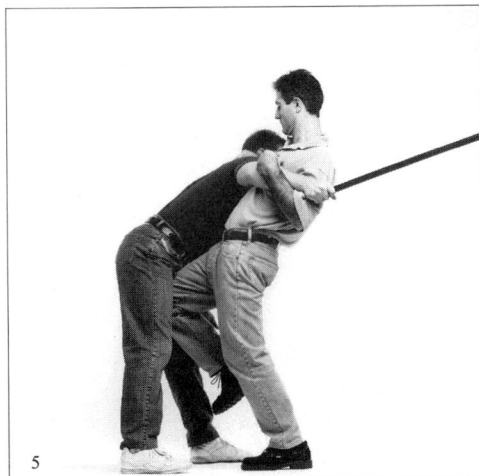

膝击对方裆部。

攻击者双手持棍攻击时，你也可以采用这个技术。

这个技术的设计理念是要缩短你和攻击者之间的距离。为了做到这一点，需要你向内侧转身并迅速移动，尽可能靠近攻击者，将你的肩膀贴上攻击者的肩膀。

注意　你需要贴近的是攻击者持棍手那一侧的肩膀。

如果攻击者使用双手持棍（通常我们称这种动作为"挥球棍"），你可以采取相同的方法来应对。只不过在这种情况下，你会首先接触到攻击者的大臂（例如肱三头肌部位）或前臂。

先进行身法防御，转身动作会将你的身体牵引至一个向前突进的姿态中。快速抬起后手护住脸颊，前手指向地面，手背朝外（见图 3v）。

如果对方的棍仍然击中了你，只要做好上述动作，你应该只会被棍子较安全的位置击中（靠近持握的位置），你应该也只会被击中较为安全的部位，例如你的上臂或背部的肌肉，因此你并不会受到太大的实际伤害。

变式　两步向前冲撞。第一步同前述技术相同，第二步用你的后脚（右脚）朝棍子惯性移动的方向迈出，在你与攻击者之间完成联动。这种运动方式会减少你与攻击者之间的直面冲撞，其目的在于，让面前这名攻击者处在你和另一名攻击者之间（假设还有另一名攻击者，并且他处于你左侧或身后）。或者，在你需要移动很长距离才能接触到攻击者的情况下，也可使用这种运动方式来规避一些攻击。

敌·长棍直刺 vs 我·切入对方"死区"

1

起始姿势，自然姿态。攻击者准备用长棍直刺。

2

攻击者靠近你，将长棍向前刺出。你需要用向内的防卫手法，转动身体，向前倾斜。此时，你的身体重心会向右前方转移。

3

张开手掌并伸直手指，施展向内的防卫手法。你可以继续向前倾斜来增加防御范围，做出闪避身法，并斜进向前移动。另一只手放在脸颊旁防护。

4

继续前移靠近攻击者，同时换手，用后手（左手）抓住对方的长棍。准备好用后脚（左脚）进行踢击。在你前脚着地的那一刻，你的身体已经就位，可以进行后脚踢击。

针对长棍直刺攻击（也包括其他类似物体，例如草叉或是装有刺刀的步枪等）进行防卫时，使用张开的手掌来进行向内防卫。伸直手指，拇指朝上，小指朝下，来略微增加一点防御面积。要转动身体并向前倾斜，做出一个闪避身法，

抓住棍，踢击对方裆部。尽管抓住长棍这一动作是非必需的，但在这种形势下，我们依旧强烈建议你这么做。

继续反击，例如用你的另一只手出拳攻击对方等。

同时这个动作可以让你的手臂伸得更远，让你有机会在对方刚发起攻击时便偏转长棍的攻击方向。

注意　如果对方使用的武器是长枪、草叉或装有刺刀的步枪，你必须确保你的手不要接触对方武器上的尖锐部分。当你偏转对方武器的攻击线路时，你的另一只手可以移动到异侧肩部位置来避开对方的攻击线。

如果对方使用更长的武器进攻，你可以在偏转对方攻击后顺势用防御手抓住对方的武器，并向自己后方拖拽，借势向攻击者移动。之后，用你的另一只手替换防御手，抓住对方武器并施力（保持手肘伸直）防止对方回抽。与此同时，踢击对方裆部。

注意　如果攻击者迅速且凶猛地向你冲来，你的踢击可能会因为准备距离不够而无法完成。在这种情况下，你可以首先以拳击、肘击、膝击等其他方式发起反击。

在做出这一连串动作时，你必须精确掌握踢击的具体时机。在你的前脚（右脚）落地前一瞬间，你便要开始进行左脚踢击。因此，这个上前的动作实际上可以被理解为类似于向侧前方踏步或者跨步的动作。当前脚接触地面，脚趾要稍微向外撇，来让你的踢击更快完成，并能覆盖更大范围。

变式　在你偏转对方武器的同时，你可以选择向侧面走一小步并转身。随后迅速回转身体，抓住攻击者的长棍并踢击其裆部。

敌·长棍直刺 vs 我·切入对方 "活区"

起始姿势，自然姿态。这个技术最初是为了应对装有刺刀的步枪的攻击而设计的。当攻击者开始行动时，你再开始防卫动作。

用向内防卫手法，将身体牵引至向前倾斜的状态。同时转动身体，将身体重心向前移动，并迅速斜进前冲。保持防御手（左手）的手掌张开，使防御面积最大化。

斜进前冲，屈膝并向长棍方向倾斜身体。为了阻止攻击者继续用长棍的其他部位攻击，例如用棍尾攻击，你要向前伸出双手来形成屏障。此时，保持你的双肘放低，双手的手掌正对攻击者。

用你的双手做出钩形手，抓住长棍并向后上方猛拉，用后脚踢击对方裆部。或者你也可以垫步迅速靠近攻击者，直接使用前脚踢击其裆部。

如果攻击者没有可能用棍尾继续攻击，那么你可以按照前一技术示范中的动作进行反击。此时换（右）手抓住长棍，并用后脚（右腿）踢击对方。

伊米宗师示范针对挥击头顶的防卫技术。

这个技术主要适用于攻击者使用较长武器的末端攻击的情况，例如对方持装有刺刀的步枪时，可能会使用枪托对你发起攻击。

施展防卫手法并切入对方"活区"，防卫手法和身法与前一技术相同。不过在本技术使用的情境中，在你偏转攻击者的长棍之后，他仍可能用棍尾攻击你。

在靠近攻击者的过程中，放低身体并向前伸出双臂。以肌肉较多的手臂内侧顺着对方的长棍向下滑至手部，之后抓住并上抬长棍，为踢击腾出空间。拉拽对方的武器也可以更好地限制攻击者，让他离你更近，方便你进行踢击。

上一节切入对方"死区"的镜像技术也能用在该场景中，前提是攻击者并没有机会使用棍尾攻击你。举个例子，当你观察到对方持棍的位置极度接近棍尾，没有明显从攻击者手后面延伸出来时，你可以根据情况选择使用切入对方"活区"或"死区"的防卫技术。

第 *4* 章
解除手枪威胁

当你面对一名持枪者的威胁时，你不仅要**解决枪的威胁，还必须制伏持枪者**。出于安全考虑，你应使用快速、简捷的技术，并且采用公认的行动原则和模式。这套动作通常由 4 个部分组成。

1. 利用防卫手法和身法偏转枪口方向并避开火线。
2. 控制住对方的武器。
3. 用高效的反击制伏持枪者。
4. 缴械。

针对手枪威胁的基本防卫原则

时刻记得，对方用枪口指着你，多数情况是想从你那里得到某些东西，可能是金钱、财物或者信息，也有可能他想将你劫持为人质。不管是哪种情况，**他的主要目的或第一反应一般不会是直接杀了你**。一旦你在第一时间觉察到危险因素，发现持枪者威胁到了你和周围人员的安全，你要毫不犹豫地迅速做出应对！但话说回来，在没有受过足够专业训练（例如本章中讲解的技术）的前提下，尝试制伏一名持枪攻击者是十分危险的行为，并最终可能导致你或周围人员重伤（甚至死亡）。因此，任何人牵扯进这样的冲突中，都要在制伏持枪者或保持克制之间谨慎权衡，考虑每种选择潜在的风险。

提示 解除威胁最好的机会是攻击者注意力分散的那一刻，例如当他正在给别人下指令或回答别人的问题时。

枪口所指的直线方向称为"火线"，这是对你和周围人员来说最为危险的一条线。因此，你防卫动作的第一阶段一定是偏转枪口方向并控制攻击者的手枪。同时，你应该尽快避开火线，从另一个角度接近攻击者，使他难以开枪打你。

一旦你不再被手枪威胁，比如已经避开了火线，**持枪者本人就成了你的主要威胁**，你必须使他无法继续用枪或其他方式攻击你。所以，你在这时要坚决地攻击对方来解除威胁。狠狠击打持枪者，缴械并离开，别忘了拿着枪。

记住　攻击者有可能接受过专业训练，因此在任何时刻都不要轻敌。不要将你的目光一味地放在枪上，这会让对方提早发现你的意图从而做出应对。很显然，如果你指望攻击者在这种情况下"配合"你的行动，那就是一个愚蠢的原则性错误了。

针对攻击者的反击必须坚决。你要明白，当攻击者感受到你对他的威胁时，他同你一样，也是会拼死反抗的。

你在最初偏转枪口指向的时候就要控制住枪，并且，从攻击者手中夺走枪械之前，你都要**时刻保持对枪的控制**。一只手用力抓稳枪（或者对方持枪的手），并持续施力来限制枪在对方手中的移动空间。若无法以单手完成这个动作，你可以用双手抓住枪，并用强力的踢击反击。

注意　当你尝试通过把枪在对方手中旋转的方式来缴械的时候，若你旁边还有其他人，那么你要将枪口的方向转至高角度或者低角度。**在任何情况下都不要让枪口重新指向你自己**。这个原则适用于所有的缴械动作，包括手枪、步枪、霰弹枪或冲锋枪。

警告　在枪口下进行防卫本身就是一个高风险的行为，因此你不应该在只有理论知识的前提下尝试使用这些技术。你必须在**专业教练的监管下进行过高强度的针对性训练**之后，才能真正运用这些技巧。

在掌握了这些基本技巧并理解它们背后的基本理论之后，你便可以在不同情境下练习不同角度和距离的防卫动作了。例如攻击者躲在掩体后，你坐在车里，攻击者从正面或背面猛推你，攻击者在近距离或在你躺着的姿势下攻击你等情境。

提示　为了模拟更加真实的威胁情境，你需要时常给自己强行施加一些压力。

在成功缴械之后，你需要尽快从现场脱身，或视现场情况而采取行动，例如在一定距离外用枪指着攻击者以限制其行动，直到救援到达。如果你是执法人员或公安人员（如警官、军人等），你应妥善保管攻击者的枪，在有时间的情况下，你要拿出自己的武器。毕竟，你无法在短时间内对攻击者的武器有充分的了解，比如它能否正常使用、是否装弹、是否上膛等。某些时候，比如一名反恐小组成员成功缴械之后，如果他认为攻击者仍对他有极大威胁，他甚至有可能直接开枪击伤对方，尤其是在战斗并未结束、人质仍未脱离威胁的情况下。

　　当然，某些情境下你无法自如地用这些技术有效应对手枪或步枪的威胁。在这种情况下，**除非别无选择，不要轻易采取任何行动**。但是从理论上讲，如果你认为自己死定了（假设一名恐怖分子或罪犯意图明确，即将要杀害你），那么这时候你的任何行动（尽管有些会给你带来巨大的风险）都有可能增加你生还的概率。

手枪的基本类型

　　一般来说，最常见的两种手枪是**左轮手枪**和**半自动手枪**。当你尝试偏转并抓住攻击者的手枪时，注意，你**施加在扳机上的任何压力都有可能造成枪支走火**。

　　对于大部分**半自动手枪**来说，如果你在防御时抓住了枪的套筒（其功能是将下一发子弹装入枪膛），便可以防止套筒向后移动。也就是说，如果在这种情况下攻击者扣动了扳机，虽然手枪仍会大概率击发，但是子弹留下的弹壳并不会自动弹出。如果攻击者想要继续开火，那他必须手动将子弹上膛（向后拉一次套筒）。

半自动手枪示例：杰里科 941 手枪。本图由**以色列武器工业（I.W.I.）**友情提供。

　　对于**左轮手枪**而言，抓住枪体及其转轮能够有效防止转轮转动，那么只要撞针不在击发位，手枪就无法开火。假如撞针已经处在击发位，那么攻击者依然能开出一枪。无论哪种情况，只要枪膛不旋转到撞针正前方，攻击者就无法开出第二枪。

　　注意　不管是在训练时还是在实际情境中，你要假设任何你所见的枪（包括玩具手枪）都已经**打开保险上好膛，并且能立刻开火，还能打第二枪**。在训练中，你应卸下所有子弹并反复检查（除非是模型枪）。

左轮手枪示例：5 发式 .44 史密斯威森特种版山地枪。该枪框体为铝合金材质，转轮则由钛打造。本图由**马萨诸塞州斯普林菲尔德的史密斯威森（S&W）公司**友情提供。

敌·正面远距离威胁

攻击者在你的正前方以手枪威胁你。此时对方距你有一段距离，你无法用手够到对方身体（事实上，图中所示的距离就是你能够使用这个防卫技术的最大距离）。

将你的手直接伸到手枪侧面。这个动作会将你的身体牵引至一个转身的趋势中，从而让你在够到手枪的同时，也做出身法动作。**注意**：在你伸手偏转手枪之前，**千万不要做出任何有可能使对方察觉到你意图的行为**，比如过早前移重心，或者向手枪的方向倾斜。

转动手掌，使枪口朝向侧面并握住手枪，同时身体重心前移。拇指在下，其余手指在上，抓住手枪，伸直手臂。斜向前移动身体重心，向手枪的位置施加压力，这样能有效偏转枪口，并当你已经在枪后侧时，将枪压低。

迈出左脚，迅速向前靠近攻击者，出拳击打其下颌或咽喉。你控制手枪的手臂要保持肘部伸直，从而让枪口保持低位并指向地面。

5

将你的另一只手（即右手）收回至靠近身体的位置，确保手不要从枪口（火线）前划过。收回之后，抓住撞针附近的枪后部位置。

7

将手枪沿水平方向从攻击者手中强行拉出。此时开始向后移动。

2a

图 2 细节。你在最初偏转枪口方向、抓住手枪时手掌的位置。

6

将手枪在攻击者手中水平旋转 90°。**警告：千万不要在此时将枪口朝向你自己。**这样做能减小对方的握力，同时让他的手指脱离扳机，以免影响你之后的缴械动作。

8

你可以用以下方式来结束战斗：向后移开之后，在一定距离外用枪口指着攻击者；如果攻击者继续向你靠近，你可以采取其他适当行动。

攻击者单手或双手持枪，从正面威胁你。本技术适用的枪口距离为，枪口距你身体从 0 厘米（枪口贴着你）到 80 厘米（你伸手能够到的位置再往前 20 厘米）不等，对方可能把枪举在

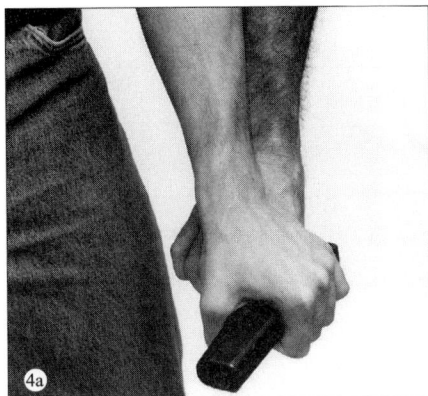

图 4 细节。保持对枪施加压力。

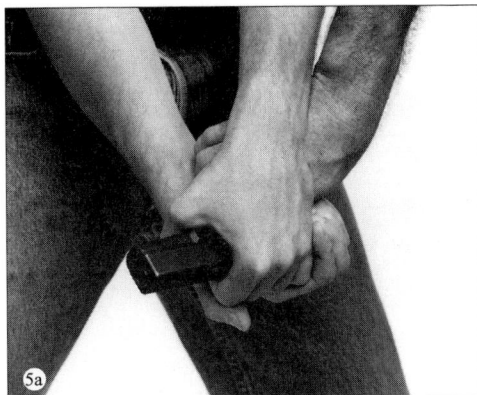

图 5 细节。用两只手抓住手枪。

图 6 细节。将枪在攻击者手中旋转。

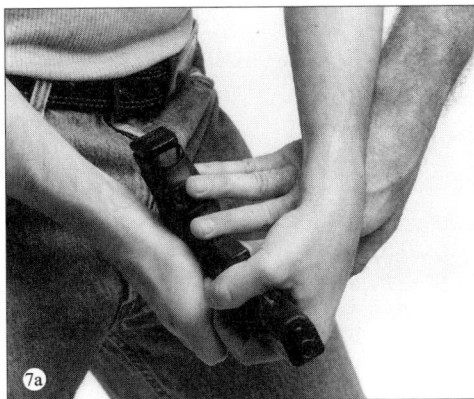

图 7 细节。将手枪强行从攻击者手中拉出。

你腹部到头部之间的任何高度。谨记，你应该**直线向边侧偏转枪口方向**，而不是斜向上或者斜向下，这是为了确保枪口沿最短路径偏离你的身体。当你抓住手枪时，你的手势应该是拇指在下、其余手指在上。

如果你以正确的姿势抓住了手枪，那么一般情况下你的动作都能够防止攻击者扣下扳机。不过这只是这套动作的附带效果而已，对技术的整体有效性不会有太多影响。当你前移身体重心时，保持手肘笔直向攻击者握枪的手持续施加压力，你的目标是让对方逐渐失去对手枪的控制。此时手枪应处在你的后腿前方、靠近攻击者身体的位置，枪口指向侧边。在这种状态下，攻击者基本不可能继续用手枪瞄准你。

变式 3（V3）中的针对腹部威胁的防卫同以上讲解的技术几乎一样，而身法

变式：攻击者用枪指向你头部。本质上还是用相同的技术，在动手抓枪的时候，你就要移开头部，避开火线。

变式：攻击者左手持枪站在正面以手枪威胁。在这种情况下，你可以采用上述相同技术，也可以采用这个技术的镜面动作。比如用你的右手偏转并抓握手枪，右脚迅速上步，左手反击。在下一章你也会用到这个变式。

在这个变式中显得更为重要，此时你要确保手枪不会将你的衣物钩住，而使你无法自如施展防卫手法。预防这种情况的方法很简单，略微收腹即可。

当攻击者将手枪举在一个极低的位置时，你可以选择使用另一个技术来有效防御这种情况（见本章"敌·侧面枪指手臂前"一节）。

学习步骤：

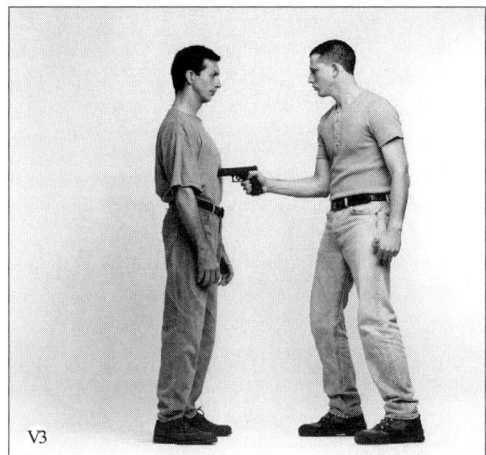

变式：正面手枪威胁，距离非常近且手枪接触到你身体。你应当采用与远距离手枪威胁相同的防卫技术。

阶段 1. 练习在保持身体不动的情况下快速将手移到手枪的高度。

阶段 2. 继续练习阶段 1，并增加转身动作、偏转并抓住手枪的动作。避免任何会暴露你意图的预备动作。

阶段 3. 从这时候开始，使用以往的学习方法继续训练。将整套动作分为不同阶段，再不断练习将它们组合为流畅的整体动作。

敌·斜前方远距离威胁 vs 我·切入对方"活区"

攻击者在你斜前方。此时他所站位置与他的持枪手为同一方向（比如攻击者用右手持枪，站在你右前方）。

按照之前讲解的技术向侧边偏转手枪指向。但与上一节不同的是，在本节技术中我们不会让手枪向攻击者那边靠近。

如果此时你觉得你与攻击者身体的相对角度不便于你靠近，无法进入有效反击距离，或无法有效控制手枪，那么你就要用双手稳稳抓住对方的手枪。随后后脚或前脚（更建议前脚）上步靠近攻击者，以便能对其使用踢击。

根据你们之间的距离，你可以选择用脚背、小腿或膝盖来踢击对方。成功踢击后，你便可以开始缴械，让手枪在对方手中旋转。

通过旋转夺下攻击者的手枪。在整个动作过
程中，确保枪口始终朝向侧边。

向后迅速移动。

当一名持枪攻击者站在你斜前方
时，你必须遵循上一节的基本技术中
提到的同样的防卫原则。其不同点在
于，在本节情境中，当你向攻击者靠
近并前移重心时（见图 2），你不会像
在上一节那样将手枪朝对方推去，比
如对方右手持枪而你用左手防卫的情
况。尽管你推挡手枪的动作会让手枪
离对方身体更远而不是更近，但在紧
接着的前冲动作中，一般你可以在一
个适当的距离进行拳击（见图 3v）。但
是，你也可能发现你处在无法以拳击
打攻击者的距离，这时你就要像图 3、
图 4 示范的那样，用双手牢牢抓住对

视具体情况而定，在很多情境下你可能需要
使用左右颠倒的防卫技术，例如右脚上步并
用左手攻击等。无论在什么情况下，一定要
确保你的防御手肘部伸直，并将枪口方向转
向侧边。

方的手枪，随后继续靠近攻击者并踢击其裆部，以此来解决距离问题。

在许多情况下，你都有调整位置的空间，从而让你处于与攻击者面对面的
站位，来使用常规的防卫技术。但很显然，这是建立在你有调整机会的前提下，
并且也需要你有足够的时间来完成调整动作。

注意　如果攻击者双手持枪，你也可以直接使用针对单手持枪威胁的防卫技术。但是你可能要对你的动作做出一些细微调整，例如双手抓握对方手枪，反击动作以踢击对方裆部来替代拳击其头部。

施展防卫时，何时要用到另一只手

✿ 如果你右侧还有其他人员，那么你必须用右手将手枪转向你的左侧，以防止你右侧的人员处于火线之中，手枪走火时被击中。

✿ 就像在上一个技术中示范的，你可能会遇到攻击者站在你右侧或右前侧，与你有一段距离的情况。这时你可能会为了尽快接触到手枪而不得不将你的身体重心向离攻击者较近的一侧脚的方向移动，这可能会导致你在使用常规防卫技术（向前靠近攻击者并将身体重心向手枪靠近）时遇到阻碍。在这种情况下，使用双手牢牢抓住手枪能让你更好地控制住手枪，之后使用踢击作为反击。

✿ 如果前方的手枪指向你身体的左半部分，用你的右手来推挡枪口能够让枪口沿最短路径移开。

✿ 当你的左手无法自由移动时，比如攻击者抓住你的左手或左臂来阻止你使用防卫技术，或者你的左手已经受伤了。

真实事件

伊米宗师敬爱的父亲——萨缪尔·利希滕费尔德曾在捷克斯洛伐克的布拉迪斯拉发市警察局中担任探长一职。由于职业的关系，他偶尔会将武器——一把左轮手枪留在家中的衣柜里。

某一天，伊米的哥哥在衣柜中找到了这把手枪，并开始把玩。他并不知道这东西有多危险，将手枪指向了伊米的脑袋，还扣下了扳机。当时只有 13 岁的小伊米敏锐地觉察到了危机，并立刻本能地击打手枪，偏转了手枪的方向。结果，子弹只击中了墙壁，而伊米毫发无损。

敌·背后近距离威胁

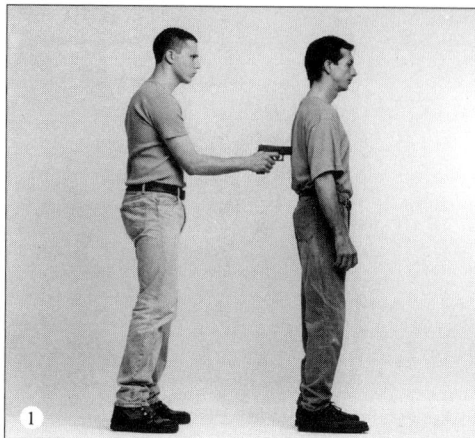

攻击者站在你背后，用枪口顶住你的后背。

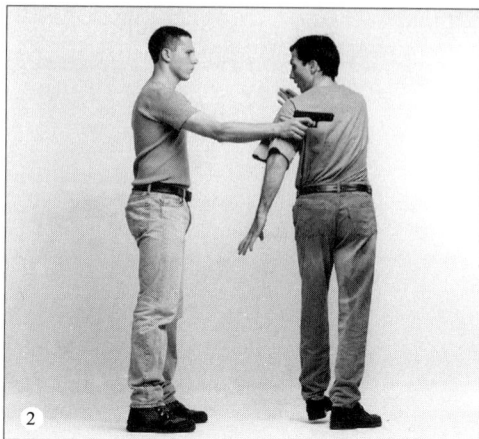

转头向后观察具体情况，注意对方用哪只手持枪，以及他另一只手的位置。这是当你听到背后有人说话或者背后有人碰你时的自然反应。用你的身体将攻击者持的枪手向侧面偏转，这个动作同时会带动你转身，让你能顺势靠近对方。

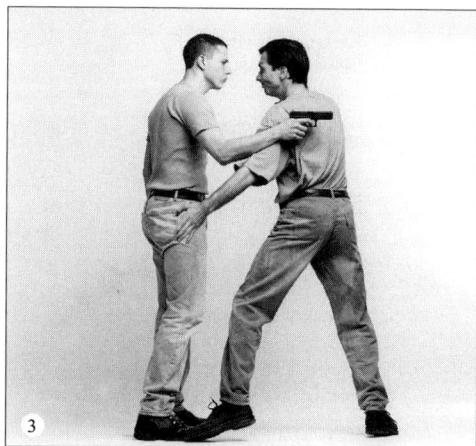

在你成功偏转枪口方向后，用你的防御手沿对方手臂内侧向前、向外移动。此时迅速贴近攻击者，你的前脚应是你防御手的同侧脚。

用你的上臂、小臂、手掌和胸肌共同发力锁死对方持枪手臂，同时向前、向内肘击对方下颌或咽喉部位。

这个技术由 4 个基本步骤构成。

1. 通过偏转火线方向解决了枪的威胁，同时结合身法共同实现了第一时间的全面防御。

2. 抓住对方持枪的手臂来防止其继续使用手枪。

3. 发起反击制伏攻击者。

4. 缴械。

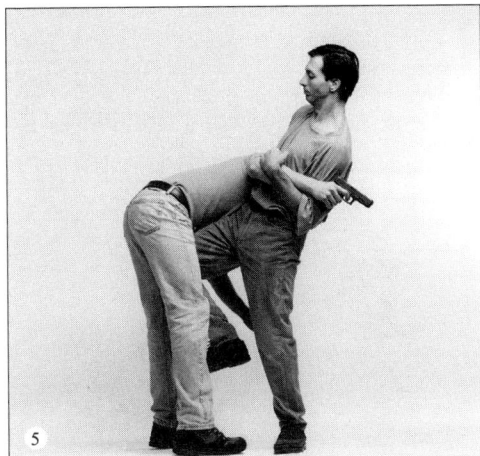

抓住攻击者肩膀并膝击其裆部。在这个阶段或上一个阶段，对方的枪都可能脱手落地。

你要迅速转身回头，观察攻击者手中是否还握着枪。如果枪还在对方手中，那么你就要手掌向下（拇指朝向你自己）迅速抓住手枪。

让手枪在攻击者手中转动 90°。**警告：千万不要让枪口指向你的身体。**

将手枪沿对方手指的方向推出（参照细节图 6a、6b、7a、8a）。

　　在你做出任何防卫动作之前，切记要先仔细观察。你要注意手枪的位置或攻击者所处的位置是否会让你不便施展防卫技术。例如手枪靠你太近或太远、攻击者未持枪的那只手抓着你，等等。偏转枪口方向之后，你要向攻击者靠近，并将你的防御手沿对方的手臂滑动，随后锁死其手臂，这个动作的目的在于控制住对方的持枪手，防止对方突然将手抽回并重新将枪口指向你。你的反击可以从一个向内的肘击开始，如果你们相隔较远，你可以在反击之前向攻击者靠近一步。如果攻击者距你仍有一段距离，你的肘够不到他，则使用拳击代替。之后如有必要，再继续靠近并使用肘击。

偏转枪口方向时，你可以向左或向右转身，这完全取决于当时的具体情况以及你的个人偏好。当然，就技术本身而言，你左转或者右转是完全相同的。

当手枪在你脑后时（见图 1v），防卫技术基本不变，但你必须尽快把你的头

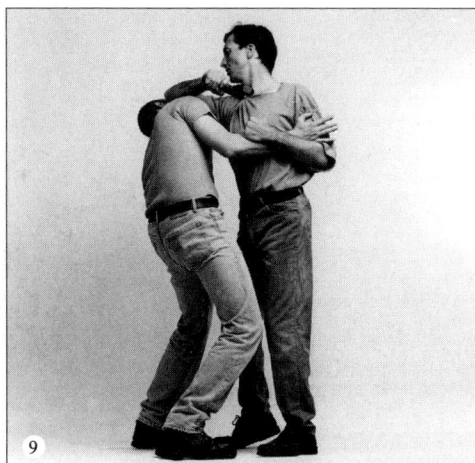

在摆脱攻击者时，你可以进行另一记反击，比如用枪管或肘关节击打其面部。

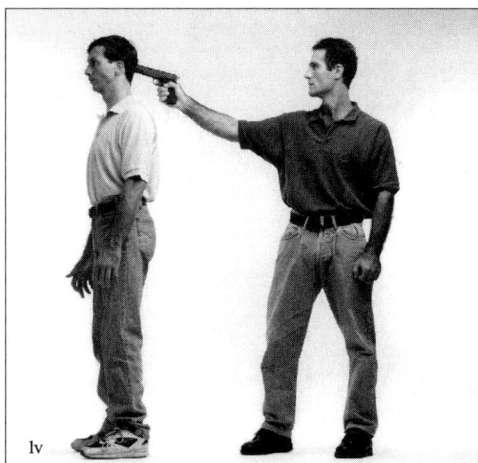

如果对方开始时将枪举在你脑后，你可以用相同的技术来处理。

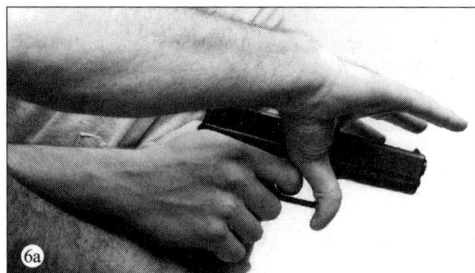

图 6 细节。迅速转身并伸手够到手枪。

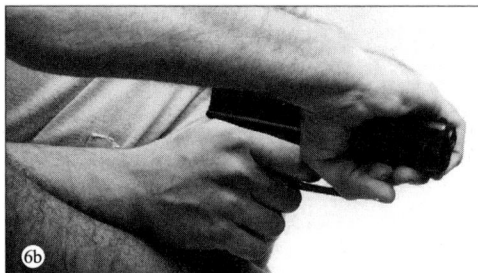

图 6 细节。抓住手枪。

图 7 细节。让手枪在攻击者手中转动 90°。

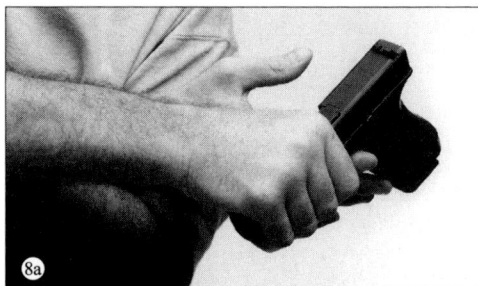

图 8 细节。最后，将手枪沿对方食指方向推出。

靠近持枪者的头部，在转头的同时转身并迅速靠近持枪者（参见本章"敌·侧面枪指头部 vs 我·转身应对"一节）。主要区别在于，这里你要先移开被威胁的目标（比如头部），然后再偏转对方的持枪手。

敌·侧面枪指手臂后

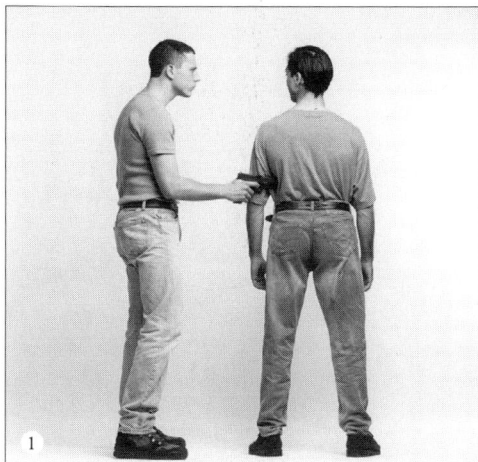

攻击者将手枪顶在你体侧，枪口在你手臂后方。

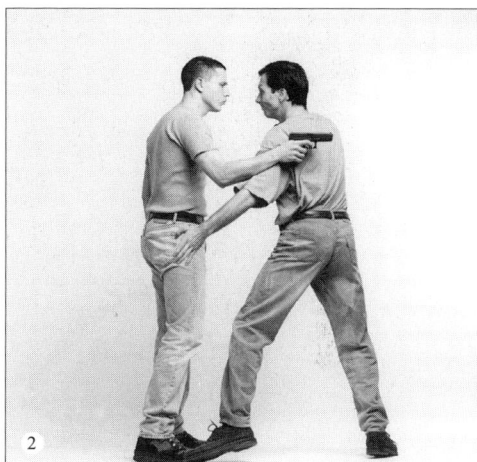

用你的手臂偏转枪口方向，并紧接着沿攻击者的手臂滑动，同时转身面对攻击者，然后迅速上步靠近对方。

锁死攻击者持枪手的手臂，然后肘击其咽喉或下颌。随后按照上一节技术的步骤完成。

首先，**用最快的速度沿最短的距离朝持枪者转身**。在示范情境中，防卫者选择向左转身（逆时针）。这与我们用来化解背后近距离威胁的技术几乎相同，只是我们与对方所处的角度不同而已。很显然，在使用这一技术时，为了面向对手，你所需要的身体转动更少。

敌·侧面枪指手臂前

攻击者将手枪顶在你体侧，枪口在你手臂前方。

推转并抓住他持枪手的手腕前端，同时向斜后方迈出一步靠近攻击者，这是你的身法动作。这时抬起你的另一只手（保持你的手始终位于火线外），使其与手枪平行，这样便于你抓稳手枪，也能有效防止攻击者将手枪转向你的身体。

右手尽快用力抓住枪管，之后开始解除对方对手枪的控制。

转身用右手将手枪朝攻击者的方向推过去，同时用左手把对方手腕向外拉，这两个动作组合进行能有效提高你的爆发力。之后如有必要你可以选择撤离现场。

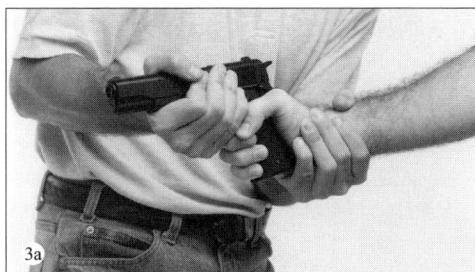

图 3 细节。抓住手枪和攻击者的持枪手。

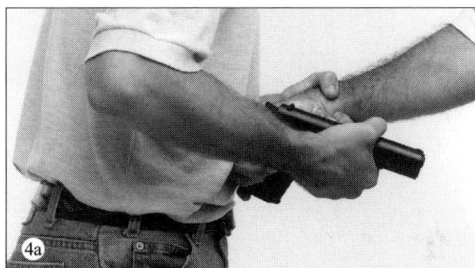

膝击对方裆部，也可以采取其他方式反击。迅速向后迈出右脚，然后左脚跟进，碎步离开已被缴械的攻击者。

图 4 细节。用力将手枪在攻击者手中旋转进行缴械。枪管应与对方小臂下侧平行，水平转动手枪。

　　推转枪口时，你要收紧腹部并向斜后方靠近对手的方向移动以远离危险。推挡的位置应在对方持枪手的手腕和手背交界处，这样便于你抓紧攻击者的手腕，以防其在你防卫过程中转动手腕把枪口指向你。

　　警告　如果攻击者的手腕在你推挡枪口时转动，那么他仍有可能重新将手枪指向你。

　　当你一只手推挡枪口的时候，另一只手尽快移到手枪旁边，注意不要从枪口前经过。实际上，你的两只手是同时做出动作：防御手做推挡动作，而另一只手随着这个动作快速移动到手枪侧面。在这个动作中，保持你的肘部在两肋前。

　　一旦成功缴械，你可以选择立刻撤离，或是在进行一系列强力反击之后（根据情况选择拳击、用枪体打击或者踢击等）再与攻击者拉开安全距离。

　　如果攻击者是从你的另一侧发起威胁的（即对方右手持枪，站在你右侧），你仍然可以使用这套技术，不过这时你会切入他的"活区"（详见下一技术）。

敌·侧面枪指手臂前 vs 我·切入对方"活区"

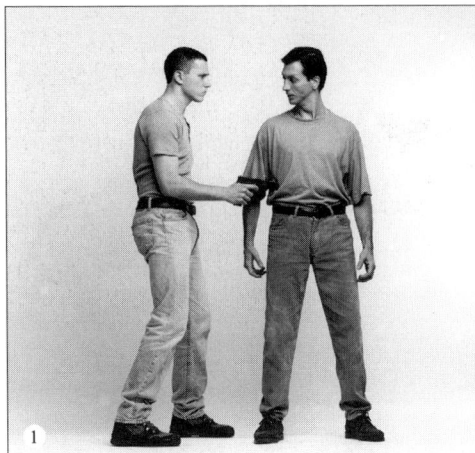

攻击者从你的侧面进行威胁。此时枪口在你的手臂前方,而你将切入其"活区"。

与上一节中的技术相同,偏转枪口方向(抓住攻击者持枪手的手腕前端),同时身体斜向后移动靠近对方。在进行这个动作时,另一只手要移到手枪旁边抓住枪管。

用你的另一只手抓住枪管,并使用杠杆原理缴械。

你对枪施加的杠杆力可以使攻击者失去握持力。将手枪在攻击者手中旋转90°,你可以通过转身来完成这个动作。

　　原则上,这个技术与上一节所讲解的技术基本相同,不同点仅在于这一次你要向攻击者的"活区"移动,缴械步骤也会有一些差别。这套技术中你要按照如下两步动作来缴械:首先将枪朝对方持枪手的手背方向旋转,之后再将手枪从对方手中拉出来。

图 3 细节。握住枪管和攻击者的持枪手。

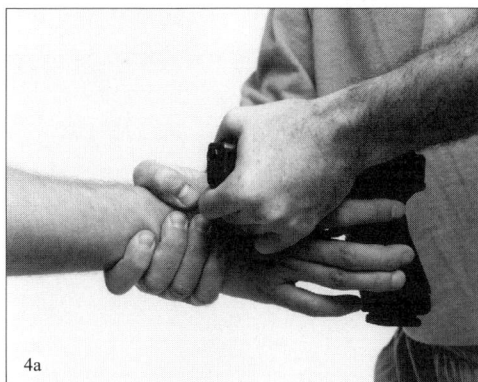

将手枪从对方手里拉出时，后腿上前，以便对攻击者裆部使用膝击。之后可以进行额外的反击，再同攻击者拉开安全距离。

记住　尽管已经成功缴械，你也应该在对方恢复过来之前**进行反击**。如果你没有及时远离攻击者，那么只要你仍然位于其"活区"，他就有可能率先出手攻击你。

由于此时你的双手都没有空闲，所以应该使用踢法进行反击。你要根据你们之间的距离来选择用哪只脚进行踢击。

变式　在相反的一侧，即当对方左手持枪，站在你左侧时，你也可以按照同样的步骤使用这套技术。

多多练习在不同角度和情境下解除威胁，这对你来说非常重要。因为很显然，你要学会在不同情境下随机应变，而不是只在你最擅长的情况下才能正确使用技术。

图 4 细节。水平转动枪体使对方失去握持力。

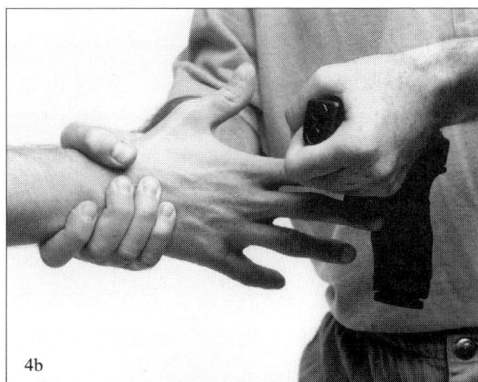

图 4 细节。将手枪拉出实施缴械。

敌·侧面枪指头部 vs 我·转身应对

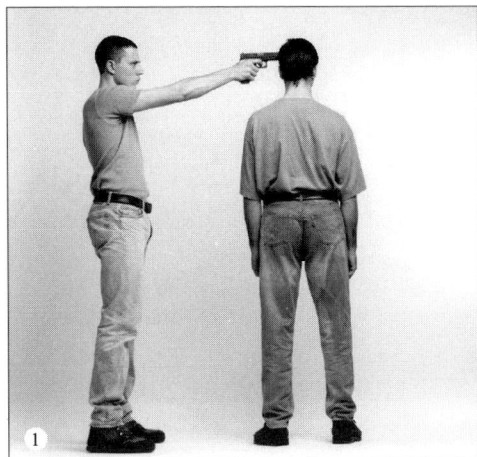

攻击者站在你侧面，将枪举起瞄准你的头部后侧（见本页底部的图示）。

同时转头转身面对攻击者，并迅速上前靠近。这个动作能使你尽早脱离火线，并移动到枪身的后方。抬起手臂，钩住攻击者持枪手的手臂，并将它向你外侧稍微拉开。

将攻击者的小臂向下拉并且抓住，进行反击。不要让对方的小臂卡在你的肩膀上部，要将其拉至与你胸口齐平的高度。这样能让枪离你的头部更远，因为手枪现在还可以击发。接下来，按照本章"敌·背后近距离威胁"一节中讲解的方式行动。

转身应对技术是由"敌·背后近距离威胁"一节中讲解的技术转变而来的。本节的技术更加强调你在应对攻击者时的移动。你要突然将身体和头转向攻击者，同时向他靠近，以免你受伤害。如果攻击者持枪瞄准你的脑后，你也可以按照相同的方式行动。使用近侧手的目的是快速直接地锁住攻击者持枪手的手臂，从而达到对手

如果枪口瞄准的是头部的 A 区域，那么我们建议使用本节中的技术（即转身应对）。如果枪口对准的是 B 区域（即你头部的前半部分），那么我们更建议你按照下一节讲解的技术行动。

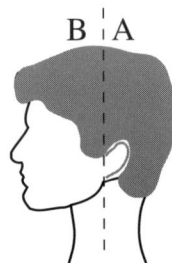

B | A

枪的基本控制，也是为了能将其手臂拉到胸的位置。

　　反击与缴械动作你可以直接按照"敌·背后近距离威胁"一节中讲解的方式执行。一般来说你所处的反击距离会比较适合发起肘击，而如果你和攻击者之间的距离较示范中更长，那么应该选择用直拳进行首次反击。

敌·侧面枪指头部 vs 我·偏转枪口方向

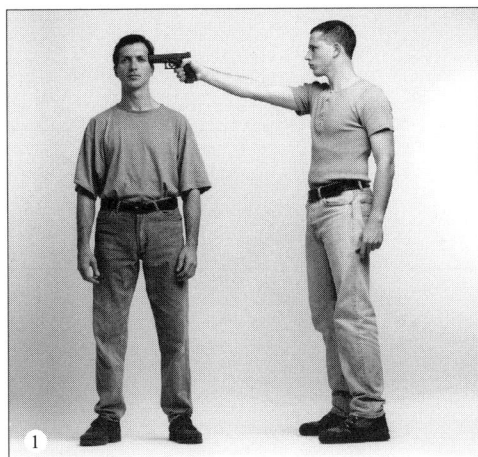

攻击者以手枪顶在你头部侧面（位于你耳前，即头部的**"前半部分"**）。

将你的头后仰并向攻击者靠近，这样能让你在第一时间脱离火线。在你做出头部防御的同时，快速抬起手放到手枪旁边准备偏转枪口方向和抓住枪身。与此同时，向斜后方迈出一小步以接近攻击者。

抓住手枪，将它向攻击者下方压制，同时进行反击。接下来的行动和本章"敌·正面远距离威胁"一节中所讲解的技术完全相同。

图 2 防卫者侧面视角。

　　这一技术与我们在"敌·正面远距离威胁"一节中所使用的技术基本相同。为了尽早采取有效防御，我们首先同时做出两个动作：头部闪避和手部防卫。当手枪紧贴在你的头侧时，你要略微向远离攻击者的方向转头（身法），从而使枪滑走，远离头部。如果从时间轴上来看的话，你的头在你的手碰到手枪之前就已经远离了危险。

　　学会这个技术之后，你可以在以下几种情境中自如使用：手枪举在你头部侧面，攻击者在你正前方或斜前方，攻击者在近距离或稍远距离以及其他条件下。**就攻击者站位的角度和手枪停在你头部的具体位置而论，某些时候这个技术会特别管用，而某些时候上一个技术更有效。**举个例子，当枪指在你的太阳穴时，这个技术会更好用一些；而当枪指在你耳后时，上一个技术会更加有效。

敌·背后远距离威胁

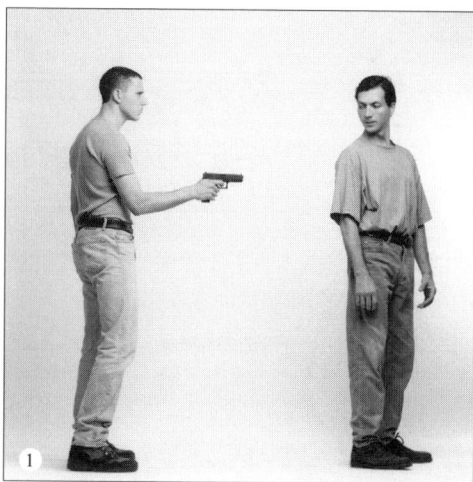

攻击者持手枪站在你身后或侧后方，和你有一定距离。枪口到你后背的距离为 40~65 厘米时，最适合使用这个技术。因此你自然地向后观察并判断枪口和你的距离，但是不要犹豫，在你看的一刹那就开始防御动作。

向外偏转枪口，并抓住手枪或者攻击者的持枪手来限制手枪活动。转身让你的身体避开火线，同时跨步迅速接近对方。重心向手枪方向倾斜并继续压制，将枪向下、向攻击者的方向压。

　　掌握这个技术需要相当多的训练，因为它比前面的技术风险更大。问题在于当你回头观察情况的时候，你只能用一只眼睛看见手枪的位置，这样你无法获

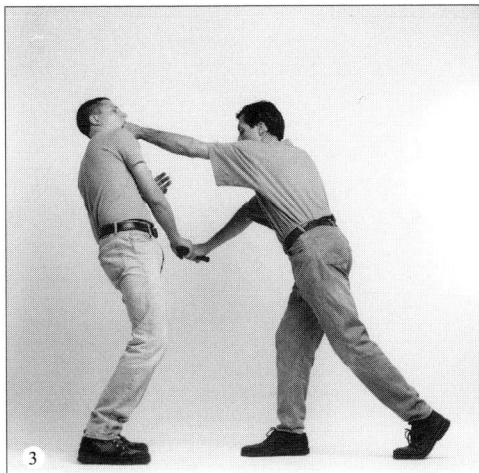

迈出右脚（你防御手同侧的脚）快速贴近攻击者，并用一记有力的直拳反击。这时要留意不要让自己暴露在火线上。

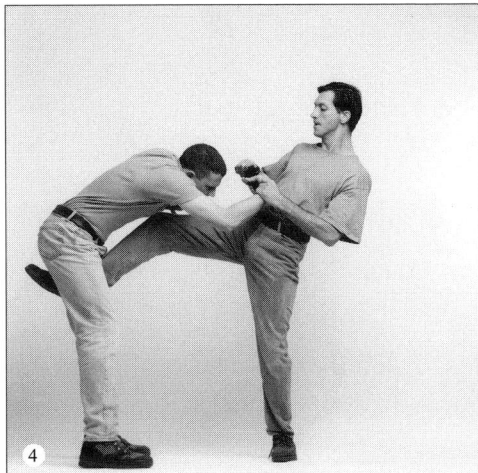

偏转枪口之后，用你的另一只手抓住攻击者持枪手的手腕，同时踢击或膝击对方裆部。用更方便的那条腿反击即可（例如在图示中，防卫者先迈出后脚靠近对方，所以他在这里使用前脚踢击）。之后，你便可以通过旋转手枪来缴械。

得一个完全的三维视图，使你不能准确判断手枪与你之间的距离。因此，你最好在**别无选择**的时候（即生死关头）再使用这个技巧。在训练中，你要针对以下几个方面重点练习：准确地估算距离，在偏转枪口的同时用身法动作脱离火线以及准确抓住手枪。

注意 如果攻击者在你斜后方，也同样可以使用这个技术来解除威胁。并且在大多数情况下你都能使用双眼来观察手枪位置，从而正确判断你们之间的距离。

这个技术的原理和本章"敌·正面远距离威胁"一节中讲到的相同。你会从防卫手法开始，而身体会随着手的动作被带入身法状态中（来脱离火线威胁）。然后，你逐渐靠近攻击者，抓住他的手枪，并将自己的身体重心向对方倾斜，并压住对方的枪。你要根据双方此时的距离来决定使用拳击还是踢击进行反击，最后以缴械动作结束战斗。

敌·背后远距离威胁和推搡

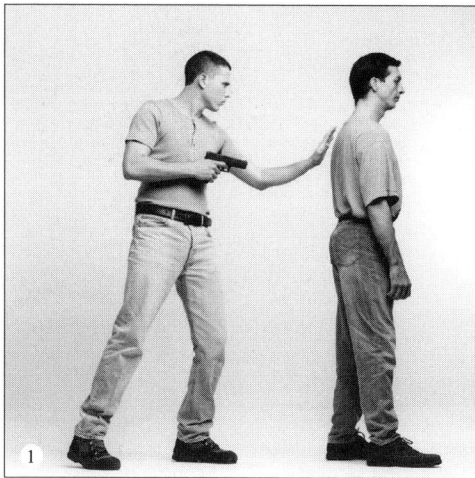

本节讲解的技术主要用于当攻击者的手枪离你的背部距离较远，且攻击者将其未持枪的手向前伸，意图推搡你的时候。对方或许会处于一个静立的位置，或像图示中那样推搡你，迫使你向前移动，推搡之后还用手枪指着你的后背。对抗发展到这个时候，你应已经完成了向后观察的动作并且进行了危险评估。

向侧面小跨步并以此脚为支点旋转，来闪避攻击者的推搡，将你的身体从火线上移开。你的身体应朝攻击者推出的手（而非持枪的手）的外侧转动。在图示中，防卫者以前脚蹬地旋转。

当你从攻击者的侧面靠近他时，他的身体会由于惯性而继续前倾。你要用后脚跨步并向这只脚的方向转身，如图所示，如果你选择跨出左脚来闪避，则也应该向左转身。

以你此时的前脚（左脚）为支点转动，双手同时抓抱住攻击者的腹部和裆部。保持自己膝盖弯曲，后背挺直，用你的腹部和胸部对攻击者施力，顶住对方。你也可以抓住对方持枪手的前臂。

将你的小臂放在攻击者裆部并将其抬起，把他的下半身拉起来，并用你的上半身发力压制对方的上身。

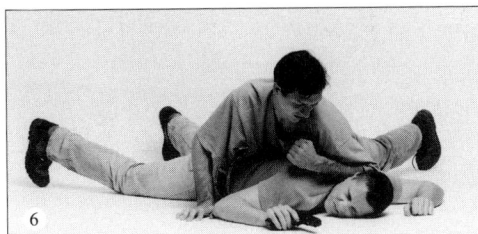

将你的腿向后甩出，使你的身体狠狠地砸在攻击者身上，并与其身体成 "X" 形，保持你的胸口压在他的背中央。在着地前，将你的手从攻击者身下抽回，并尽快发起反击。

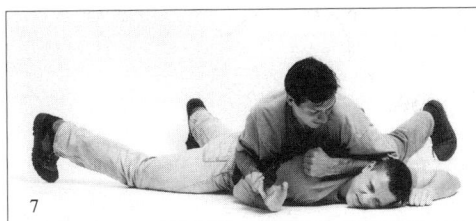

可选用的反击方式： 肘击对方脖颈后部，或以拳击打其太阳穴。随后控制住对方的手枪并缴械。

这个技术在对付位于你身后静立的威胁者时非常有效，并且同样能用来应对对方推搡你的情况。不过这套技术非常依赖于你对准确时机的判断与把握，同时对你的马伽术技术水平有较高的要求。因此，你要先看清楚并准确预估攻击者推搡动作的速度和时机，然后才能进行防卫。这套技术的关键点在于你要在**对方推搡的瞬间转身闪避**，让攻击者的推搡动作落空，从而使他因惯性而失去平衡。不要在你已经被攻击者推出的时候尝试使用这个技术，而是等到对方**下一次推搡之前**看准时机防卫！转身时，身体要朝着支点脚的方向转，当支点脚在后侧时再转身。如果你要向左侧转动，就将你的左脚作为支点，右脚用力蹬地，快速转身。

训练要点：

1. 避开火线。

2. 保持后背挺直的状态，抱住攻击者的腹部和裆部，这能有效地限制其行动。

3．用力将你的身体砸在攻击者身上，尽量使对方晕厥。在图 4 阶段，也可以选择抓住攻击者持枪手的小臂。

其他可选技术：

✡ 如果条件允许的话，特别是当手枪距你不是很远的时候，你也可以使用上一节的技术来应对。

✡ 如果攻击者用手枪对你进行推搡，或用枪顶住你的后背，那么你可以直接使用本章"敌·背后近距离威胁"一节中最通用的技术来应对这种情况。

伊米宗师示范针对背后手枪威胁的防卫技术。

真实事件

约瑟夫练习马伽术已经有几年了。在某段时间，他的工作是在一间枪械店里当销售员，专卖一些小型枪械（主要是手枪）。有一天他的一位同事从柜台里摸出了一把手枪，装上了满弹的弹夹并顺手上好膛，随后又将弹夹卸下。由于此时枪仍处于上膛的状态，约瑟夫严正警告了这位同事，告诉他枪里可能仍残留着一发子弹。同事则信誓旦旦地保证枪是空的。两人就这个问题开始争执，同事便开玩笑地用枪瞄准了约瑟夫的胸膛，并意图开枪来证明手枪的确是空的。约瑟夫毫不犹豫地使用了他学会的马伽术技术，偏转了枪口方向。手枪走火了，而子弹则击中了柜台。

第 5 章
解除步枪、霰弹枪或冲锋枪的威胁

步枪（以及霰弹枪、冲锋枪）与手枪之间有非常多的相同点。从防卫者的角度来看，其中最重要、最明显的相同之处在于武器的威胁本质。而它们之间的主要区别，则在于武器的长度以及攻击者持武器的方式。回顾一下我们前文讲解的针对手枪威胁的防卫技术，以及针对持棍攻击的防卫技术，我们能从中找到一些共通的原理和动作。通过对这些理论原则进行筛选整合，我们便可以从中创造一些有效的技术，用于应对攻击者（尤其是在近距离）持步枪或冲锋枪进行的威胁。

手枪和冲锋枪之间有着本质的差别：除了在长度以及持握方式上有区别之外，工作原理也有区别。我们之前提到过，如果你抓住了半自动手枪的滑套（枪管），那么攻击者最多只能开出一枪，因为此时残留在枪膛内的弹壳会阻止下一发子弹进入膛内。对于左轮手枪，取决于它的工作方式，只要你抓住了转轮，第二发子弹就没法被送到撞针前，也就不会有第二次枪响。而冲锋枪则不一样，就算你抓住了它的枪管，攻击者也能完整打空一个弹匣内的子弹。当然，很多步枪和霰弹枪也配有手动模式，持枪者必须**手动操作**进行上膛才能击发。

在解除这种枪的威胁时，与手枪威胁相同，你必须首先解除来自枪械的直接威胁。也就是说，你要**通过偏转枪械方向同时移动身体来避开火线**。随后，你必须防止攻击者再次用枪或其他武器来进攻，并限制对方的动作。与此同时（或是紧接着），你需要用合适的反击方式使对方失去攻击能力。最后，你必须对攻击者进行彻底缴械，再脱离危险区域。

注意 由于本章讲解涉及的武器具有致命危险性，所以在使用这些技术对枪械进行防御时要时刻保持最高级别的警惕。就算对于行业内的顶尖专家来说，这也是一个必须谨记的重要事项。（更多详细的警告可以参见上一章。）

本章技术的原则

✿ **进行防卫反击技术的最好时机是当攻击者的注意力没有完全放在你或者他自己的武器上时**。例如：如果攻击者处于你身后，你可以向后观察他并且尝试求情或者和他说话等，这样能让你确认是否有机会在他注意力分散时立刻实施防卫反击。在一般的街头犯罪中，罪犯会时常与目标之间进行面对面的对话。在可能的情况下利用这种情况。

✿ **以最快速度沿最短路径偏转枪口方向**。在大多数情况下，你的站位决定了你要用右手或左手来偏转枪口；而在另外一些情境中，你可以自由选择用哪只手来偏转枪口。

✿ 可能在某些时候你不得不违背上一条原则，将枪口向不太方便的方向偏转，**以避免枪口朝向附近的其他无辜人员**。

✿ 在你**偏转枪口方向之后，迅速向攻击者移动**，靠近对方，这会让对方很难再用枪攻击你。

✿ 如果攻击者用单手持握短步枪或冲锋枪的话，那么我们用到的防卫技术会与针对手枪威胁的技术非常相似，因为它们在原理上是互通的。

✿ 当攻击者用双手持握步枪时，你会难以偏转枪口，可能更难保持对枪械的控制。因此，比起针对手枪威胁的防卫，在防卫步枪威胁时会更加依赖于偏转枪口之后立刻做出的身法动作。**这个动作能让你确保自己位于火线之外**。

✿ **打击攻击者**能让你更加容易地从对方手中夺下枪械。比起直接**拉动枪械，旋转枪械**的动作将使你更容易从攻击者手中夺走枪。

　　以下技术专注于应对攻击者位于你身前或身后，持步枪、霰弹枪或冲锋枪来威胁你的情境。在你将这些技术（以及之前针对手枪威胁的技术）融会贯通之后，你需要练习从不同的角度、方向和距离来应对步枪威胁。之后，你需要在各种场景中练习用不同姿势进行防卫，即当你站立或坐着，以及当攻击者对你推搡、拉扯时的不同应对方式。

敌·正面单手持枪威胁

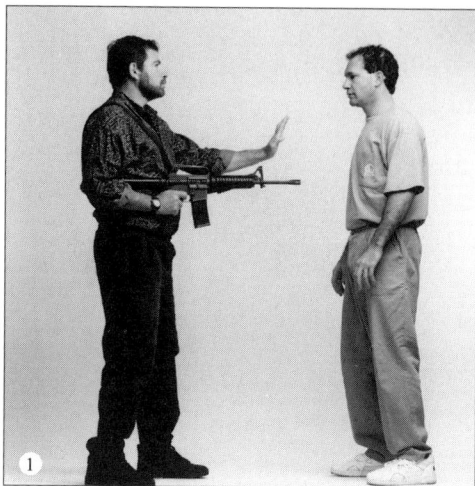

攻击者站在你前方以单手持步枪（或冲锋枪）对你进行胁迫。你的身体与枪之间距离较短，你有机会偏转枪口并抓住枪身。

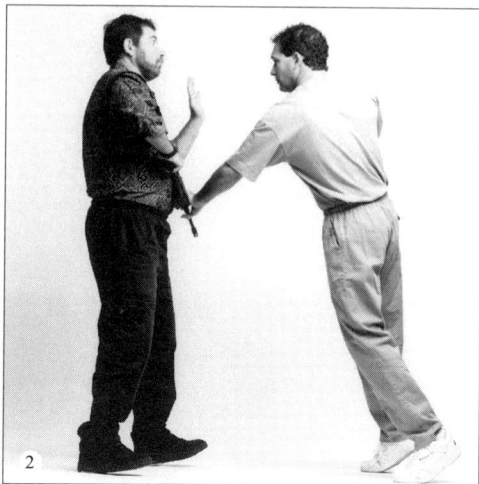

与针对手枪威胁的技术类似，可以先施展防卫手法加上身法转体，将重心向斜前方移动，偏转枪口方向并抓住枪上容易抓握的位置。这个过程中要时刻保持对枪身向斜下方施加压力。

以防御手同侧的脚上步靠近攻击者，保持对枪身向侧下方施力，随后反击。视攻击者持枪方式而定，你可以在靠近对方时通过拉拽枪身，使自己更快地靠近攻击者。

以双手抓住枪管，将其向上抬高，朝着攻击者头部方向推去。

　　这个技术从效果上而言，与针对正面手枪威胁的技术是一样的，原理上也是相通的。在攻击者用单手持握武器或站在你正面不远处的情况下，可以使用这一技术，尽量抓握枪的前部，但前提条件是对方的枪不能太短也不能太宽，且攻

使用枪身或你的拳头对攻击者头部进行反击。

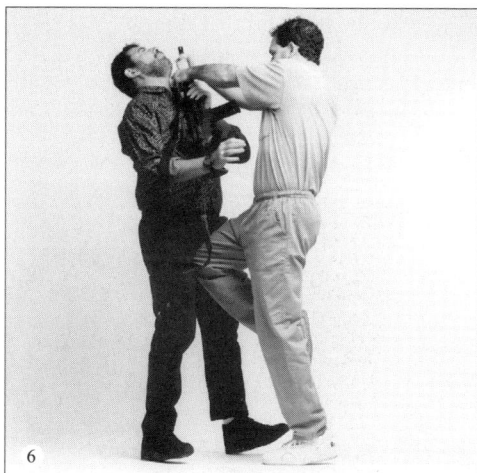

继续追加反击，例如膝击对方裆部。如果你要在此时缴械，首先用一只手（示范中为右手）抓住枪托尾部，随后转动枪身使枪口朝向攻击者，同时拉枪托部分，将枪从攻击者手中拉走，快速撤离。

击者的前手不会阻碍你的行动。

在第一阶段，你必须时刻保持向侧下方压制枪身，施力将枪口偏转向侧面，并将枪身向攻击者的方向推去，这样能有效阻止对方继续使用枪械来进攻或者回击。

敌·正面中距离持枪威胁 vs 我·切入对方"活区"

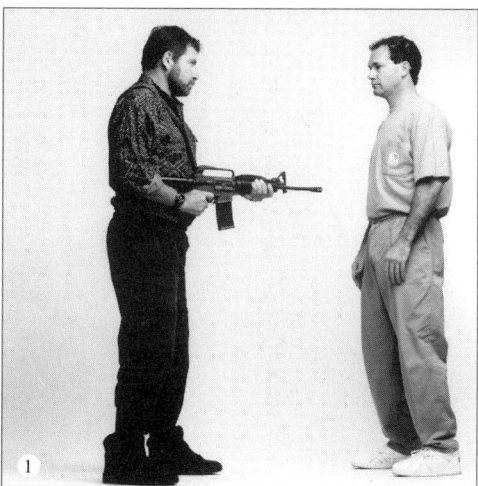

攻击者站在中等距离处，使用双手持枪，对枪有着较强的掌握。这时你可以选择切入攻击者的"活区"。

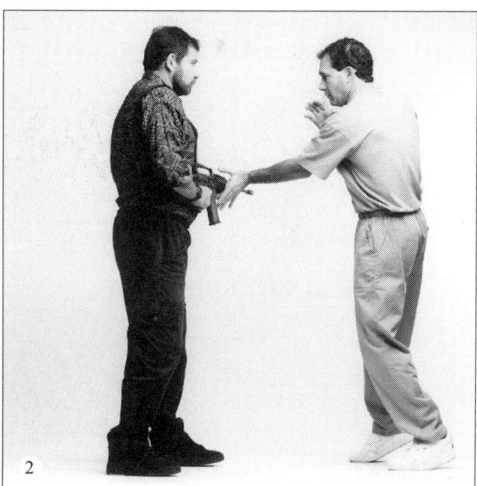

以手掌偏转枪口的方向。这个动作同时会将你的身体牵引至一个转身前屈的姿势，这一点和我们之前针对棍的刺击的防卫动作一样。在偏转枪口的同时，向斜前方迅速移动。

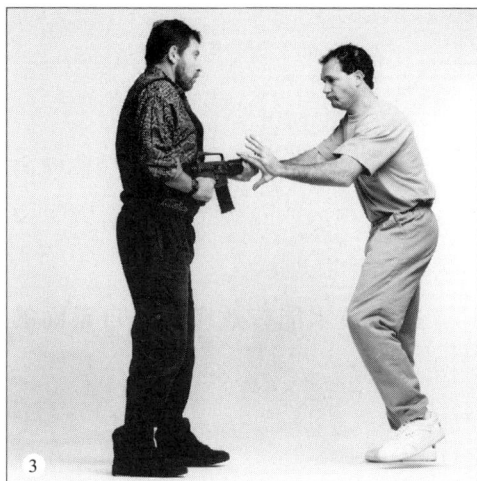

3

在你靠近攻击者的过程中，以最快的速度将**双手**手掌交替移动到枪身，然后抓住枪。

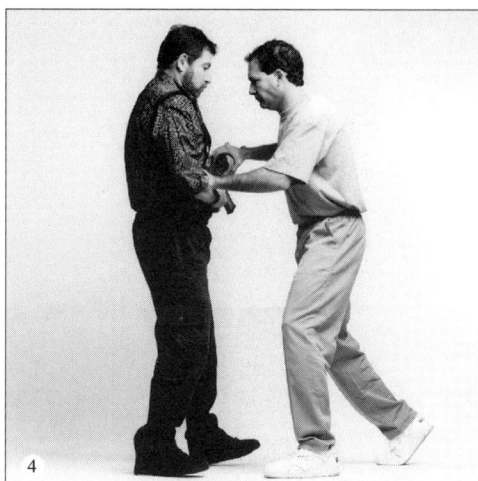

4

抓紧枪身，将其向攻击者身体方向斜推并略向下按，防止攻击者再次将枪口瞄准你。这个时候，你应当**非常靠近**攻击者了。

5

膝击对方裆部进行反击。如有必要，你可以在此之前将枪身略微向上抬高以方便你进行反击。

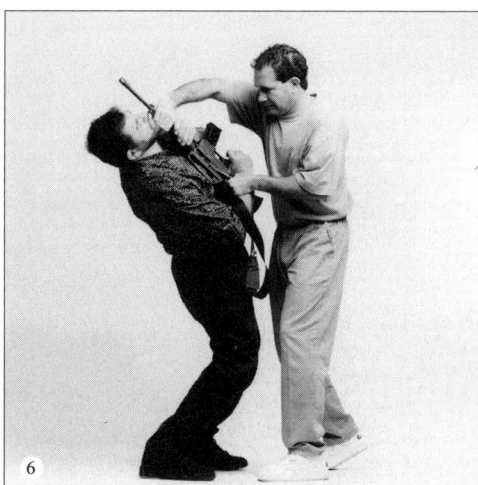

6

用力握紧枪身并转动枪体，使枪口朝上，指向攻击者头部的方向。

　　这个技术是切入攻击者的"活区"，使你置身于攻击者的侧前方近距离处，在这个位置，你对枪能有更好的控制，且可能更适合你进行反击。

　　这个技术中的防卫动作是由针对长棍直刺的防御改进而来的，因此你会发现不少熟悉的动作，包括偏转武器（手掌的位置取决于武器的高度与位置）、转身、前屈、斜进靠近对方等。

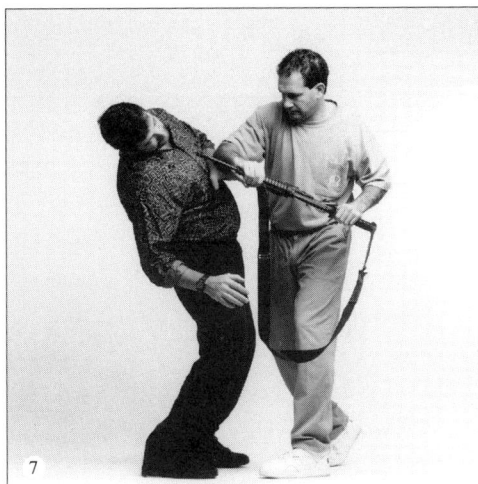

旋转枪身，从对方手中强力夺过枪。这个动作同时也可以作为一次追加反击，即在夺枪的过程中用枪口顺势打击攻击者的头部。

在使用一只手偏转枪口后，用你的另一只手抓住枪身，不要给对方再次用枪瞄准你的机会。

如果你此时需要用手或肘来反击对方，那么你必须首先确保对方不能轻易地再次瞄准你。

这个技术能有效应对来自正面的中距离持枪威胁或来自正面的近距离持枪威胁（尽管对于这种情况，上一个技术也很有效），以及来自斜侧方中短距离持枪对你头部或胸部的威胁。

敌·正面中距离持枪威胁 vs 我·切入对方"死区"

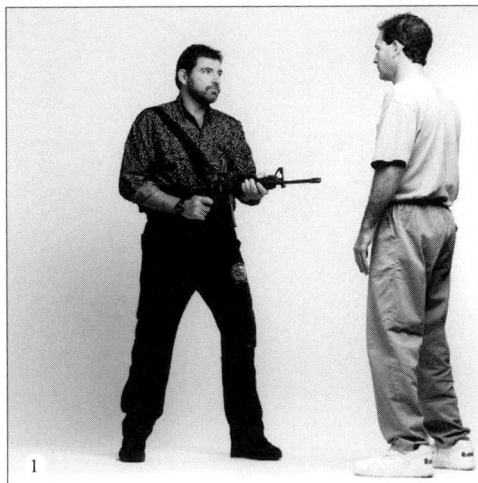

攻击者站在你正前方，与你有一段距离。你需要偏转枪口方向（使用右手）并切入对方"死区"。

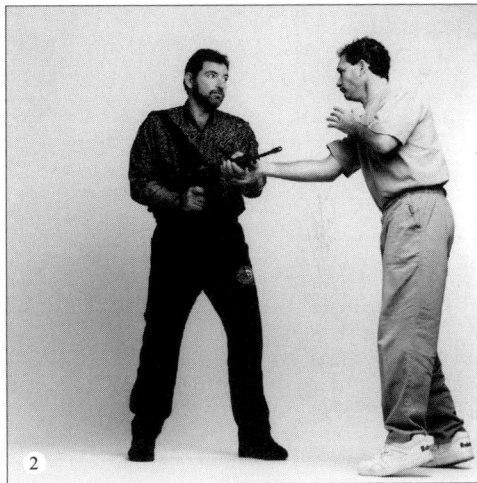

转身的同时用右手偏转枪口（参见第 3 章 "敌·长棍直刺 vs 我·切入对方'死区'"一节中的动作），接着斜向前迅速靠近攻击者，可以借助右手拉枪的反作用力来帮助你向前靠近。

与上一节的技术相反，在本节技术中，你需要将枪口朝另一个方向偏转（使用右手）。首先转身，再根据示范中讲解的动作偏转枪口，靠近攻击者。随

向攻击者侧后方快速移动。

用力抓住攻击者的身体并向上抬起，同时用你的身体贴紧对方。这个技术在第4章中"敌·背后远距离威胁和推操"一节中有详细讲解。

放在攻击者裆部的手向上提，把他的下半身拉起来并用你的上身推压攻击者，将其摔倒在地，使其头先着地。

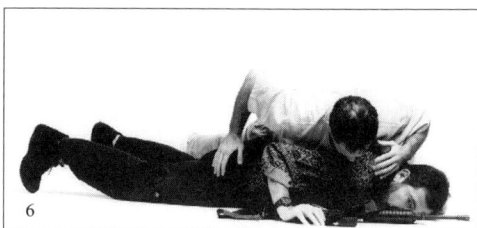

向后甩出你的双脚，把自己用力砸在攻击者身上。

之后尽快反击，用力肘击对方后颈，然后夺下对方的武器。

后，从背后抓住对方，以第4章中"敌·背后远距离威胁和推操"一节中讲解的摔法，将其压制在地。

　　提示：我们更建议你在偏转枪口时，将手掌的落点放在攻击者的手腕或手背位置。同时，为了更快靠近对方，你在向其移动时可以适当拉扯枪身，借助反作用力向攻击者靠近。

　　补充技巧：在本章所示的情景中，**当对方使用枪管较长的步枪或霰弹枪时，你也可以使用上一章中针对正面手枪威胁的技术进行防卫。**

敌·背后近距离威胁

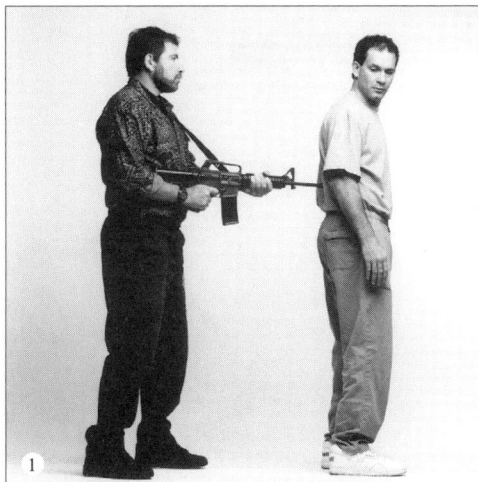

攻击者从你的背后进行威胁。

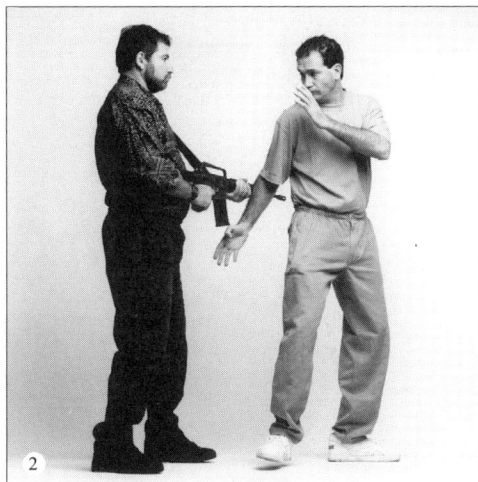

首先用你的手臂直接向外偏转枪口。这个动作能牵动你迅速转身，让你立刻靠近攻击者。因此，在完成这个动作之后，你会到达攻击者近身位置。

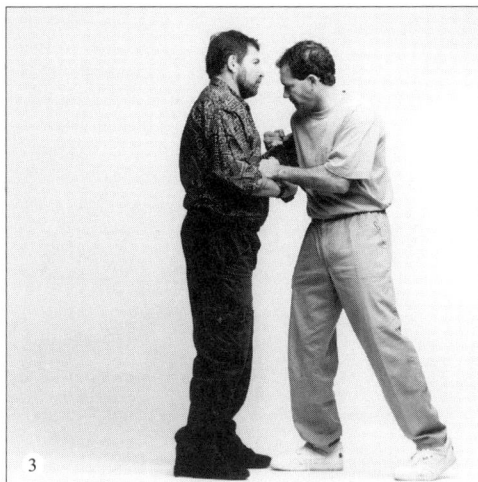

使用防御手的同侧脚上步继续靠近攻击者，用你的上臂、小臂以及胸口合力夹住枪。为了增加你对枪的控制力，你的另一只手也抓住枪身。

随后尽快反击，向前垫步之后膝击攻击者裆部。

用你的肩膀和上半身发力，转动枪身使枪口朝向攻击者的头部，在转动过程中用枪口打击其头部。

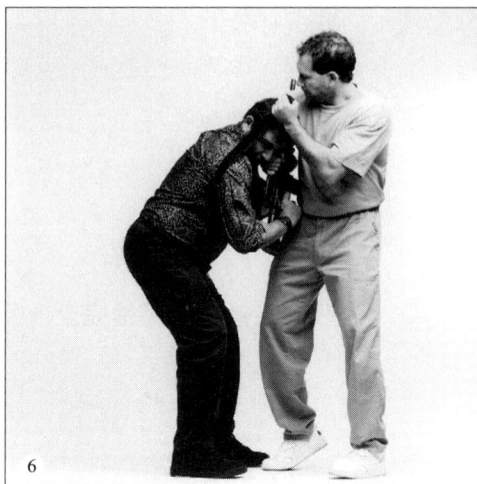

如果攻击者的枪有背带（通常来说都有），抓住背带并将其从攻击者头顶拉出。随后再次用双手抓住枪身。

继续进行缴械。

从动作上来看，这个技术和针对背后近距离手枪威胁的技术几乎相同。当攻击者持步枪在你背后威胁你时，第一步你可以任意选择转身方向，左侧或右侧，取决于实际情况的需要以及你的个人习惯。由于此时攻击者持有的武器较长，且离你并不是很远，所以在转身后，你会在一个比较适合肘击的距离，如果稍远一些则使用直拳反击。但是，如果攻击者持有一把**较短的冲锋枪**，并放在靠近其身体的位置，例如髋部旁边，由于初始距离更短，当你完成偏转枪口、转身并迅速靠近攻击者的动作之后，可能会处于攻击者的侧面（而不是正前方）。在这种情况下用你的手臂及胸口夹住枪身的动作可能会较难安全完成，那么你可以从以下两种技术变式中任选其一继续进行防卫。

1. 这个变式适用于你向攻击者"活区"转身的情况（在示范中为向其右侧

转身）。你可以在偏转枪口后，防御手从枪的下方、另一只手从枪的上方抓住枪身，随后膝击对方裆部进行反击，最后缴械。在这个变式中我们同时也解决了攻击者的枪装有背带的情况。

注意　如果你在将背带从攻击者身上脱下来的过程中遇到阻碍，导致你动作延迟的话，可以继续对其发动反击，直到攻击者不再能对你造成实质性威胁。同时你也要记住，攻击者可能拥有备用武器（例如藏有一把手枪）。因此，你需要迅速且猛烈地行动，尽早地完全解除他对你的威胁。

2. 向攻击者"死区"转身（他的左侧）。技术细节将在下一节讲解。

冲锋枪示例：乌兹冲锋枪。

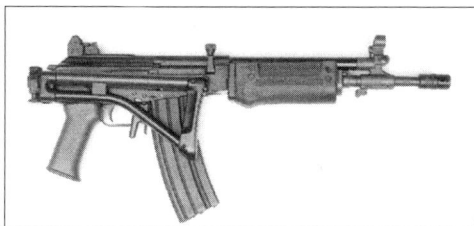

自动突击步枪示例：加利尔突击步枪。

以上乌兹冲锋枪和加利尔突击步枪的照片由**以色列军事工业**提供。

敌·背后近距离威胁 vs 我·切入对方"死区"

1

攻击者持枪站在你身后进行胁迫。视现场情况而定，你可能需要（或出于某些原因你必须）向你的左侧转身，切入攻击者的"死区"。

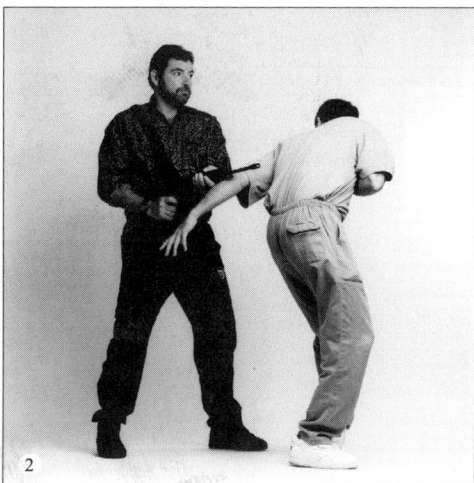

2

向外偏转枪口方向，同时转身朝攻击者方向移动。转身时放低你的身体，以免被攻击者左侧的手臂或肘部碰到。

切入攻击者"死区"。

完成转身动作，随后抓抱住攻击者的身体并将其抬起。此时你的另一个选择是抓住枪身。

将攻击者摔倒在地，并用你的身体压制住他。随后，依照本章"敌·正面中距离持枪威胁 vs 我·切入对方'死区'"一节中的方法反击。

这个技术与我们在第 4 章"敌·背后远距离威胁和推搡"一节中解除手枪威胁的技术几乎相同。

针对较长的枪械，你可以采用我们的常规技术，即用来应对背后持枪威胁时会用到的一些基本动作，包括向外偏转枪口、用单手或双手抓住枪身并进行一系列反击：直拳、肘击或膝击。

第 *6* 章
解救人质

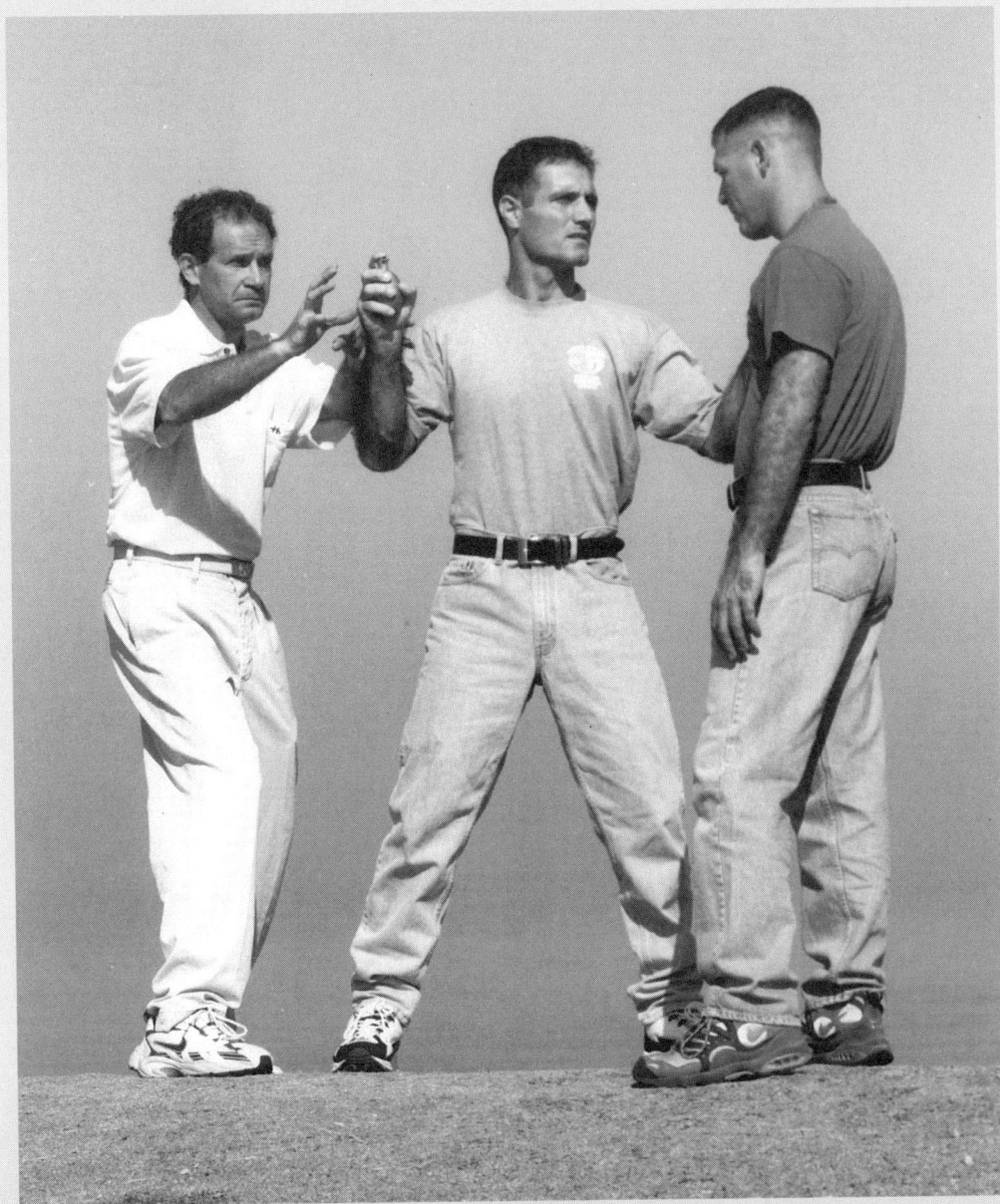

如何解除手雷威胁并解救人质

　　本章中即将描述到的情境，譬如暴力犯罪或恐怖袭击等，都是极度危险的。这些情境无论对无辜的人质，还是对营救小组都存在巨大风险。因此，本章主要是为**马伽术高级阶段学员或者专业教练**，尤其是一些**在工作中需要用到本章的知识与技巧**的人士所设计。

　　为了完全理解针对手雷的防卫基本战术及其引申出的技术，你需要首先对手雷的以下几个部件有充分的认识。

　　1. 保险销（拉环、插销）。

　　2. 握把（撞针杆）。

　　3. 引爆装置，包括用弹簧连接的撞针、引信、炸药，以及手雷的金属（或塑料）外壳。

手雷的爆炸机制和情景分析

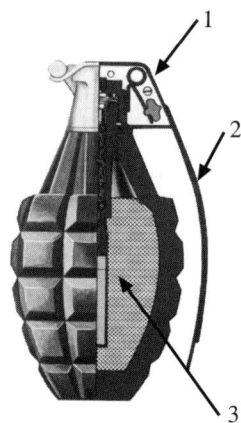

手雷的物理结构示意图。

　　当手雷的保险销被拔出后，它就会变得**极度危险**。在释放握把的一瞬间，握把就会强制性脱离手雷主体，由于弹力的作用，撞针会不可阻挡地撞向引爆装置。此时就会进入一个不可逆的过程：**手雷会在2~4秒内爆炸**，具体爆炸时间取决于手雷的种类与型号。但只要握把仍未释放，引爆装置便不会被激活。当握把仍位于手雷上时，保险销可以被重新插回本来的位置，阻止手雷爆炸。

　　如果手雷在空中爆炸，其中的破片通常会以球状分布向外发射。而若手雷在地面上爆炸，破片则会以近似于半球体的分布向外发射。其中下部的破片会在略高于地面的位置沿小角度飞出。

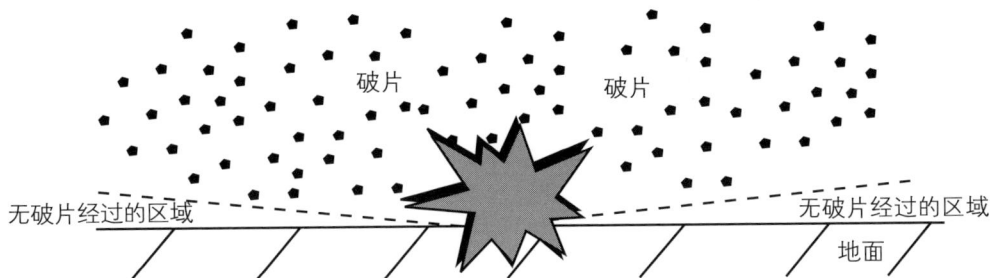

手雷在地面爆炸时的模拟图。

解除手雷威胁的可能场景

一种典型的手雷威胁是攻击者将手雷捏在手里，且已经拔出保险销。攻击者如何将手雷在空中挥舞，取决于他想怎样向周围人群散布恐怖威胁的信息。有时他会将手雷握在身侧，有时他会把手雷举在高于肩膀的位置让更多人看到威胁。

解除手雷威胁的人可以是被胁迫一方（即人质）的一员，也可以是专门为了解决这起事件的专业营救团队中的一员。

在握有手雷的人已经控制了整个场面的情况下，如果你决定挺身而出解除威胁，那么你必须**以最快的速度出其不意地行动**。同时你也一定要记住，除了你设想的攻击者及其同伙可能做出的行为之外，人质也可能会在你将要开始行动的时候（假设他们注意到了你的行为）做出某些特定反应，从而被攻击者察觉你的意图。

在开始解除威胁时，你也需要考虑到周围场景中的一些特定元素，例如周围是否有镜面，或者光是否会将你的影子投向某些方向，从而让攻击者对你的行为或目的产生警觉。

如同上面所提到的，你一定要在**没有暴露目的的前提下，以最快的速度，趁攻击者不备时发起防卫反击行动**。一旦你决定出手，那么便不要再犹豫。

在你充分将下面这些技术融会贯通并理解了这些技术的原理之后，你需要频繁练习在攻击者处于不同角度、不同距离的情境下解除手雷威胁。

我·从攻击者背后接近手雷

攻击者持手雷站立，你从背后接近对方。我们在这里需要假设手雷的保险销已被拔除。

迅速向攻击者移动，同时准备好用双手抓住对方持手雷的手和手腕。此时你的前脚应为靠近攻击者的那一只（示范中为左脚）。

在你的身体到达攻击者的侧面时，你便已经抓住了他握有手雷的手。一只手抓紧对方的手，另一只手抓稳他的手腕。这时候你要确保用手将攻击者的手完全包住，这样才能压制住握把，从而完全控制住手雷的状态。

右脚迅速流畅地跨出一步，同时转身面对攻击者。之后，迅速垫步换脚，准备进行踢击。在垫步换脚的同时，开始向攻击者的手腕施加向后的杠杆力（即反关节式锁腕技巧）。

踢击对方裆部来阻止他的反抗。**注意**：无论你是否遭到反抗，都应该做这个踢击。

向后退一小步，并继续对攻击者的手腕施加杠杆力（相同的反关节技术），将其手腕弯折并向其体外旋转，同时用力向下压。这个动作能让攻击者失去平衡，从而让他快速倒地。

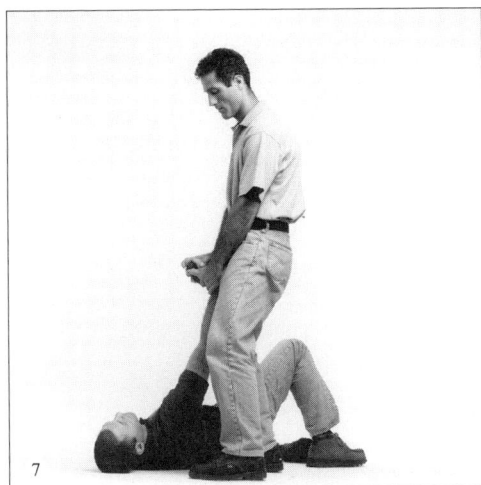

攻击者被放倒在地之后，你仍然要站立在他身侧，并保持对手雷的控制，不要松手。

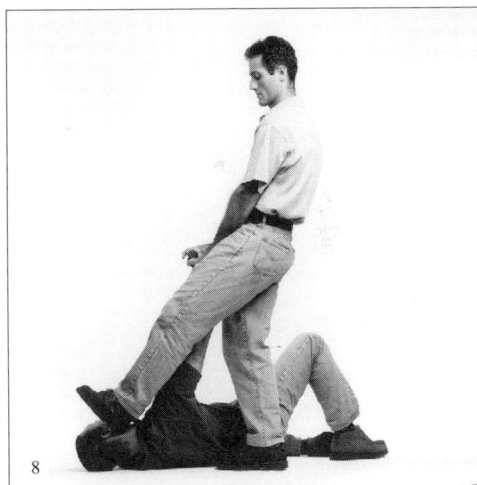

果断地继续反击，用脚踢或踩踏攻击者身体的脆弱位置（我们建议此时对准他的头部反击）。在整个反击的过程中不要放松手上的控制。随后准备从攻击者手中夺下手雷。

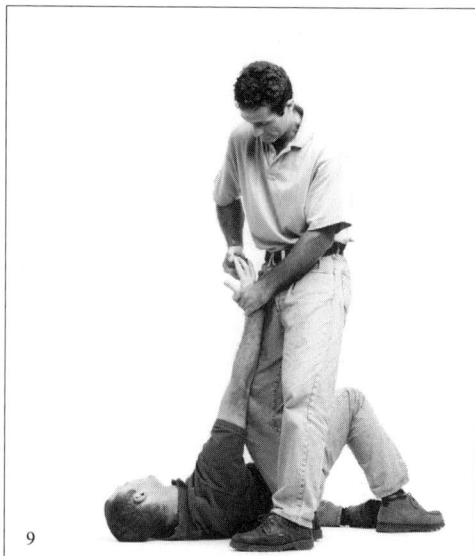

按照下一节讲解的方式缴械。

图 3 细节。抓住攻击者的手和手腕。

图 6 细节。向攻击者手腕施加杠杆力。抓紧对方的手腕，向内弯折，并向外旋转其手臂，然后向下发力使对方倒地。

为了尽快解决眼下的危机，控制住攻击者，你必须在其放松警惕时出其不意迅速出击，抓住对方握有手雷的手，并准确、快速地使用相应技术。理想情况下，你能够从攻击者的背后、斜后方或者侧面接近他，从他持手雷的那一侧靠近（示范中为攻击者右侧）。

从角度、你与手雷的距离以及攻击者发现你的难易程度考虑，如果你从他**的另一侧出手**必然更加困难。但在一些特定的紧急情况下（你也应当就这些场景做针对性训练），你可能要别无选择地从非首选角度，甚至包括**攻击者的正前方**进行防卫反击。

从防卫的第一步直到你成功缴械为止，你都应该时刻紧紧抓住攻击者持有手雷的手腕、手掌以及手指。这个动作是整个防卫技术中至关重要的一环，确保了你能阻止攻击者扔下或掷出手雷。同样的，你也要确保在与攻击者搏斗期间，手雷的握把不被释放。

注意　尽管我们要求你在**使用反关节锁腕之前踢击攻击者裆部**，但如果你已对这个技巧了如指掌的话，也可以在不使用踢击的情况下干净利落地用锁腕将

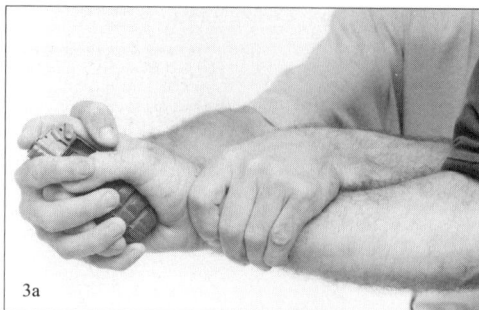

对方放倒在地。

整个技术的动态过程必须是流畅连贯的，中间不能有任何停滞或者间隔。你一开始的身体运动及其带来的惯性，能够帮助你使用锁腕来放倒敌人。而你用来解决攻击者的反击动作必须要**果断地大力进行**，快速解决攻击者之后，手雷就变成你唯一需要关心的事。

变式　近距离使用这个技术来解除威胁。在变式中，你需要在离攻击者更近的地方来使用防卫技术，用膝击代替脚踢。这个变式主要用在当攻击者的手雷更靠近他自己的时候，或者是你所处的地方过于狭窄，不能有效使用常规技术，或者当你抓住攻击者的手而他迅速将手往回抽的时候。

如何从攻击者手中夺下手雷

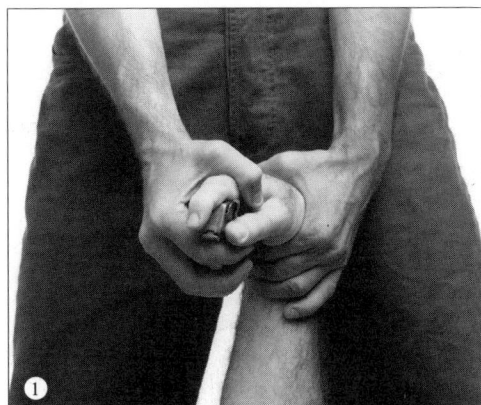

① 向内弯折对方握有手雷的手来削弱其握力。

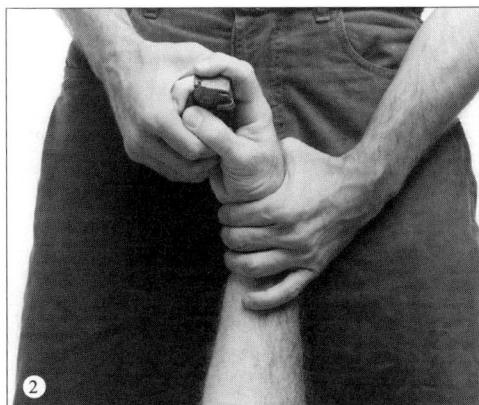

② 将你的手指用力嵌入手雷与攻击者手掌间的空隙。

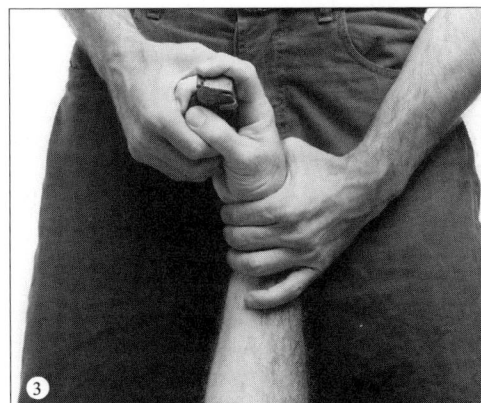

③ 继续嵌入，直到你摸到手雷的握把为止，抓住握把。**在整个过程中，不要让攻击者张开手掌，不然握把很有可能从弹体上脱落，或手雷很可能掉落地面。**随后将手雷从攻击者手中"剥出"，同时保持对其手腕的压制。

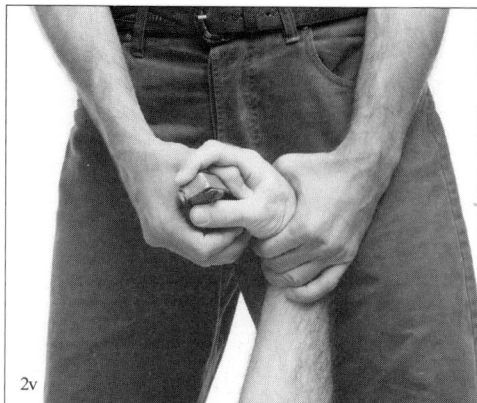

你也可以将拇指嵌入手雷握把与攻击者手掌间的空隙中。

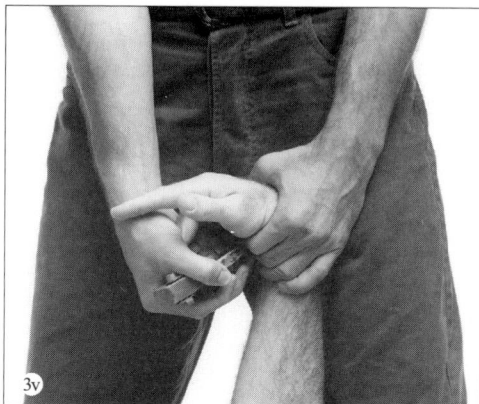

用拇指按住握把，同时将手雷向下转动，将其从攻击者手中掰出。

成功击倒攻击者并缴械后，你要将主要注意力放在手中的手雷上。此时你有两个选择。

1. 将手雷扔到不会造成破坏的地方。

2. 小心地用胶带将握把固定在弹体上，或者在合适的位置插入保险销（也可以用类似的物品代替）来阻止手雷引爆。

我·从攻击者背后接近手雷（后拽缴械）

与上一节技术类似，你从背后接近攻击者，并准备抓住他握有手雷的手和手腕。为了让你的后拽动作能发挥到最大效果，此时你的右脚必须在前。

你的左手用力抓住攻击者的手腕，同时用你的右手手掌包住攻击者的手和手雷。随后开始后拽动作。

用力向后拽攻击者握有手雷的手，同时对其手腕施加向下的杠杆力。向侧后方转身，甚至后脚（示范中为左脚）向后退一步，从而加强你后拽的力量。

继续用力对攻击者的手腕处施加杠杆力，通过后拽与杠杆力的双重作用，把攻击者放倒在地。手雷的运动轨迹贴着他的肩膀。

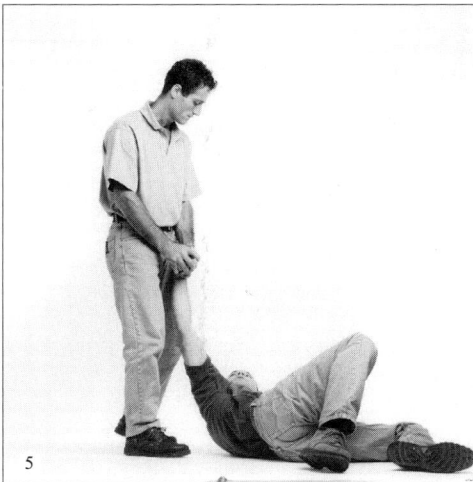

攻击者倒在地上。注意，到目前为止，你其实并没有实际攻击过他。

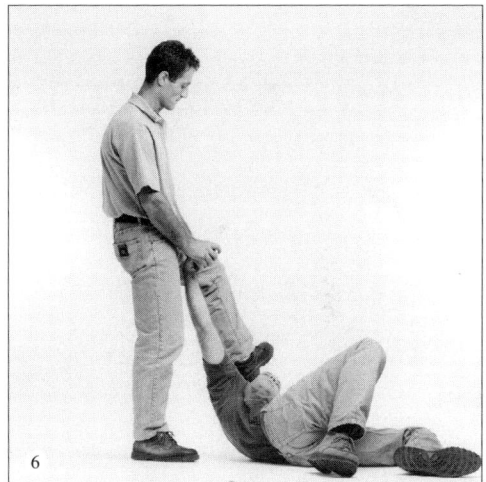

立刻用脚踢击或者踩跺对方头部，随后用上一节讲解的动作来缴械。

　　这个技术通常用于你身处狭小空间，无法轻易用一两步向前移动的技术时，例如在拥挤的公交车上、飞机客舱过道上、狭窄的后街小巷、墙壁旁边，以及其他类似地点。

　　在控制对方时，你要抓住攻击者握有手雷的手掌，这样能让你对他的手腕使用杠杆力。在初步学会这个技巧后，你要练习在不同情况下准确抓住攻击者，例如对方将手雷举在不同高度时。

你将对方用力向后拽的动作会让他在不经意间失去平衡，从而倒地。因此，整套动作**必须迅速完成**，这样攻击者就没有机会转向你或者伸直他的胳膊让他避免倒地。做向后拽的动作时要让手雷经过攻击者的肩膀旁边。

如果攻击者在倒地后用力地将握有手雷的手向他的身体拉扯，你则需要对其头部、胸口或肋部使用膝击，或是用紧握着手雷的手击打其面部，以克服他的拉扯，让你能够继续站立挺直。在攻击者身前站稳后，你可以踢或者踩踏其头部进行反击，削弱对方的反抗力量，随后缴械离开。

注意   这种将攻击者向后放倒在地的杠杆力，在你尝试使用本章讲解的第一个技术时也可以使用。当你使用第一个技术的时候，如果攻击者用力挣扎意图抽回他的手，那么你需要**跟随他的手回抽的方向向他靠近**，同时再向后使用杠杆力，并向下压他的手腕。你的手掠过他的肩膀，随后将他放倒在地。

如何处理已经激活或掉在地上的手雷

手雷的握把一旦释放，手雷即被激活，这是一个不可逆的过程。在这种情况下，**你必须迅速取下手雷，并立刻将它投掷或放到一个不会造成爆炸伤害的地方**，随后快速跑开或抱头翻滚到掩体后面。如果可能的话，你也可以平趴在地上，交叉双脚，脚跟朝向手雷的方向。**同时，你也要告知危险区域附近的人有一枚手雷即将爆炸，大喊"所有人趴下""有手雷"或"有炸弹"。**

注意   在某些情况下，你也可以考虑将掉在地上快要爆炸的手雷塞到攻击者的身下。但你必须确保他已经被完全击倒之后才能这么做，即他已经不能移动或不能造成其他威胁了。

如何解除手枪威胁并解救人质

敌·正面手枪威胁

人质的生命安全受到威胁，而你在攻击者背后，你可以从侧面快速向攻击者靠近。

迅速上前，伸出双手抓住攻击者的手枪和握枪的手。保持你的身体位于攻击者身体之后。

扭转枪口方向，并用你的前手（右手）抓住枪管，同时用另一只手抓住攻击者持枪手的小臂（靠近手腕位置）并略微后拉。随后，双手用力对手枪以及攻击者的手腕做反关节弯折。

用你的后脚（右脚）迈步上前，转身面向攻击者，同时用你转身的惯性以及整个身体的重量扭转手枪，使枪口朝向攻击者的身体。你要将枪口向下按，使其位于攻击者手臂下方的位置，然后缴械。

完成缴械之后，踢击或膝击对方裆部，也可以一边后撤一边反击。因为此时你无法预见人质的行为，不要寄希望于人质能够帮到你。在示范中，人质开始逃离。

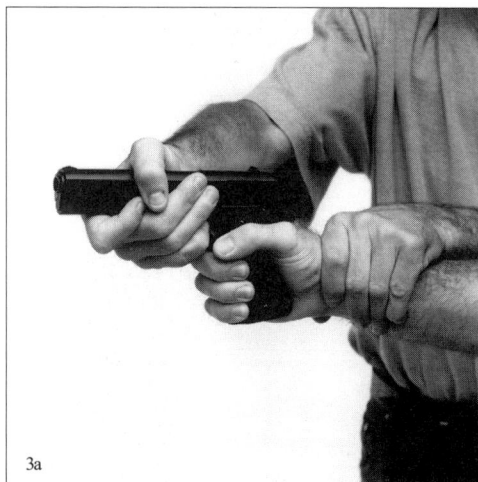

图 3 细节。扭转细节，抓住枪管。

扭转枪口方向并抓住手枪枪管的动作，我们曾在第 4 章"解除手枪威胁"的"敌·侧面枪指手臂前"一节中讲解过，不过在这里，抓住攻击者手腕的动作稍有一些不同。这里的转身动作能让你借助惯性对攻击者的手腕施加更强的杠杆力。

接近攻击者的方式和抓住对方武器的方式，与解除手雷威胁的技术非常相似，只是在这个场景中，你在**抓住对方的手枪之后，要立刻扭转枪口方向**。

由于你无法预知人质的行为，因此必须迅速行动，并尽早将人质引导至一个相对安全的地方。这取决于实际情况与你自身的位置。

冲锋枪示例：迷你乌兹冲锋枪。

半自动枪械示例：乌兹手枪。

以上迷你乌兹冲锋枪与乌兹手枪的图片由**以色列军事工业**提供。

敌·挟持人质并用手枪指头

攻击者控制人质，并将手枪举在人质的头部。
你作为援救者，从攻击者的侧后方接近。

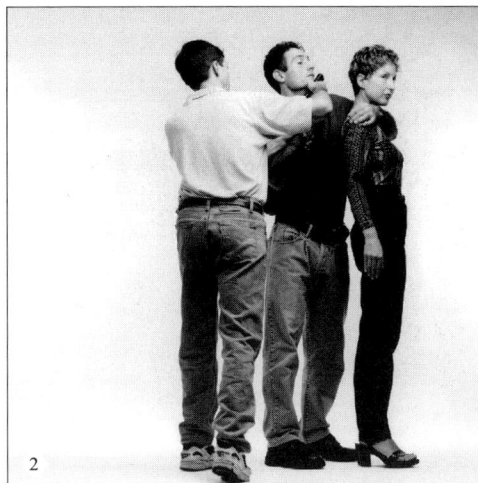

用一只手（右手）扭转枪口方向并抓住枪身，
同时用另一只手（左手）抓住攻击者持枪手
的手腕向后拽。像上一节技术中所做的那样，
移动到攻击者的正面或者侧面。

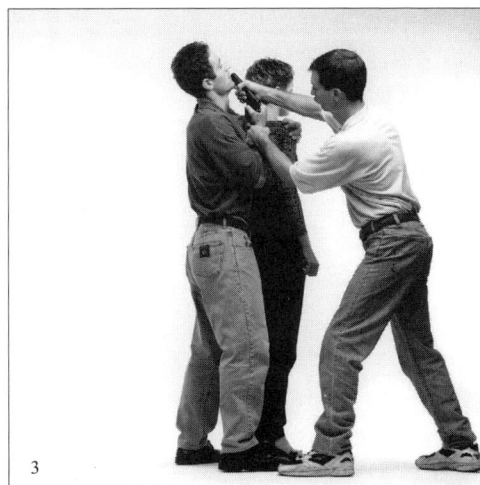

在移动过程中，将手枪向攻击者的脸上推。
你可以顺便用枪身的惯性打击对方面部，这
个额外动作不会对你的整个行动有太多影响，
你依然有充足的时间进行缴械。

用你的后腿膝盖（右膝）进行反击，同时继
续扭转枪身，将枪身向攻击者身后并向下用
力推。

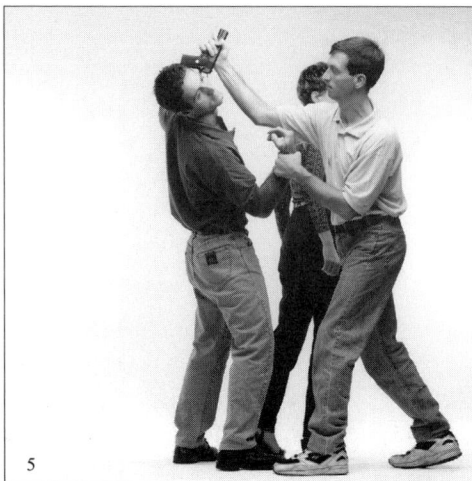

继续反击，可以将枪作为钝器击打对方。

注意　图 3~ 图 5 的拍摄位置为攻击者侧后方。

这个技术和上一节基本相同，只是在这个场景中，由于攻击者与人质的距离很近，扭转枪口方向并缴械可能会更有挑战性。

在你成功反击之后，将人质与攻击者分开，如果可能，与人质一同尽快撤到安全区域（假如人质还没有离开的话）。

第 7 章
使用日常物品进行防卫

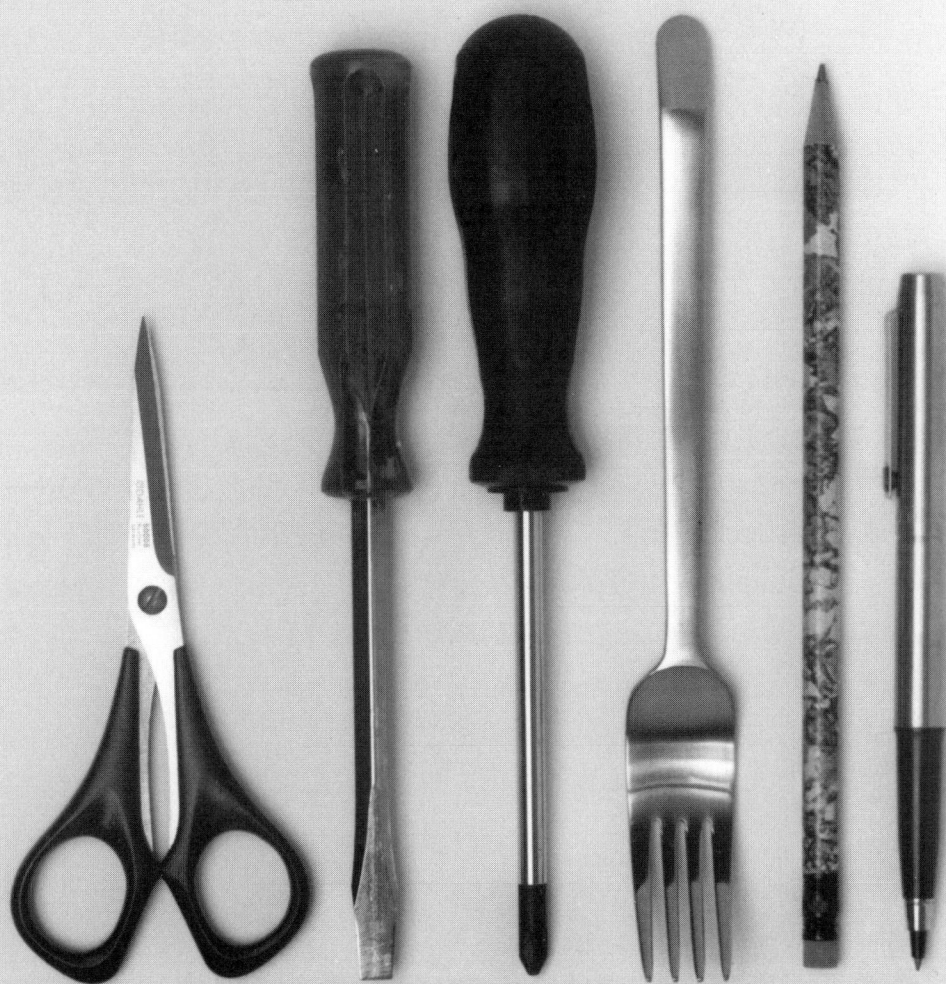

在进行个人安全防卫时，学会在遭受攻击时使用手边的日常物品，是非常有用且有必要的。选择能够加强攻击力或防御力（或两者皆有）的物品，可以让你的行动取得更好的效果。面对攻击者，使用这样的武器或防具，能让你有更多的行动选择。在这种临时防卫武器的帮助下，你能更容易地阻止攻击者的破坏行为并且可以对付更多的攻击者。另外，通过激烈地挥动武器来展现力量，有时候甚至能避免对抗的发生。

要把你的武器看作你身体的一部分，而不是一件外界的物品。你要迅速并果断地选择一件最适合当下情形的物品，然后最大化地发挥它的作用。

攻击者来得越突然，留给你寻找合适物品的机会就越少。相反，如果你能更早地预见攻击，那么你便有更多的时间来做出针对性的反应，也就更有可能寻到一件称手的临时武器。因此，如果你担心在某些具体的地点遭到突然袭击的话，比如从房间到车库的途中，**你可以事先准备一些合适的物品放在手边**，比如一罐催泪喷雾、一串沉重的钥匙等。尽管这些东西比较容易拿到，但是有时候最好还是先立刻跑向放有可以使用的武器的地方。

记住 你需要留意你经常走过的路上有哪些物品能帮你化解威胁。

当你确定一场对抗即将发生，特别是攻击者看上去十分强大时，我们强烈建议你**提前**使用能最大限度提高防御力的临时武器武装自己，你应当将武器（例如石头、短棍等）握在手中，并时刻准备使用它。如果攻击者出现时你提前准备的东西还在你的口袋、钱包或行李箱中，你可能没有足够的时间将它们拿出来，特别是遭遇突然袭击时。

注意 有一条严格守则：在使用武器时，要留意别让攻击者轻易夺下你的武器，并用它来攻击你。

警告　在某些国家或地区，**用上文描述的某些物品提前武装自己属于违法行为**。

注意　在你的生命和人身安全遭到实际威胁时，使用近似武器的物品进行防卫是完全合理的。但是从另一方面而言，滥用非必要武力最终可能导致你承担法律责任。

顺便说一下，即使潜在的攻击者是动物，比如一只体型较大的狗，我们都建议你最好使用石头或短棍这样的物品来充当武器，或者用椅子等其他大型物品来充当盾牌。

我们会根据日常物品的形状和性质来决定它们在防卫行动中的用途。我们将常见物品分为以下几个类别。

棍状物品

你可以使用这种物品进行挥击和刺击（见第 3 章 "针对持棍攻击的防卫" 中的内容），视现场情况向攻击者身体的脆弱位置发起攻击。如果你使用的棍状物品比较重，防卫时可以多做挥击动作；反之，如果你使用的是轻便、细小或易损的棍状物品，则更适合刺击。

如果你持握棍状物品时使其有一小段从你的手后面凸出来，那么你也可以在近距离时用这一小段进行攻击，比如捶击。同时，棍状物品也是出色的防具（我们会在本章后面的部分将其作为防御物品详细讨论）。

棍状物品举例：雨伞、细身花瓶、烧火棍、PR–24（带有垂直握把的警棍）或者棒球棍、擀面杖、硬树枝、扫把或拖把的长柄、水管、长扳手，以及其他或短或长的棍状物品。

块状物品

　　块状物品能像石头一样用于远距离攻击，同时，亦可握在手中作为近距离战斗的武器。**任何沉重的、体积较小的、能让你握在手中的块状物品，都可以帮你增加击打力量，扩大攻击范围。**

　　通常我们用一块石头进行攻击时，会把它举过头顶再向下**捶击**。除此之外，我们其实也可以用块状物品来做类似直拳、勾拳或侧击的动作。当你用块状物品投向目标时，要像投棒球那样从后向前加大物品的动量和惯性，你需要把一侧肩膀转向目标，那只手也指向目标。

块状物品示例：重塑料玩具、杀虫喷雾（你可以把它用作近战武器，也可以将它对准攻击者的面部和眼睛喷射）、罐头以及手机。

　　记住　如果你的投掷攻击没成功，对方很可能获得你的武器并反过来利用它攻击你。因此，你的投掷攻击必须在合适的距离、高度、角度和力度进行，以保证成功。

　　块状物品有很多，比如烟灰缸、沉重的玻璃杯、小雕像、瓶子（尤其是装有液体的厚玻璃瓶）以及盘子（可以当作飞盘掷出）等，这些东西随处可见。

小型物品

　　体积较小、易于携带的轻便物品可以在对抗中用来分散对方的注意力，通常不会对对方造成太大伤害。你可以在攻击者不经意间向其面部猛地投出一大把硬币、一块腕表、一大串钥匙等，使其震惊，甚至砸到他的眼睛，从而在一定程度上阻碍其行动。分

小型物品示例：腕表、硬币、一大串钥匙。

散对方的注意力能够让其面对你的后续攻击时变得更加脆弱。

真实事件

露丝是一名年轻的以色列士兵，她曾学过一点马伽术。有一天晚上，她从军事基地回家，一名男子突然从路旁的灌木丛中跳出来，拉住了她的手臂，并企图将她向灌木丛中拖去。年轻的露丝很快从惊吓中清醒过来，她快速地靠近男子，并对其裆部狠狠地踢了一脚。当对方因剧痛而弓起身子时，露丝迅速在旁边找了一块石头对准男子的头部猛击，然后成功逃离。

敌·持刀攻击或威胁 vs 我·投掷小型物品

攻击者持刀站在你面前，意图对你刺击或威胁。你应向攻击者的眼睛用力掷出物品，如有必要则在此时上前靠近对方。

攻击者受到惊吓，会对眼前飞来的东西做出反应。一般而言，对方会下意识地闭起双眼或者将身体重心后移，此时踢击其裆部。

在攻击或威胁的开始阶段，攻击者正准备对你进行捅刺或划砍时，使用这个技术会十分重要且有用。你可以向对方的面部（尤其是眼部）投掷小型物品来分散他的注意力。投掷的物品可以是钥匙、一包纸巾、手帕、一把硬币、腕表等。在投掷的同时，你要向对方靠近，身体后仰，踢击对方裆部。然后你就可以根据你们之间的位置和角度以及具体情况做进一步的反击（参见第 1 章 "针对持刀攻击的防卫"）。

记住   如果攻击者已经在实施攻击了，那么向他扔出物品通常不会有太大的效果，**除非你掷出的物品够重**，有足够的动能阻止对方。

盾状物品

盾状物品的主要作用是阻挡或偏转攻击。你选择的盾状物品可以是坚硬的，比如棍子、木板、椅子、平底锅等；也可以是较为柔软的，例如背包、手提箱、大型包裹等。

通过使用盾状物品来进行防御，甚至有可能在对方进攻时有效阻碍他的行动或阻止他的行为。例如你可以将大型物品向对方的双脚掷出，用物品充当路障；锁上门，或者在对方面

盾状物品示例：旅行包、手提箱、椅子。

前把门狠狠撞上，可以阻挡对方的攻击，也许还能对他造成伤害；在合适的时机把汽车车门猛地推开，也能有效阻碍对方的攻击。

这个原理还可以运用在面对**两名攻击者**的防卫中。在这种情况下，你的目的是通过移动等一系列动作，让自己位于任意一名攻击者做出动作都会妨碍到另一名攻击者进攻的角度。在某些时候，你可以用力将一名攻击者推向另一名，把离你较近的攻击者的身体当作护盾（详见第 10 章 "应对两名持械歹徒的原则与步骤"）。

我·使用盾状物品（椅子）

抓住椅座和椅背，迅速将椅子拿起。

用椅子做盾，迎着对方攻击的方向推出。然后在椅子下面踢击对方裆部。

示范中（图 1）所展示的动作要迅速简捷地完成。看准攻击者进攻的距离和时机，你要快速抓稳椅子并举起它，同时向后略退几步以达到进行有效行动的距离。

图中所示的持握椅子的方式是最为方便自然的持法，但在其他条件下，比如你需要同攻击者保持更远的距离，那么用双手抓住椅背可能更合适。如果是凳子，那么抓住座面即可。根据你的位置，有时候可能抓住椅子腿或其他部位会更好。

将椅子（或其他盾状物品）迎着攻击方向推出，阻挡或偏转攻击。通过使用椅子，你将拥有更大的防御范围。它可以帮你抵御各种伤害，如刀具或棍子的攻击或脚踢等。

在成功防御之后，你的反击要根据你与攻击者的相对角度和具体情境而定。可以用椅子直接发起反击，或者举起椅子后，在下面进行踢击，如果需要，可以进行拳击（放下椅子）。

椅子也可以直接用来攻击。你可以将椅子当作棍子，击打对方。将椅子举在攻击者面前或挥舞椅子来威胁对方，或者用椅子腿朝攻击者直刺。

你也可以使用其他物品来延缓对方的行动，从而获得更多的时间和机会逃脱，规避掉不希望的对抗，比如猛地将桌子扔向接近你的攻击者，或挡在其前进的路上。

刀状物品

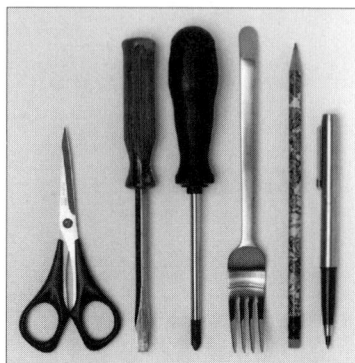

刀或其他类似的物品，在防卫和反击中都能进行划砍和刺击。刀的基本用法在本书第 1 章中已详细讲解过。

刀状物品包括：碎玻璃瓶、尖锐的铅笔或钢笔、螺丝刀、剪刀、锋锐的金属片、餐叉以及缝衣锥等。一些较钝、易损的物品也可以用来刺击对方身体的脆弱部位。

刀状物品示例：剪刀、螺丝刀、叉子、铅笔、钢笔。

绳状物品

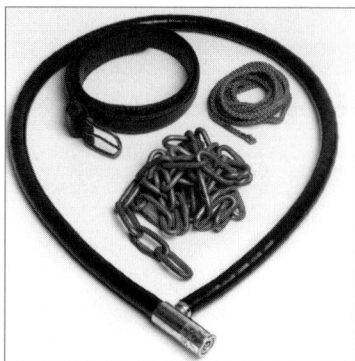

这类物品（腰带、绳子、长鞭、拧在一起的毛巾等）可以用于抽打、缠绕或捆住攻击者。你可以在空中旋转挥舞这类物品，最后向对方猛地甩出进行强力抽打。同时，顾名思义，绳状物品也可以临时充当绳子，在制伏攻击者后将其捆住。在某些国家的军队中，士兵们必须学习如何用绳索类的物品捆绑敌人，例如鞋带、领带、腰带等。

绳状物品示例：自行车锁、腰带、锁链以及绳索。

液体及喷雾

强力液体示例：酒精、化学制剂、开水。

　　某些液体，尤其是带有一定腐蚀性或刺激性的化学药物可以有效地对付攻击者，此外有时液体本身还具有一些出其不意的惊人效果。比如，你可以突然将一杯热咖啡、滚烫的汤或是酒精饮料对准攻击者面部（尤其是眼部）泼出，这会使他立刻失去部分战斗力或抵抗能力，使你的后续反击达到更好的效果。

　　如果你手上有喷雾剂，也可以朝着攻击者的面部喷射，迫使对方闭眼，可能还会对其造成伤害。除了喷雾之外，即便是一把沙子，只要对着攻击者的眼睛抛出，也能让他震惊并在短时间内无法做出有效攻击，更容易被你制伏。

混合性状的物品

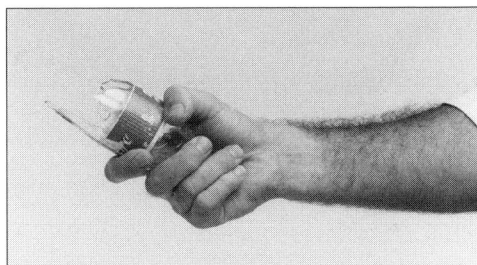

用碎玻璃瓶威吓攻击者。

　　就像之前提到的，许多物品可以临时充当武器。这些物品有的只能用作攻击，有的只能用来防御，有的可以同时用于攻击和防御，还有的可以用来分散攻击者的注意力，让你有机会反击或逃跑。下面列出一些物品，观察它们有哪些特征，这些不同的特征共存于同一个物品，想想它们充当武器时可以怎样使用。

　　带刺刀的步枪：锋锐物品（刀锋）与棍的组合。同样的组合还有斧头和长矛等。

　　投掷状态下的一块碎玻璃或匕首：块状物品和刀状物品的组合。

　　椅子：这件物品为盾状物品与棍状物品的组合，你可以按照前文讲解的方法用它进攻或防御。

　　投掷状态下的长矛、尖锐的棍棒或叉子：块状物品、刀状物品和棍状物品的组合。

　　其他类别的武器包括但不限于可燃物品、高电压物品，甚至于一辆汽车也可以用来对攻击者造成致命的身体伤害。

学会威吓你的敌人

使用临时防卫武器的一大优点在于，你可以用这些武器向攻击者展示你的攻击性、伤害性和危险性，**攻击者或许会被威吓住，从而改变主意，放弃攻击。**比如，当你拿着一把手杖时，可以将其对着攻击者有力地挥动，攻击者很可能被吓得撤退，从而避免一场对抗。

小结

作为一名马伽术学员，你必须具备快速扫视观察的能力，可以从周边随时拿起可利用的物品作为武器。当你来到一个陌生的地方时，你需要充分地观察周围环境，并留意那些可能对你有用的物品的位置和特征。

就如同顶级大厨可以用冰箱中仅有的食材随手做出一道美味一样，你也应该使用身边容易拿到的日常物品，做好准备"料理"那些可能出现的攻击者。

多多练习使用不同物品来进行防卫。你的练习中需要包含以下技巧：对小型目标精准投掷轻的或重的物品、使用棍子进行挥击和直刺、用盾状物品防御等。

真实事件

50多岁的黛安曾经参加了一次关于提高自我防卫意识的讲座。在讲座结束后，她向教练问道："我没有练过马伽术，每当我在夜里加班后走向停车场的时候，我都特别害怕。如果我在这个时候遇到了别人的攻击，我该怎么做才好呀？"鉴于黛安没法立刻买到催泪喷雾和防狼喷雾，教练建议黛安随身携带一个小型灭火器（可以放在汽车手套箱中的小尺寸灭火器），并让她在下车后或离开办公室后一直握在手中，直到安全到达目的地。教练强调说："灭火器必须随时能用，而不是放在那里当摆设。"黛安采纳了这一建议，并在几周后证明了它的作用：黛安成功地使用灭火器喷向一名攻击者的面部，阻止了攻击的发生。

第 *8* 章
用短棍应对持刀攻击

在上一章我们讲解了如何运用日常物品来进行自我防卫。在本章中，我们则会专注讲解如何运用短棍对抗持刀攻击。除了短棍之外，你也可以使用其他武器，如匕首、瓶子，或任何类似短棍的物品来使用本章的技巧。

你所选择的物品必须有一定的重量，也要足够坚硬，能承受你对攻击者的手腕进行的大力击打。**作为防卫者，你要尝试隐藏你的武器，这样攻击者会更加放松警惕并且对你进行最常见的简单直接的攻击。**如果你把短棍显露在攻击者面前，那么无异于"邀请"攻击者进入一场恶战，他会采用各种战术和策略，使你的防卫过程更为艰难（详见本章结尾处的提示）。但从另一面考虑，你也可以通过向攻击者激烈挥舞你的武器，自信地展现你的战斗力，从而在一定程度上威吓对方，让对方不敢轻举妄动。

在本章的防卫技术中，我们通常会击打攻击者持刀手的手腕来阻止攻击或偏转刀的方向。之所以会选择手腕部位，是因为打击这个区域容易实现阻止或偏转的目的，也因为手腕部位的脂肪和肌肉层较薄，而且通常没有衣物覆盖，是相对比较脆弱的部位。总的来说，我们的防卫技术包括身法动作（多数情况是向斜前方移动）和使用短棍进行的防卫动作。这两组动作保证了你可以在第一时间阻止或偏转对方的攻击。

在成功防御之后，你必须**立刻**进行猛烈的反击。因此，你需要以最快的速度做出防御和反击这两组动作，并尽量无缝衔接，由守转攻。例如，你要在猛烈击打攻击者手腕之后迅速将攻击目标转到对方身上的另一个脆弱部位，比如头部或颈部。

如有必要，尤其是攻击者突然来袭，且从一个较为棘手的方向对你进行攻击，你可以首先用另外一只手（即未持有武器的手）的小臂来保护自己。记得合理运用我们在第1章中讲解的防卫技术。同时，或是在防御之后，立刻用你的短棍或其他手段（如踢击、拳击等）对攻击者进行反击。

敌·东方式刺击

① 以自然姿态站立，尽可能不要让攻击者看见你持有武器。

② 攻击者实施攻击。你瞄准攻击者持刀手的手腕，使用短棍向下击打。同时，做出身法动作，转身向侧前方上步。

③ 以短棍击中攻击者的手腕，阻止其攻击动作。在短棍即将击中对方手腕的一刹那，你必须用力握紧短棍。

④ 立刻追加反击，例如打击攻击者的头部。

　　在侧身闪避的同时，在对方的攻击离你尚远的时候用短棍将其阻截。如果攻击者使用左手持刀，你也可以用同样的技术来对付他。用力握紧你手中的短棍，并快速果断地向下用力挥出。为了防卫成功，你须选用相对结实和

5

用短棍击打攻击者的太阳穴，或者刺击其咽喉下部，也可以攻击其任何暴露的脆弱部位。你可以做出其他追加反击，比如用左腿膝击对方裆部，或根据你与对方的实际距离和角度使用直拳、勾拳等技术，然后迅速撤离。

沉重的短棍。

可以使用短棍向侧面水平挥击来攻击对方头部，就像用刀划砍一样，也可以像用匕首那样瞄准对方咽喉（锁骨中间位置）进行直刺。如果用短棍刺击一个较为窄小的位置，例如攻击者咽喉上部，那么有可能发生滑动，让你的攻势无法起到该有的作用。

在必要时，也可以用你空闲的手来格挡对方持刀的手臂，同时用短棍做出反击动作。

伊米宗师示范使用沉重的短棍阻截向上的东方式刺击。

3a

图 3 细节。用短棍打击攻击者的手腕阻断其攻击。

敌·冰锥式刺击

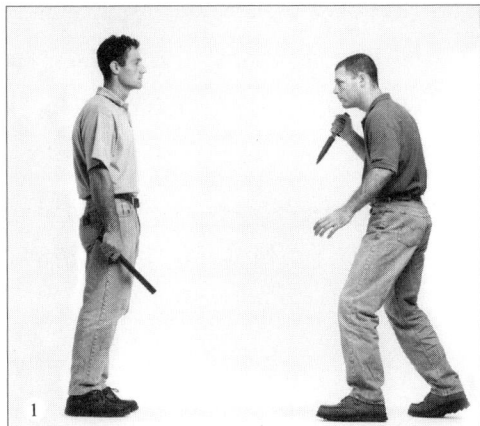

自然姿态站立。如图所示，持握短棍，既不刻意隐藏，也没有做出威吓动作（详见本章最后一节）。

攻击者实施攻击，你立刻利用棍的长度进行直刺反击，向侧前方快速移动，让你的身体尽快离开对方的攻击线路。

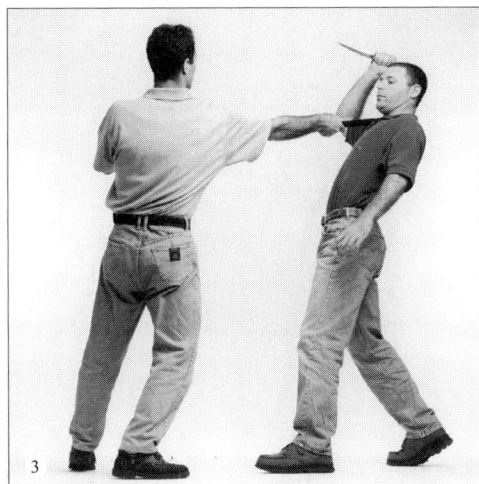

将短棍用力向前直刺，攻击对方咽喉下部，阻截其进攻动作。同时转身上步，向侧前方继续移动。你的下一步动作可以是踢击对方裆部。

伊米宗师示范用短棍应对攻击者突然上前实施冰锥式刺击。

　　在这个技术中，**时机**是极为重要的因素，为了在一个较安全的距离阻止攻击者，你需要在正确的时间点出手，用短棍进行直刺攻击，强行让攻击者立刻中断他的动作。而你转身和向侧前方迈步的动作，能让你在更有利的距离对其发起反击，同时你也完成了身法防御。

注意　如图 3 所示，将棍尖目标放在对方两锁骨的中间位置，因为这里是颈部最宽的部位；如果你的短棍戳到了较窄小的地方，**那么棍尖极有可能就此滑过攻击者的皮肉，无法对其造成伤害。**因此，有时我们更建议你首先斜向下击打攻击者的头部。

如果攻击者趁你不备实施攻击，或是从你的右侧（持有短棍的一侧）发动进攻，你可以首先使用短棍或者任意一侧的手臂（取决于具体情况）来格挡攻击。随后，依照我们第 1 章中讲解的针对东方式刺击的防卫技术的原则进行反击。

根据不同的攻击性质，当攻击者从前面或你的左边（空手的一侧）来袭，你的另一个选择是用空闲手的手臂快速施展防卫手法，并且尽快用短棍进行反击。（详见本章最后一节。）

敌·直刺来袭

自然姿态站立，尽量隐藏你的武器，不要将它暴露在攻击者面前。

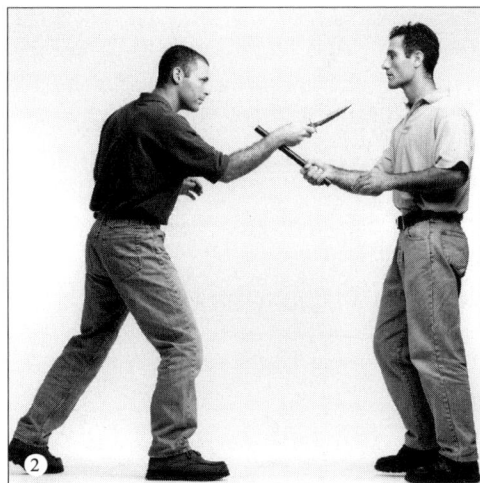

迅速强力打击攻击者持刀手的手腕偏转其攻击方向，这个动作牵引你转身，向斜前方迈一步避开攻击线。

注意　非常重要的一点是，**格挡攻击者持刀手的手腕时注意时机的把握。**我们在本章开头对为何要击打手腕已经做出了详细解释。

防御动作。

完成防御后立刻进行反击，例如水平挥击等。

打击对方的太阳穴，随后继续反击或立刻撤离。

其他技术：如果攻击者从你的侧面或侧前方（你持有武器的一侧）发动攻击，那么你可使用向外防卫的技术。右手握住短棍，当攻击者向你进攻时，你应该向外格挡，左脚向斜前方移动，从而避开对方的攻击线路，并且使你的下一步行动在安全距离之内。（详见下一章中"敌·持棍直刺 vs 我·向外格挡"一节。）

敌·持刀划砍 vs 我·后撤踢击

攻击者对着你的咽喉进行划砍。

你身体后仰，如果需要的话，可以后脚（持棍手异侧脚，即左脚）略微向后退一小步，同时用短棍击打攻击者持刀手的手腕，然后就可以进行反击。

踢击对方裆部，之后根据情况选择用短棍追加反击或继续踢击。

这个简单的技术基于人体在面对突然袭击时会自然后撤避开危险的本能反应，我们加入了使用短棍阻截攻击的动作。当面对攻击时，你后撤的本能动作即是一个完全防御，就算你没有使用短棍阻截，刀子也只会从你面前划过，但不会伤到你。后撤动作包括身体后仰和向后退步，然后要尽快踢击对方的要害部位。

敌·持刀划砍 vs 我·刀划过后反击

攻击者对你的咽喉或面部进行划砍。你在自然状态站立，尽可能隐藏武器。

向后退一步并身体后仰，避开刀的攻击，同时抬起双手做好警戒。你的后脚脚跟应该抬起。

攻击者立刻从另一侧进行第二次划砍，但这一次你已经做好防备。使用短棍（有时也会用到另一只手）格挡对方持刀手的手腕，这个动作将牵引你的身体从后仰的状态恢复回来，同时向前迈步。

尽快继续上前靠近攻击者，用另一只手抓住他持刀手的小臂开始反击。

对攻击者的脆弱部位进行强力打击，并阻止对方继续用刀。

这个技术使用了之前提到的身体本能反应，当你**没有足够的时间**来应对攻击者的首次划砍时，通过后仰及时避开危险，同时抬起双手做好防御姿态（但并不是为了阻挡对方的攻击）。在后仰过程中，你的后脚脚跟始终略微抬起，从而让你能迅速转入反击姿态。

随着你的后仰幅度变大，身体重心会更加靠后。这时也可以采用我们讲解的前一个技术，只不过这时你面对的是攻击者的第二次划砍。

在刀划过你身前，攻击者准备从另一侧进行第二次划砍时，你要准备好阻截对方的攻击，不管你是徒手还是用短棍，都要格挡对方持刀手的手腕或者小臂。

本章技术要点图解

在向士兵以及其他特殊部队传授这些技术时，我们通常更加重视那些会对攻击者造成致命威胁的技术。因此，在练习这些技术时，我们会经常用到刀和短棍。

如果你是使用刀具来应对东方式刺击或直刺，你可以选用以下方式进行反击：对攻击者的面部或咽喉进行划砍或直刺。

记住　在你反击之后，对方依然有可能继续攻击。你之后的任何行为都要首先确保自己处在完备的防卫姿态。

注意　**将武器藏在攻击者视野之外**，你应当做好准备，但不要让对方对你的行动有所察觉。但从另外一个角度来看，如果你**向攻击者显示了你的武器**，尤

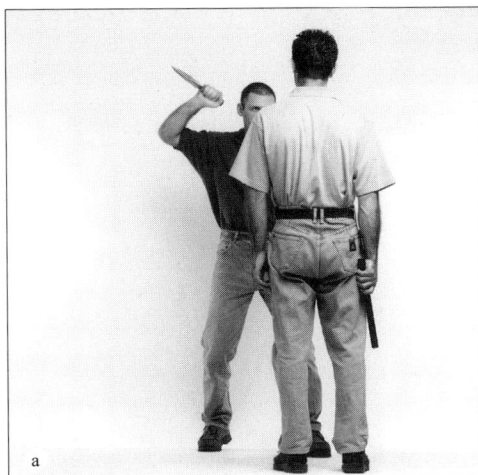

初始姿势，从防卫者背后拍摄。建议你此刻尽量隐藏武器，不要让攻击者看到它，以免对方做出更复杂的战术性的攻击。

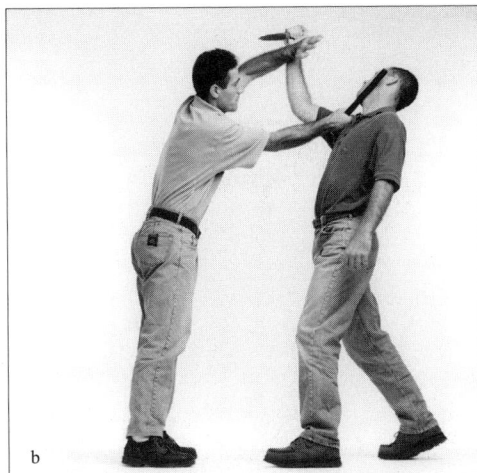

之前讨论到的情形之一：你可以用空闲手进行防御，同时尽快用短棍反击。

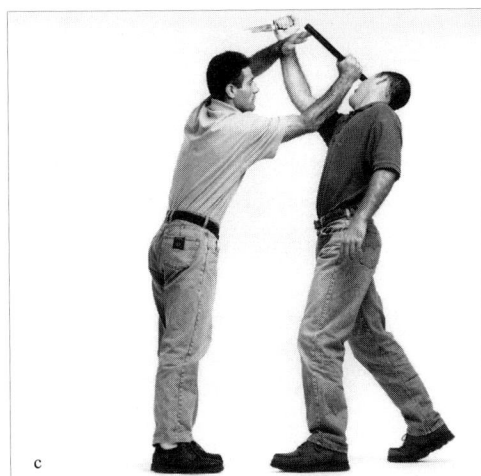

用短棍后端凸出的部分打击对方。

如果你是用刀防卫，所有的技术都和你持短棍时相似。

其是刀这种具有攻击性的武器，无疑是在告诉攻击者，你拥有高度的防卫力和进攻性，这可以起到威吓攻击者的作用，甚至有可能直接避免对抗的发生。因此，你需要根据具体情况和你的个人状态来选择防卫策略。

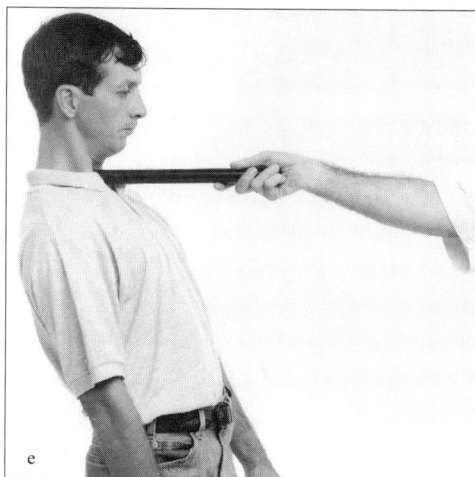

使用短棍进行直刺。

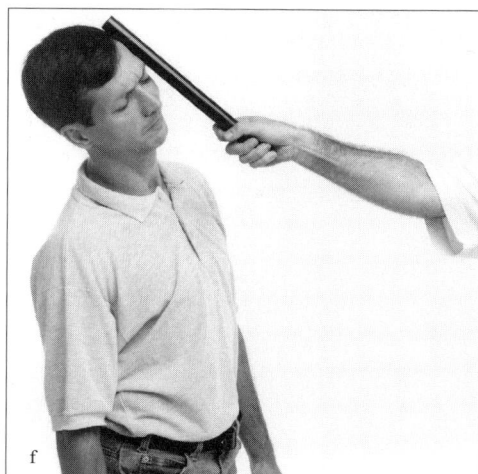

使用短棍击打对方头部。

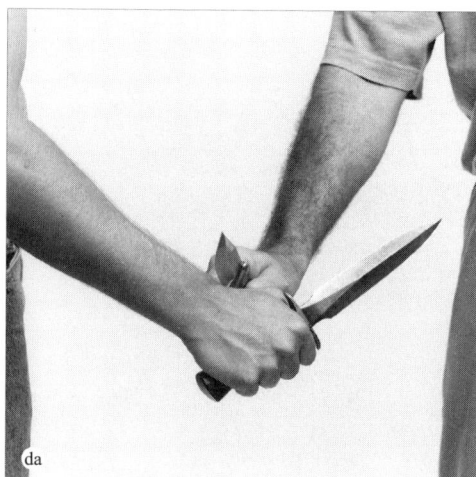

图 d 细节。用刀截挡攻击者持刀手的手腕，能够更有效地阻止对方的刺击。

第 *9* 章

以棍制棍

有一些武术专门使用直棍或棍状武器进行攻击和防御，包括日本的**剑道**与**剑术**、英伦的**长棍术**、**菲律宾棍术**、**中国武术**的各类分支，以及**印度格斗术**等，这些格斗体系都擅长运用各种长枪与长棍。

即便在学习自我防卫的初级阶段，你也必须同时学习棍子在攻击和防御中的基本使用方法。棍状物品在生活中非常常见，在对抗中也是十分有效的武器，因此你必须学会这些技巧，以保护自己在持械对抗中不会轻易受伤。当然，对于任何一种用棍的技术而言，在不同的对抗情境下都有优点和缺陷。因此，我们本章的目的是通过讲解最基本的以棍制棍的对抗技术来模拟对方持棍、斧头、长枪或装有刺刀的步枪等更有威胁性的武器的情况。

在自我防卫范畴，学习用棍应对持刀攻击、用棍防御徒手攻击，以及用棍对抗持棍攻击，都是同等重要的。当你使用棍子来应对攻击者的持刀攻击时，你既可以使用在上一章中学到的短棍防卫技术，也可以使用本章中即将学习的以棍制棍的各类技术，以及最基本的徒手应对持刀攻击的技术。

持械的战士，很自然地会将注意力集中在自己的武器和对手的武器上，而我们则希望你**不要局限于此**。你应该可以看到更多的方面，在更高的层次上获取所有可以提高你反应与行动能力的相关信息。在对抗或对峙中，除了要留意对方武器的动向外，也要留意对方身体其他部位的动作。特别要注意你在防御或进攻中使用的方法，充分利用你持有的武器或身体武器（比如腿和手）。当你无法继续用棍，或者你发觉长棍会阻碍你的行动时，要主动放弃它，更好地用你的手脚行动。

　　与前文提到的一样，防卫技术中反应与行动的基本原则都是一致和有效的（详见第 11 章 "防卫技术的基本原理"）。这里也是一样，我们的技术中既包括以武器辅助的主动防卫，也包括闪避和身法动作，目的都是尽快从危险范围中脱离。

闪避身法

　　避开攻击可达的范围；在对方攻击发力和加速之前迎面冲撞对方；避开攻击路线（不管是垂直方向、水平方向还是其他方向）；将身体顺着攻击方向移动（尤其是对方进行侧面水平挥击时），从而减弱攻击的冲击力，延缓或阻止攻击落在你身上。以上闪避身法，应当与你持棍的特定防卫手法结合使用。

持棍的主动防卫动作

✿ **格挡**：用于应对挥击，用棍打向攻击者的武器，强行中断对方的攻击。

✿ **滑挡**：用棍以锐角切挡攻击者的武器，让对方的攻击沿你的棍滑至侧边，从而不会对你造成威胁。

✿ **偏转**：通常用于应对直刺攻击，类似于针对直拳或直刺的拨挡。

　　当持有并尝试用棍时，如果仅用作防御目的，你可以用一只手持棍。当然，如果你愿意也可以选择双手持棍。

　　不过，要保护身体的某一特定部位时，你通常可以用以下两种方式持棍。

　　1. 正向持棍，拇指或虎口朝上。详见本章 "持棍的基本格挡防卫" 一节中图 2~ 图 4，图 8。

　　2. 反向持棍。详见本章 "持棍的基本格挡防卫" 中图 5、图 6、图 9、图 10。

持棍的基本格挡防卫

初级学习阶段的基本姿势：直立，双腿微分（放松站姿），单手或双手持棍。之后的动作都将从这个姿势开始。

迎着对方的攻击方向举棍（通常与对方的棍成 90°角），用来应对**从上而下的垂直打击**，这是最基本的技术之一。

向侧上方举棍，用来应对**斜向下**向你头部或肩膀的打击。

向侧方摆棍，用来应对头部高度或者中等高度的**水平挥击**。

应对**中等高度或低高度的打击**。

应对对你身体的**斜向上的打击**。

7

将你的身体略微前屈，应对从**下方垂直向上的打击**。

8

将棍斜跨过你的身体向另一侧摆出，应对对你身体另一侧的**斜向上**的打击。在类似动作中，你的身体需要向受攻击的一侧拧转以增强棍的防御力。你也可以将棍的位置抬高（拇指向上）来防御这一侧的水平挥击。

9

这一次，将棍掉转方向，拇指朝下，用来应对另一侧中等高度的**水平挥击**。

10

应对另一侧**斜向下**向你头部或肩膀的打击。

11

双手持棍，应对**从上而下垂直打击的**另一种方式。当你面对突然袭击时，需要微微屈膝，头向下缩并略微前伸。

12

双手持棍，应对**侧面水平挥击**的另一种方式。可以左手在上、右手在下持棍，也可以反过来。

这些防御技术是基于一系列被称为"360° **格挡防卫**"的防卫手法，这是马伽术体系中最基础的基于本能和自然反应的格挡技术，通常用于应对防卫者身体外圈一周的攻击。你可以使用单手或双手持棍，来防御以棍击为主的各类攻击。在以上图示中的所有情境，我们的棍与对方的攻击武器都是以接近 90° 的角度相碰的。在本章的讲解中，我们会示范如何将这些基本动作与身法防御和反击技术相结合，组合出更为流畅的技术动作。

当你面对**突然袭击**时，你的防卫会更多地依靠临时反应。在学习的初级阶段，你更应该多多单独练习这些基本的防御动作。之后再同另一名学员进行攻守练习，这会让你逐步积累经验和熟悉动作，学会观察与理解对方的动作，你也会获得更好的用棍技术和感觉，从而让棍成为你手臂的延伸。

警告   出于安全考虑，在学习和训练过程中，你要全程穿戴手部防具。在棍子的选择上，要选用不易折断、不易弯曲、没有裂纹和破损的棍子。

敌·垂直向下挥击 vs 我·单手持棍防卫

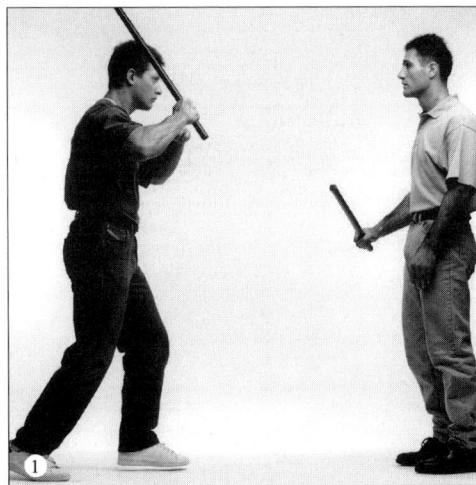

自然站立，或一只脚微微上前作为起始状态。

单手持棍，用力握紧棍的一端，以水平方向（或稍斜）推出，以格挡对方的攻击，让攻击者的棍沿你的棍滑过一段距离。这个防卫手法会牵引你的身体稍转并斜向前移动。

完成防御之后，稍微转动你的手腕，让棍处于可以随时进行攻击的位置。

用棍对攻击者的头部进行反击。你可以从垂直到水平之间的任何角度对其实施打击。如果你愿意的话，也可以击打对方身上的其他部位。

在防御时，你要尽量用棍格挡在对方棍的中间位置，或是靠近对方持握的位置，以免对方的棍滑脱你的格挡而继续打到你。

用力持棍迎击对方的来棍，你的棍要么处于水平方向，要么稍向下倾斜。在防御过程中，对方的棍会沿着你的棍向外（远离你手的方向）滑过一段距离。如果你的棍是水平伸出的，那么在对方攻击的作用下，最后它应该也是略微向下指的。

若有需要，可以继续踢击对方裆部，或是立刻离开。

你可以用棍抽打攻击者的前额和眉骨。如果你不愿意对攻击者造成过重的伤害，也可以选择击打对方不那么脆弱的其他部位，例如四肢、肩膀或锁骨等位置。

这个技术中的身法防御是向侧前方上步，并转身以尽快避开对方的攻击。

敌·垂直向下挥击 vs 我·双手持棍格挡并踢击

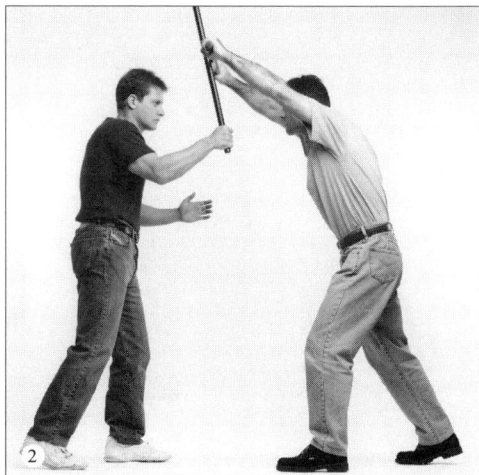

双手握紧棍的两端，右脚稍在前。

双手举棍格挡，将头放低，缩在两肩中间。完成格挡后，根据你与攻击者之间的距离，调整重心，稍向前移，这个动作能让你快速准备好反击。

开始反击。在这里我们选择前踢对方裆部。你也可以按照上一节讲解的，用单手持棍，转至合适位置，再用棍反击。

在这个防御过程中，你可使用与上一节类似的技术，只不过这次是双手持棍，身法防御也略有不同。在这个技术中，你的身体**向前移动而不是向斜前方**。用强有力的防御迎着攻击而上，上步并前移重心。

要减少两棍相接时的冲击力，你的格挡点应靠近攻击者持棍的手。如果对方在你不经意间发动攻击，你可能没有时间上步预防；如果你们之间相隔较远，你可能很难进行踢击，在这两种情况下，你要尽早向攻击者靠近，或是直接用棍反击。

在学习阶段，用力握住长棍两端可能会让你感觉更加自信和自如。如果动作恰当，应该可以防御非常强力的击打。不论何种情况下，你都要选择结实的棍子，以防它被击断。

注意　一般来说，攻击者的攻势越猛烈，你越需要使用双手持棍并且做好身法防御。

在对抗中，如果你担心**对方的武器**突然断裂并击到你，尤其是当他用斧子的时候，你必须将头部前伸并缩在两肩之间。假如你提前发现对方要攻击你，那么你应该做出更好的身法防御，向斜前方移动并略转身体，就像使用单手持棍防卫技术那样。

敌·侧面水平挥击 vs 我·单手持棍格挡

从一个合适的距离开始，右脚略微在前。

用棍干脆利落地格挡攻击者的水平挥击，转身并向斜前方迈出一步，这能让你在更合适的角度进行防卫反击，同时也让你离对方的攻击更远。

用棍短脆地将攻击者的棍反弹出去，这样你就有机会立刻用棍对其身体的脆弱部位进行反击。

在这里，我们遵照**"不要让攻击者继续使用武器"** 这一准则，抓住攻击者的棍或持棍手。如果没有抓住，整个技术也能进行，在这种情况下，继续进行必要的反击，用棍、用拳、用脚，或用这些技术组合反击。

变式　用棍在下、持棍手在上、拇指朝下的持棍方式进行防御。

在碰触的一刹那，立刻将攻击者的棍弹开，准备用棍反击。另一只手抓住攻击者的棍或持棍手，防止对方继续用棍攻击你。

立刻对攻击者头部进行反击。变式：如果你反应非常迅速，那么你可以在用棍防御的同时便开始踢击对方。

敌·水平挥击 vs 我·双手持棍格挡

用双手握紧棍的两端，双腿分立或一只脚稍在前。在示范中，对方从你的左侧攻击。

快速做出防卫动作。将棍摆至斜前方进行格挡，同时转身并向斜前方移动（右脚上步），保持两肘伸直。

将攻击者的棍向外挡开，立刻收回长棍，放开握在棍下端的手，用棍反击。根据需要对攻击者的头部或其他较脆弱的部位进行反击，之后如有必要，可以继续用拳、脚或棍进行反击。

　　这是另一种双手持棍的防卫技术。和之前一样，你的棍必须足够结实，能承受住强烈的冲击。

　　前面讲过，用棍进行防御，要尽量格挡在对方棍的中下部，靠近手的位置。不要只挡住攻击者的手，否则棍子会因惯性继续打到你；同样的，也不要格挡在对方棍的顶端，否则对方的棍可能会滑过你的棍，继续打到你。

　　注意　总而言之，到目前为止我们所讲解的技术都是相似、共通的，它们的本质都是针对从外侧而来的各类挥击进行格挡防御。

敌·持棍直刺 vs 我·向内拨挡

　　你与对方的相对位置和角度以及你的持棍位置，直接决定了你将使用何种防御技术和反击方式。在向内防卫中，先用你的棍对攻击者的棍进行一记迅速、利落的拨击，将其向一旁击开，之后直接转入反击。要使用这个技巧，你的棍最低点必须低于对方的棍，你的棍最高点要高于对方的棍。

　　可能的反击方式：用棍直刺、挥击；踢击；用空闲手拳击；如果攻击者距你较近，你也可以使用棍尾的凸出部分反击。在反击过程中，你可以抓住攻击者的棍或持棍手，以防对方用棍反抗或再次攻击你。

如图所示，你的初始站姿决定了你将采用的
向内防卫的方式。

用短促的爆发力击开直刺而来的棍，同时，
身体略转并向远离攻击的斜前方迈出一步。
因为很难准确预测对方的棍直刺的高度，所
以你要尽可能地将棍子竖直摆放，以最大限
度地保护身体。

在你准备发动反击的时候，用你的空闲手抓
住对方的棍。

如图所示，立刻用棍反击。然后你可以继续
使用拳、脚或棍追加击打。

敌·持棍直刺 vs 我·向外格挡

如图所示，你的初始站姿适用于向外格挡。

短促发力向外挡开对方的棍，同时身体略转，（后脚）斜向前上步。

立刻反击。根据情况，你可以用棍击、拳击或踢击进行反击。

练习这个防卫动作时，你要首先像图示那样站立，单手持棍，将棍斜放在你身前适于向外格挡的角度。这样持棍时向外格挡是最快、最有效的。

防御之后，你可以用棍击打攻击者头部来反击，或直刺其头部的脆弱位置，或踢击对方裆部。

如果对方的攻击很突然，你还是可以采用向外格挡的方式，但你的其他动作（身法和反击等）可能会略迟。要多加练习，尽可能减少这个时间差。

敌·低位直刺 vs 我·反手向外格挡

如图所示，你的持棍手稍微上抬。这个起始姿势适用于对低位直刺攻击的反手向外格挡。

攻击者直刺你身体的较低部位。你向下持棍，短促发力向侧面格挡对方的棍。这个动作会牵引你自然转身并斜向前移动，从而完成身法动作。之后你会处于一个对反击更为有利的位置。

完成格挡的同时弹回棍子，转入反击。

图示为反击的一种。如有必要，你可以右脚向前迈出一步调整距离，然后进行反击。

这个反手向外格挡的防卫动作，要迅速且有力地完成，抬高肘部，掉转手腕，使你的棍向下旋转并且向外翻，形成格挡，从而将攻击向侧面偏转。

针对低位直刺，你也可以按照之前介绍的内容，使用常规的向内或向外防卫，但这只有在你的棍与攻击者的棍位于同一高度时才可以。因此你要放低你的站姿及手的高度，具体原理参见第 1 章中"敌·直刺来袭 vs 我·切入对方'死区'"一节。

持棍反击：挥击和踢击

用你的棍猛烈地击打对方，如果需要可以同时上步前移重心。对方会用棍防御。

继续攻击，当对方的注意力都集中在防御你的棍击时，你看准机会，踢击其裆部。

在这里，我们示范了一个快速、简单且高效的战术反击，用以对付持棍的攻击者。在对抗中，如果你和对方都持棍，即便你不是用棍的专家，也可以依靠这一招占据上风。

这个技术包含两个攻击动作，这两个动作是**交错进行**的，即第二个攻击动作在第一个动作尚未结束之前便已经做出。因此，即便攻击者的注意力没有被你的第一次攻击分散太多，第二次攻击也可以击中对方。为了达到这一目的，你可以选择以下攻击组合。

1. 先用踢击引诱攻击者专注于下路防御，随后用棍攻击。

2. 多次棍击配合踢击交错进行。

3. 先向攻击者扔出一些物品，再用棍追加反击。

伊米宗师示范棍对棍的防卫技术。

第*10*章
应对两名持械歹徒的原则与步骤

当面对攻击者时，你要尽早审视周围的环境，察看是否有第二名攻击者可能威胁到你的安全，这会改变整个情势。

对抗两名或更多攻击者的情况，可能呈现为一种原始的殴斗形态，也有可能呈现为自我防卫场景，或者是这两者的结合。在这种情况下所采用的某些战术将与应对一名攻击者的战术不同。

一旦发现多名攻击者，你就要立刻扩大注意的范围，不要错过任何一名攻击者的任何重要举动。你要尽可能地调整自己的位置，让你相对于任何一名攻击者来说都位于有利的位置。

注意 如果你过多地将注意力集中在某一名攻击者身上，那么**另一名攻击者就能不受阻碍地行动**。就像在面对一名攻击者时，你将注意力全部放在了对方双手上，那么对方的踢击则可能轻易成功。永远不要犯这样的错误！

在本章中，我们将讨论面对两名持械攻击者的防卫原则。我们以最典型的例子进行分析，一名攻击者持刀，一名攻击者持棍。为了尽可能简化叙述，让读者更明白防卫要点，在整个章节中，我们假设每一名攻击者按照一个固定的路数来攻击。从这个典型示例中，我们可以首先学习并归纳出很多有价值的原则。

✡ 这是一个极度危险的情境，如果可能，**尽早逃离是首选方案**。

✡ 一有机会，你就应该先**发制人**，不要等攻击者先动手。

✡ **避免将注意力过多地集中在某一名攻击者身上，**但你应该首先尽快果断地搞定其中一名攻击者，再来对付另一名。

✡ **靠近其中一名攻击者，**这会让你的防御和反击更有效，同时尽量让你离另一名攻击者更远，这样相对来说你更安全。

✡ **避免站在两名攻击者之间，或从两名攻击者之间穿过。**如果你实在无法避免这种情况，那就要用最快的速度通过。而且你在穿过的同时，要对更有威胁的攻击者一边，或同时对两边有所动作。

✿ 将**其中一名攻击者作为你的屏障来阻挡另一名攻击者**。你可以向正确的方向移动，或移动其中一名攻击者，将其置于你与另一名攻击者之间。

✿ **你可以将一名攻击者猛地推向另一名**，尤其是在你对前者进行了强力反击之后，这可以严重干扰第二名攻击者的行动，然后你借机搞定一名或两名攻击者，或者趁这个时机迅速撤退。

✿ 在两名攻击者持有不同的武器时，他们对你的威胁程度也就不同。在这种情况下，你要**首先对付更具威胁性的那名攻击者，限制他的进攻能力**。同时，也必须注意到这两名攻击者进行其他行动的可能性。

    例如，在两名攻击者都离你较远时，**棍通常比刀更危险**，因为它的攻击范围更大。因此，你应首先对持棍的攻击者采取行动，即便他可能不是率先对你发动攻击的那一个。另外，你可以夺下他的棍，并用棍对付另外一名持刀攻击者。

✿ 当一名攻击者持刀，另一名持棍时，**只有持刀者对你造成了实质性的威胁时，你才应对其采取防卫行动**，比如他突然移动到你的近身范围并发起攻击。在其余多数情况下，就算持刀者挥动着刀，离你也比较近，你也有机会避开他，向持棍者发起攻击。

✿ 一旦有机会，你要夺取其中一名攻击者的武器，然后用他的武器来防卫和反击。要知道，用棍对付刀的攻击是比较有利的，但反过来就不一定了。

    谨记 绝不能让两种武器落于一名攻击者之手。

    在你练习以下应对两名或更多攻击者的防卫技术时，你要遵循上述原则，并先在明确设定的套路下进行训练。之后再做一些**变式训练**，如攻击者持有相同或不同武器的情形，或攻击者从不同角度接近你、采取不同攻击方式的情况。你也可以做一些模拟场景训练，例如在楼梯上、在狭小区域或者光线较暗的地方等。这可以让你对一些不常见的情况逐渐熟悉，让你更快适应陌生情境。采用这样的方式训练，久而久之，你就会有能力对新出现的问题采取正确的反应。这是提升你有效应对真实情境能力的关键。

持棍者在右，持刀者在左

初始位置。持棍攻击者在你右前方，持刀攻击者位于你左前方，双方都准备攻击你。如果可能，要**先发制人**，不要等对方先动手。采取适用的技术，首先对其中一名攻击者发起进攻（建议对持棍者）。

对持棍攻击者进行防御和反击。在示范中，这名攻击者在用棍向下挥击你的头顶。由于你的位置发生改变，持刀攻击者也必须改变他的攻击线路，这样你与持刀者就有了一定的安全距离。

在持刀攻击者尚未反应过来时，继续完成对持棍者的防卫反击。左脚迈步上前，抓住持棍者，以右腿膝击其裆部。

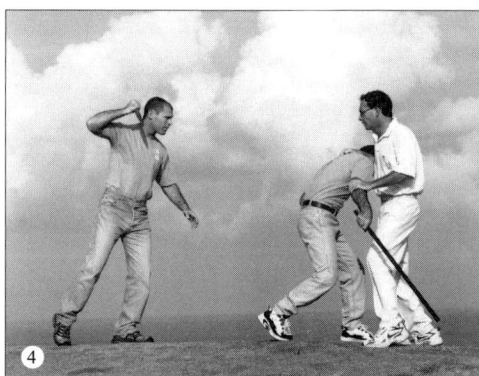

迈出右脚，拽着持棍攻击者一同转身，面对持刀攻击者。如此，持棍者便成了挡在你和持刀攻击者之间的屏障。

注意： 持刀攻击者一定会尝试着绕过或者越过"屏障"攻击你。

　　首先我们假设两名攻击者与你的距离基本相同，这种情况下持棍攻击者更具威胁性，因为他的攻击范围更大，能更快地打到你。

　　每个攻击者的威胁等级不一样，根据防卫原则，通常我们应该**首先对持棍**

在合适的距离踢击持刀攻击者的裆部,阻止他的攻击。

如果持棍攻击者仍然握着棍,那么用杠杆技术将棍夺下(如果需要,可以用大腿或膝盖做杠杆支点)。

如有必要,用棍继续反击两名攻击者。

的攻击者采取行动。当然也有例外,就是当持刀攻击者突然对你发起攻击或者已经离你非常近时,你别无选择,只能首先应对持刀攻击者。具体技术详见本章"先制伏持刀攻击者的情况"一节。

在示范中,我们首先对持棍攻击者采取了防卫行动。冲向持棍者并把他转过来阻挡持刀攻击者的动作,此行动需要**全速完成,且在此过程中不要将后背完全暴露给持刀攻击者**。

在示范中,你有足够的时间对持棍攻击者缴械,将棍绕着他的手转动至贴近其小臂来迫使他放手。有时候,你的反击可能导致对方的武器直接掉落在地,或者你根本没有足够的时间来夺取武器,那么你可能需要立刻向后跳开,或者立刻徒手应对持刀攻击者。

持刀者在右，持棍者在左

初始位置。 你面对两名持械攻击者，右边的攻击者持刀，左边的攻击者持棍。

针对持棍者从上而下的挥击，突刺式切入其手臂外侧，同时迈出你防御手同侧的脚，靠近对方。这样移动能让你接下来的行动更容易，同时拉开了与持刀攻击者的距离。

继续向前进一步，移到持棍攻击者背后。

来到持棍者身后的同时，对他进行反击。你的移动也会迫使持刀攻击者改变他的攻击方向。

在适当的距离踢击持刀者裆部以阻止他继续攻击。

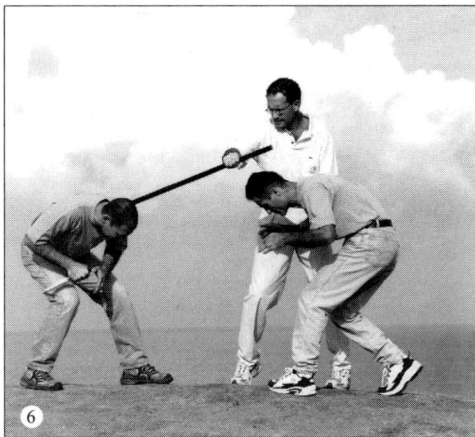

在情况允许时，夺取持棍者的武器，并根据情况用棍反击。

我们看看之前讲的基本原则在这里是怎么实施的。向持棍者手臂外侧进行突刺式防卫，这让你不需要穿过两名攻击者便可以来到持棍者的身后，也不会将你的后背完全暴露给持刀攻击者。在本节示范中，你也完成了对持棍攻击者的缴械，只是时间点比上一节的示范中稍晚一些。

其他有可能出现的情形： 你的反击可能会导致攻击者手中的棍掉落在地，或者你没有充足的时间在持刀攻击者发起攻击之前完成缴械。

注意　以上两个技术只是部分地示范了如何将一名攻击者转到另一名攻击者前面。

警告　如果一名攻击者的武器掉落在地，你要**防止另一名攻击者将其捡起并同时使用两种武器攻击你**。

合理移动，远离第二名攻击者

方案一

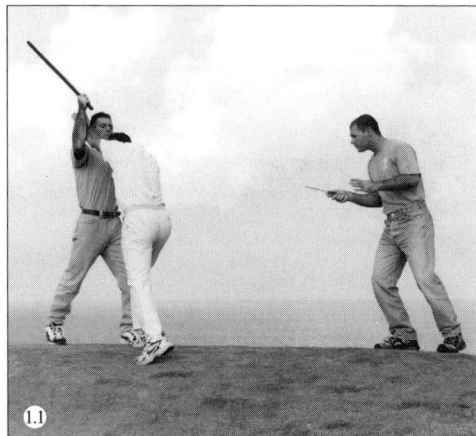

持棍攻击者位于你左侧。向其手臂内侧进行突刺式防卫并向他靠近，但这并没有将你和持刀攻击者之间的距离拉开足够多。现在你的左手和右脚在前，那么继续按照下述动作进行。

图 1.1~ 图 1.3 三张图示以及之后的两组图示，示范了将第一名攻击者（持棍攻击者）转到第二名攻击者（持刀攻击者）前面的不同方案。如果你刚开始的行动没能让你远离持刀攻击者的威胁，那么这一步就十分必要。在之前的技术中，你都成功地移到了持棍者的后面，而在本节示范中，我们着眼于你没能绕到其背后的情形。

你将持棍攻击者的身体转动的方向取决于几个重要因素，包括对方使用的攻击技术、你在施展防卫技术时双腿的位置、你与持刀攻击者之间的距离和角度，等等。

向斜前方迈出左脚，同时转身，将持棍攻击者向右侧掰转。

后退一步完成转身。这样你在拉开与持刀攻击者之间的距离时，也将持棍攻击者挡在了你和持刀攻击者之间。随后对持棍攻击者进行反击，膝击其裆部。

方案二

持棍攻击者位于你左侧。用左手向其手臂内侧进行突刺式防卫，同时扩大了与持刀攻击者的距离。这次你的前脚与防御手是同侧（左侧）。

现在，持棍攻击者成了挡在你和持刀攻击者中间的屏障。你可以继续对持棍攻击者进行反击，或是迅速逃离。

　　迈出第二步和转身的动作取决于当时的具体情境，如果你实施防卫时左脚在前（见图 2.1~ 图 2.3），则将持棍攻击者向**左侧**转动；如果你实施防卫时右脚在前（见图 1.1~ 图 1.3），则

顺势前移，由于现在你左脚在前，你需要用后脚（右脚）向前迈出一步，随后转身。但是，这个动作只能在**持刀攻击者距你较远**时完成，因为在这个过程中你会将后背短暂地完全暴露给他，这对你十分不利。尽快从两名攻击者之间穿过，转身将持棍攻击者置于你和持刀攻击者之间。

方案三

与方案二一样，你左脚在前，对持棍攻击者使用了突刺式防卫，但这次没有足够的时间和空间能让你从两名攻击者中间快速穿过。

左脚继续上前一小步，右脚后撤转身，用力掰转持棍攻击者的身体。

这个动作让你成功地将持棍攻击者置于你前方，挡在了持刀攻击者前面。

将其向你的**右侧**转动；如果你左脚在前但没有足够的时间和空间穿过两名攻击者，则采用方案三的移动方式（见图 3.1~ 图 3.3）。

注意　当你对持棍攻击者进行防御的时候，如果持刀攻击者已经从后面靠近并对你形成威胁，可以先用**防御性后踢**（直着向后踢腿）踢击持刀者，迫使他停在一段距离外，随后继续对持棍攻击者进行防卫反击。

先制伏持刀攻击者的情况

持刀攻击者位于你左侧，持棍攻击者在你右侧。如果持刀攻击者距你非常近并突然向你刺来，你则首先对他使用向内防御，切入其"死区"（手臂外侧）。

切入持刀攻击者"死区"，一边斜向前靠近，一边对其发起反击。

时刻警惕持棍攻击者的动向，保持对持刀攻击者的控制，同时移到他的身后。

移至持刀攻击者背后，踩踏持刀攻击者的膝盖后部并将其向前推，以阻挡持棍攻击者。

把持刀攻击者向持棍攻击者方向推出，持刀攻击者会挡住持棍攻击者的移动路线，至少让持棍攻击者不能在最短时间内以最短距离攻击到你。

这个战术行动能为你争取到更多的时间进行必要的防卫反击，或者立刻逃离。

　　持刀攻击者在近距离突然对你发起刺击，你必须先应对他的攻击。如果此时持棍攻击者如示范中一样与你之间距离较远的话，那么你可能有足够的时间对持刀攻击者完成防卫反击或采取其他措施。但如果时间紧迫，你起码可以完成防卫，尽量对持刀者进行一次反击。

　　记住　反击持刀攻击者之后，你必须**立刻对持棍攻击者进行防卫**，或是向后方跳开尽量远离两个攻击者。

　　如果你已经将持刀攻击者缴械，那么你可以用夺来的刀帮你进行反击，甚至可以将刀掷向持棍攻击者（如果你懂得飞刀的话）来阻止他的攻击，随后快速冲向持棍者并攻击他。

先简捷地格挡持刀攻击

持刀攻击者突然使用东方式刺击刺向你，你迅速格挡。这个时候持棍攻击者离你已经非常近了，你接下来的方案可以是向后跳开，或侧向冲向持棍者。

如果你选择对持棍攻击者进行防卫反击，就要冲向他并使用合适的防卫技术，参见第3章中"敌·侧面水平挥击 vs 我·向前冲撞"一节。

完成对持棍者的防卫。

一边对持棍攻击者进行反击，一边将他拽到你和持刀攻击者的中间，阻挡持刀者的攻击路线。在整个过程中你要时刻留意持刀攻击者的动向。

图2前侧视角。突然冲向持棍攻击者。

当你没有足够的时间应对近距离突然袭击的持刀攻击者时，你需要采取适当的防御技术并且同时进行反击。之后立刻冲向持棍攻击者，缩短你和持棍攻击者之间的距离，让棍的长度无法发挥作用。

第 *11* 章
防卫技术的基本原理

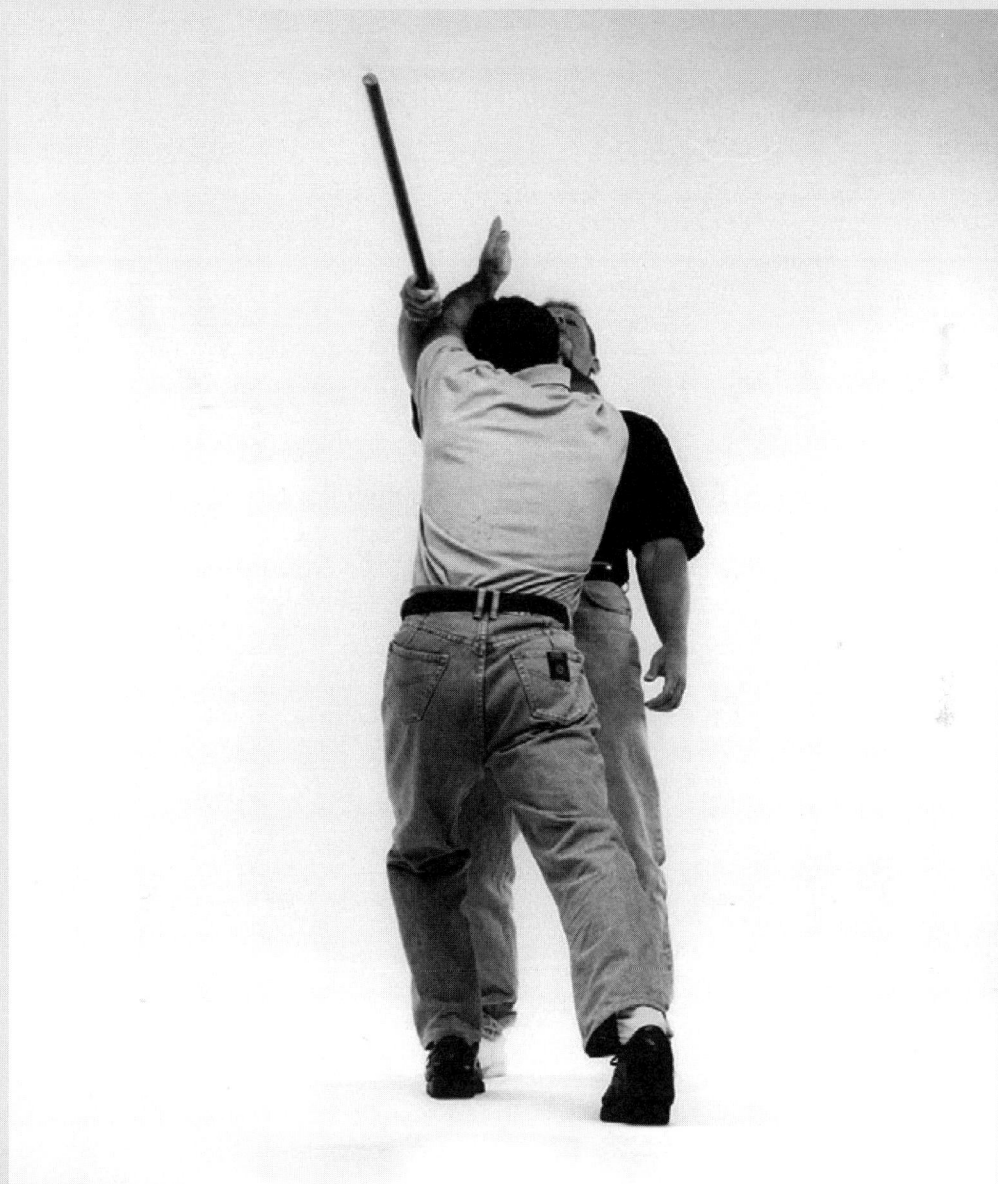

本章会讲解我们所使用的各种防卫动作的基本原理。这些原理涉及应对各种攻击的防卫技术，这些攻击包括手部攻击（各种拳击或直刺的动作）、踢击和持械攻击。防卫动作的最基本目标是阻碍攻击者的攻击行为，避免其对你造成打击或伤害。此外，使用合理的防卫技术也能让你进行及时有效的反击，或者安全离开。

自我防卫技术是马伽术体系中至关重要的组成部分，这些技术并非只是将一些有用的零散动作随机组合，事实上我们完全可以科学系统地将每一个技术仔细分解、研究。这样做有助于我们把马伽术技术展开到其基本成分，理解其背后的防卫原理。本章所讲解的原理，我们会对其"最早""最快""最有效"地应对攻击的特征进行分解。对这些原理的认识、理解和融会贯通，使你能够在**面对真实对抗时，做出最正确的判断和行动**，即使有些场景并未在训练中模拟。根据这些原理进行训练，防卫不同的攻击方式，学会分析危机并解决问题，将帮助你更加有效地处理真实的暴力对抗。

身法（闪避）

"**身法**"或"**闪避**"，指的是移开攻击者的攻击目标，避免被对方击中，对方的攻击包括拳击、踢击或持武器的攻击等。基本的身法防卫动作有以下几种。

水平方向的移动

1. **后撤避开**。这类防卫动作是通过移动离开攻击者的攻击范围。如果在你和对方之间连一条线，那么你将在这条线及其延长线上运动。你可以全身撤离，比如向后退一步或几步；你也可以只后移对方的攻击目标，比如将上半身后仰，从而使头部或脖颈避开对方的拳击或划砍（见图 1）。

2. **向前缩减距离**。这类防卫动作是主动缩减你和攻击者的距离，让来自外侧快速且危险的攻击者的肢体或武器无法以其最快的速度、最危险的部位击中你。比如对方用回旋踢来攻击，或用棍水平挥击，或者用斧子挥砍，最危险的区域是它远端。当你靠近之后，最坏情况下，你也只会被更靠近根部的位置击中，但这个位置对你造成的伤害相对来说已经很小了（见图 2）。

后撤。

记住　这类防卫动作在面对**直线攻击**时通常不会那么有用。然而，如果你能在合适的时机正确完成这个身法防卫，那么对方的直线攻击也没有足够的时间和距离去提高速度，也就达不到足够的动能，从而威力大减。在马伽术中，应用这个原理的同时，多配合使用适当的防卫手法，从而让整个防卫技术更完善。

3. **侧向闪避**。这次，你会沿一条你和攻击者连线的垂直线移动。一般来说，这个动作会配合**转身**的动作一起完成，这样一来，攻击者对你发出的直线攻击会从你**身边掠过**，而不能击中你。即便对方以弧线或回旋线进行攻击，只要你的动

向前缩减距离。

侧向闪避。

作正确，你也能够脱离对方的有效攻击范围，使攻击对你的伤害降至最低（见图3）。不过通常在这种情况下，你的移动路径也要更长一些。

下面的俯视示意图展示了侧向闪避身法的移动路线。图例标志适用于本章中所有类似的示意图。

图例标志：

→ 防卫方向
·······► 移动方向

⇒ 攻击方向
● 移动轴心
Ⱶ 攻击目标

面对直线攻击

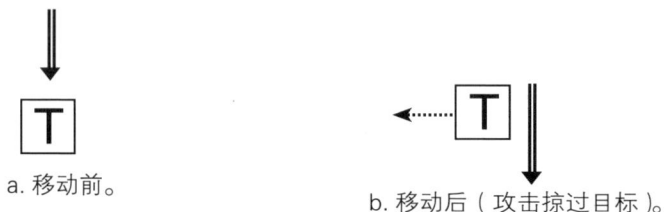

a. 移动前。

b. 移动后（攻击掠过目标）。

面对回旋攻击

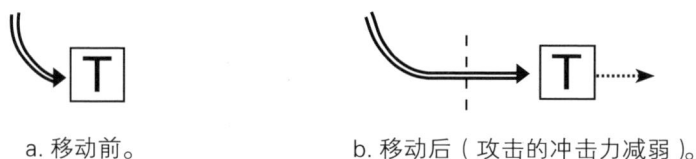

a. 移动前。

b. 移动后（攻击的冲击力减弱）。

转身

这类防卫动作，是让你沿着一条垂直于地面的假想轴转动，就像一扇门沿着门轴转动那样。当对方以直线来袭时，选择正确的轴心能做出更有效的身法防御，从而避开对方的攻击。尽管在面对从外侧袭来的回旋击等弧线攻击时，单独使用这个动作不会太有效，但它也能够减少攻击的冲击力。

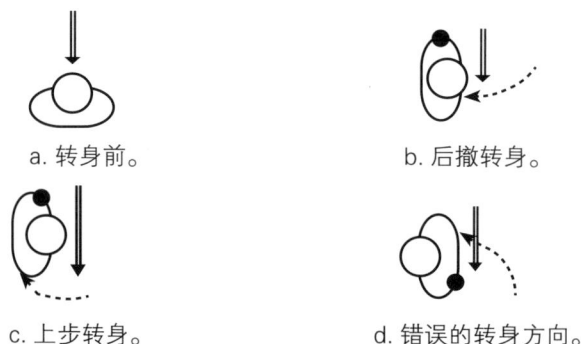

a. 转身前。

b. 后撤转身。

c. 上步转身。

d. 错误的转身方向。

马伽术的防卫技术通常都含有一个转身动作，同时配合向侧前方移动，这在我们之前讲解过的许多技术中都有体现，比如，第 4 章 "解除手枪威胁" 中的 "敌·正面远距离威胁"，第 1 章 "针对持刀攻击的防卫" 中的 "敌·直刺来袭 vs 我·切入对方'死区'" 和 "敌·东方式刺击 vs 我·斜进防卫手法"，以及其他技术，比如应对踢击的防卫手法。

高度的改变

这类动作是通过改变自身高度，使攻击者的攻击从你身体上面或下面掠过。在马伽术体系里，这个防卫技术包括 **"降低身体"** 和 **"抬高目标"** 两种。例如，上身和膝盖前屈以降低身体高度，或在对方踢向你的膝盖或小腿时，你抬腿避开攻击。

降低身体。

融合多种原理的闪避技术

要使身法防御更加有效，你可以考虑融合各种闪避动作。例如以下几种方式。

1. **全方向移动**。比如斜向前或斜向后移动闪避，是侧向闪避结合向前或向后移动完成的。实际上，水平方向不仅包括我们常举例的 4 个正方向，我们有 8 个主要方向（就像指南针一样），而全方向移动则有无限种可能。

2. **转身配合移动**。在大部分的马伽术技术中，斜向移动配合转身会提高你的防卫效果。我们讲解过的技术中，以下几种都运用了这个原理：第 4 章 "解除手枪威胁" 中的 "敌·正面远距离威胁"，第 3 章 "针对持棍攻击的防卫" 中的 "敌·长棍直刺 vs 我·切入

转身配合移动。

对方'死区'"和"敌·长棍直刺 vs 我·切入对方'活区'",第 1 章"针对持刀攻击的防卫"中的"敌·东方式刺击 vs 我·斜进防卫手法",等等。

3. **移动配合高度改变**。比如第 1 章"针对持刀攻击的防卫"中的"敌·直刺来袭 vs 我·侧身防卫和踢击",你向侧面移动的同时身体前屈,使对方的攻击从你身体上方掠过。

肢体防卫

现在我们来讨论一下防卫技术中手和脚的动作原理。马伽术是一个科学、系统地将防卫手法（肢体防卫）与身法闪避相结合的防卫体系,像 360° **格挡防卫**这样纯粹肢体本能反应的防卫动作是少有的例外。它主要用于情况紧急,只允许你用肢体防卫进行格挡或偏转的时候。在那种情况下,你很难让身体做出有效的闪避动作,并且几乎无法移动整个身体和重心。

肢体防卫的运动方向

1. **向内防卫**。在这类防卫动作中,防御手会从身体外侧向内侧运动。技术示范可以参见第 1 章"针对持刀攻击的防卫"中的"敌·直刺来袭 vs 我·切入对方'死区'"和"敌·直刺来袭 vs 我·切入对方'活区'"。

向内防卫示范。

向外防卫示范。

2.　**向外防卫（格挡）**。在这类防卫动作中，防御手会从身体内侧向外侧运动，也包括防御手向上或向下移动的防卫动作，参见第 1 章中用手臂防卫东方式刺击或冰锥式刺击的技术。

与攻击者肢体碰撞的方向

在这里我们会讨论防卫者肢体与攻击者肢体碰撞的方向和角度。有 4 种不同方向的碰撞。

1.　**垂直碰撞**。当你的防御手或脚与对方肢体碰撞时，有一种可能是二者之间发生垂直碰撞。例如，当对方使用拳击或持刀攻击时，你会将其攻击向侧面偏转。这个力的作用方向将与对方的攻击方向成垂直关系，从而使对方的攻击发生偏移。如下面左图所示，手掌与棍碰撞的瞬间，手掌垂直向内推。参见第 3 章"针对持棍攻击的防卫"中的"敌·长棍直刺 vs 我·切入对方'死区'"和"敌·长棍直刺 vs 我·切入对方'活区'"，第 9 章"以棍制棍"中的"敌·持棍直刺 vs 我·向内拨挡"和"敌·持棍直刺 vs 我·向外格挡"。

垂直碰撞的另一种可能是当攻击者的肢体回旋或弧线运动时，你**阻截并格挡**住对方的攻击，如下面右图所示。参见第 1 章"针对持刀攻击的防卫"中的"敌·从正面刺来（东方式握刀）"，第 3 章"针对持棍攻击的防卫"中的"敌·挥击头顶 vs 我·突刺式切入内侧"。

垂直向内推棍。

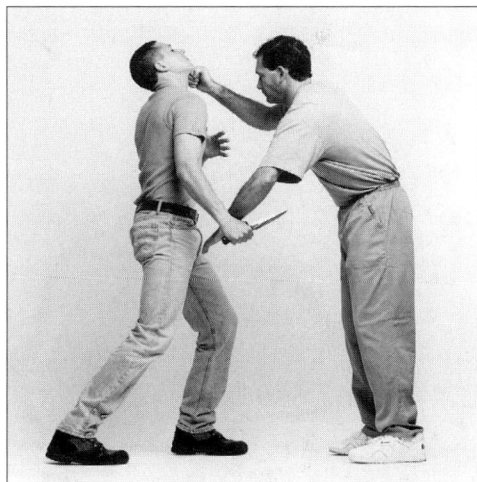

阻截并格挡。

如果你没有武器，那么你可以在一段距离内**阻截攻击**（而不是死死定住一个点）来缓冲攻击的强度。这和我们平常用到的缓冲器的工作原理非常相似，可以有效减弱瞬时冲击的力量。你也可以在肢体碰撞时偏转对方的冲击角度，来减小冲击力。

在面对强力攻击时，可通过倾斜你的防御手臂或武器，使碰撞不以垂直方向发生，并产生一段滑动。

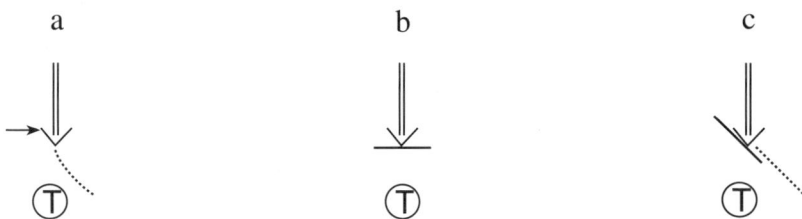

a. 通过改变攻击方向、偏转攻击路线进行防卫。

b. 以 90° 格挡阻截对方的攻击。

c. 面对强力攻击时，我们不建议总是使用 90° 格挡。

2. **滑挡**。防卫者肢体与攻击者肢体成锐角碰撞，偏转攻击方向。

在第 3 章"针对持棍攻击的防卫"的"敌·挥击头顶 vs 我·突刺式切入内侧"一节中，防御手采用的突刺式防卫手法就使用了这种滑挡原理（如下面左图）。

在第 1 章"针对持刀攻击的防卫"的"敌·直刺来袭 vs 我·切入对方'死区'"一节中，你的手或小臂向斜前方伸出，沿对方手臂滑动的同时，偏转对方的攻击。而在下面右图中，你将手臂向对方滑挡时，使用防御手直接出拳反击。

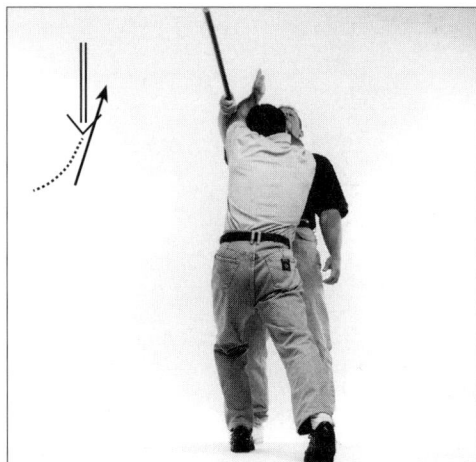

突刺式切入内侧，防卫棍击。

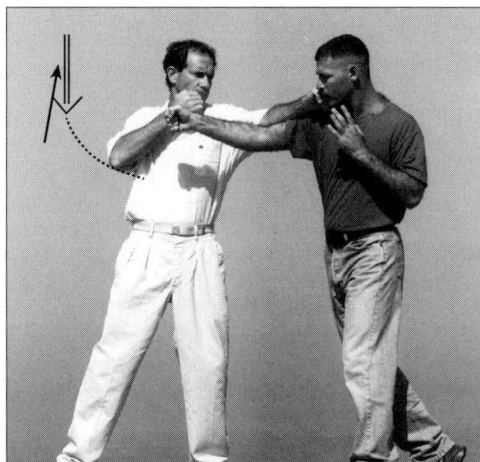

针对直拳的内侧滑挡防卫，防卫技术的最后是一个拳击反击。

3. **引转**。在这类防卫动作中，你的防御手会引导对方的攻击沿一个新的方向移动。防御手与对方的肢体相碰之后，跟随他移动并将其引转至另一个方向。尽管这种防卫动作在马伽术中不算多见，但你仍然可以从以下技术示范中看到它的影子：第 4 章"解除手枪威胁"中的"敌·正面远距离威胁"，第 1 章"针对持刀攻击的防卫"中的"敌·直刺来袭 vs 我·切入对方'活区'"。

引转攻击方向。

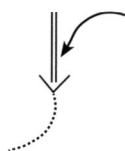

引转式防卫。

阻截式防卫。

4. **用反击阻截对方的攻击**。当对方准备攻击时，你立刻对他的手臂或身体进行打击，参见第 8 章"用短棍应对持刀攻击"中的"敌·冰锥式刺击"。你可以在对方向你靠近的过程中，在某个合适的距离对他进行打击，比如在攻击者试图刺击你时踢击其身体，这适用于应对所有的持刀攻击。

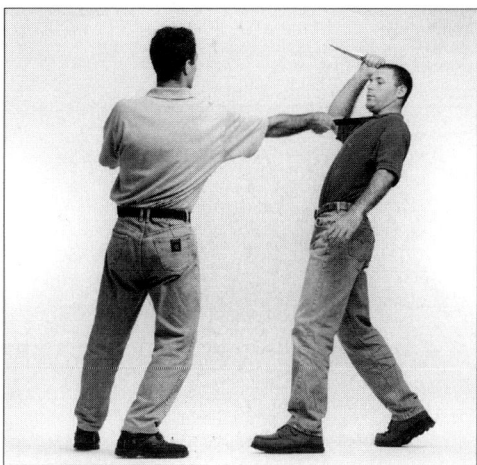

阻截攻击。

身法与肢体防卫的结合：组合技解析

马伽术中大部分防卫技术都是将特定的身法与手法（肢体防卫）动作相结合。因此，**在一个特定的防卫技术中，不同的防卫原理不能互相冲突**，这是马伽术理论体系中的一条基本指导原则。下面分析几种组合技术。

1. **针对前踢的向内防卫**。上身前倾，手臂与对方小腿（胫骨）接触后垂直向内**偏转攻击方向**。身法与防卫手法结合，其中身法由两个移动动作组成——**转身**和**向斜前方移动**。这个技术和我们用来应对持棍（或装有刺刀的步枪）直刺攻击的防卫技术是基于同一原理，只是高度不一样。

针对前踢的向内防卫。

2. 参见第 1 章 "针对持刀攻击的防卫"中的"敌·东方式刺击 vs 我·斜进防卫手法"。向斜前方移动，同时向内迅速转身闪避。在上肢的防卫手法中，小臂**格挡**住对方持刀的手臂，**阻止**其攻击。你的肘部要保持低于对方肘部，从而迫使攻击者持刀手的手臂**向外滑动**，更准确地说，是防止对方手臂向你的身体方向滑动。

3. 参见第 3 章 "针对持棍攻击的防卫"中的"敌·挥击头顶 vs 我·突刺式切入内侧"。快速上前靠近对方，缩减你们之间的距离以减弱棍的威胁。在使用突

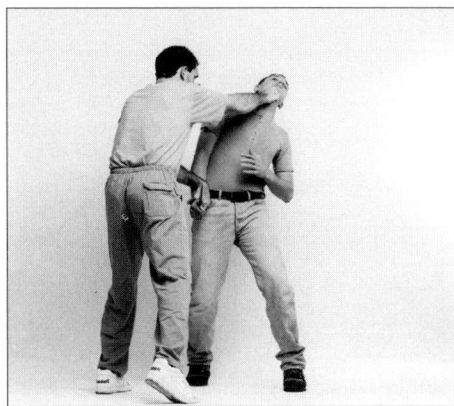

针对持刀攻击的斜进防卫。

刺式防卫之后，对方的棍或手臂会在惯性作用下沿着你的手臂滑动（方向稍微偏转）。然而，要完成这次防卫，还得适当偏转其攻击的方向。在这个滑挡防卫中，

针对持棍攻击的突刺式防卫。

针对持枪威胁的移动和转身。

你的小臂与对方的碰撞很轻。在整个防卫过程中，要保持你的头部尽量放低，用双肩来保护头部，避开攻击线路。

4. 参见第 4 章 "解除手枪威胁" 中的 "敌·背后近距离威胁"。用**单手**向外偏转手枪或持枪手的方向，同时配合**转身**，避开火线并迅速接近对方。这个动作的目的之一是让你能够位于枪口之后，尽可能远离火线。控制住对方持枪手的手臂，防止其继续使用手枪。

第 *12* 章

应对暴力——评估、反应及训练理念

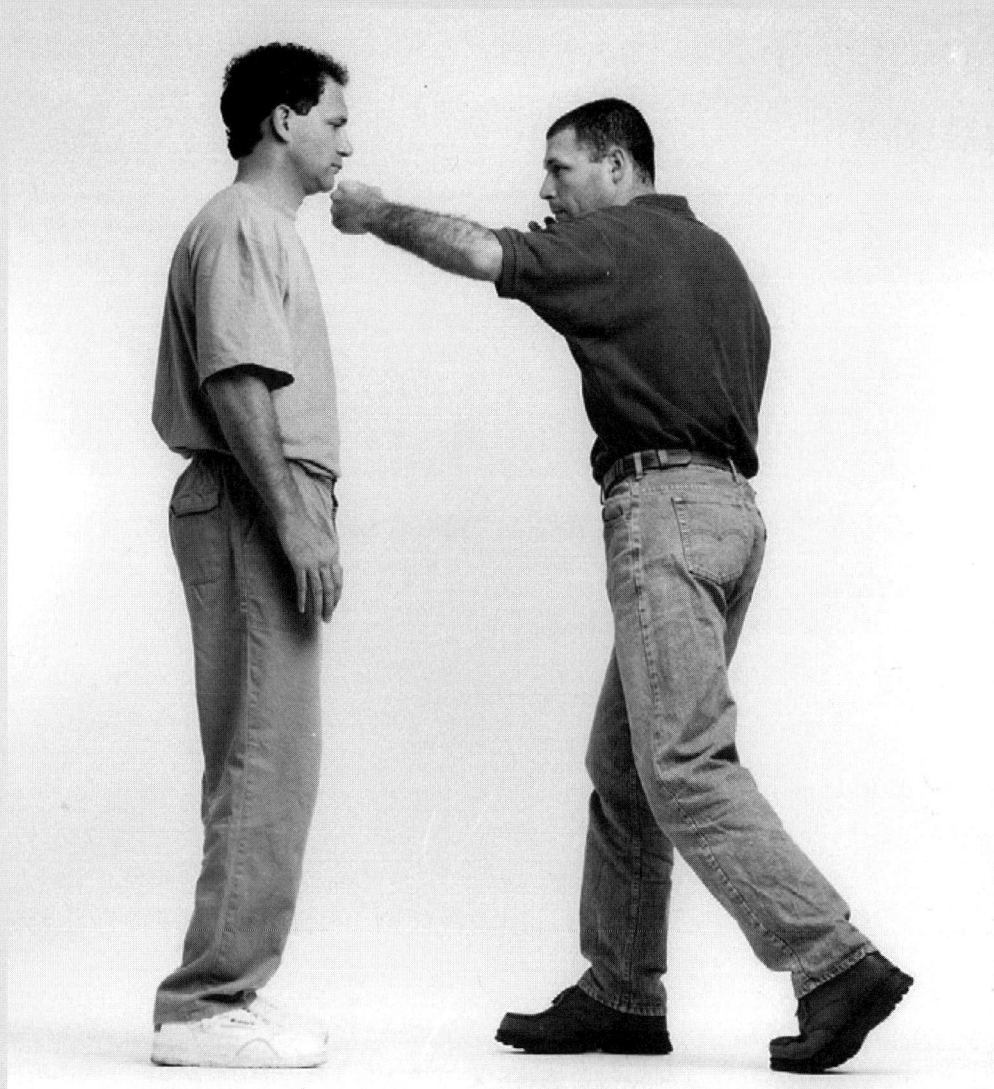

危机处理

在本节中，我们会借助各类示意图，简要阐述从发现危险到采取正确处理措施的过程中，人的思维和身体所经历的变化。

当你通过任何一种感官觉察到了一些事物有可能威胁到你或附近人员的人身安全时，一个完整的反应链随即产生。首先，你必须清楚认识到你所面对的危险到底是什么；然后，你才能明确认定这一危险，从几种可能的行动方案中选择其一，并实施这一方案。最后，根据你的行动造成的新局面继续进行下一步处理。

在下一页中，你会看到一张流程图，它展示了人在受到攻击、面对危机时的各反应阶段。

下面对图中各阶段进行详细解读。

1. 通过各种感官**感知事件**。有时是看到了攻击，比如拳击或踢击；有时候是听到了一些杂音或警告性的呼叫；还有些时候是感觉到自己的身体或衣物被别人突然抓住等。

2. 通过神经系统**将信息传递至大脑**。比如眼睛看到了一些危险的预兆，将这个信息传递给大脑；又如皮肤感觉到了接触，随后将这个信号传递至感觉中枢。

3a. 这些由感官传来的信号会经过**大脑的辨识**，大脑根据你所掌握的知识和以往的经验，来"理解"正在发生的事，如果将它翻译为"危险"，则发出相应的警告。

3b. 根据上述结果，大脑**做出决策**，以响应你对刺激信息的理解。在3a和3b过程中，大脑的很多功能性区域都会参与到决策程序中。

4. 为协调反应行动，大脑会通过神经系统以生物电信号的形式**将适当的信**

```
┌─────────────────────┐              ┌──────────────────────────────────┐
│      感知事件        │◄─────────────│  危机发生：一种或多种感官受到刺激  │◄──┐
└─────────────────────┘              └──────────────────────────────────┘   │
           │                                                                  │
           ▼                                                                  │
┌─────────────────────┐                                                      │
│    将信息传递至大脑    │                                                      │
└─────────────────────┘                                                      │
           │                                                                  │
           ▼                                                                  │
┌─────────────────────┐                                                      │
│        辨识          │                                                      │
└─────────────────────┘                                                      │
           │                                                                  │
           ▼                                                                  │
┌─────────────────────┐                                                      │
│        决策          │                                                      │
└─────────────────────┘                                                      │
           │                                                                  │
           ▼                                                                  │
┌─────────────────────┐                                                      │
│将信息传递至身体各处肌肉群│                                                     │
└─────────────────────┘                                                      │
           │                                                                  │
           ▼                                                                  │
┌─────────────────────┐              ┌──────────────────┐                    │
│        行动          │─────────────►│    造成的结果     │────────────────────┘
└─────────────────────┘              └──────────────────┘
```

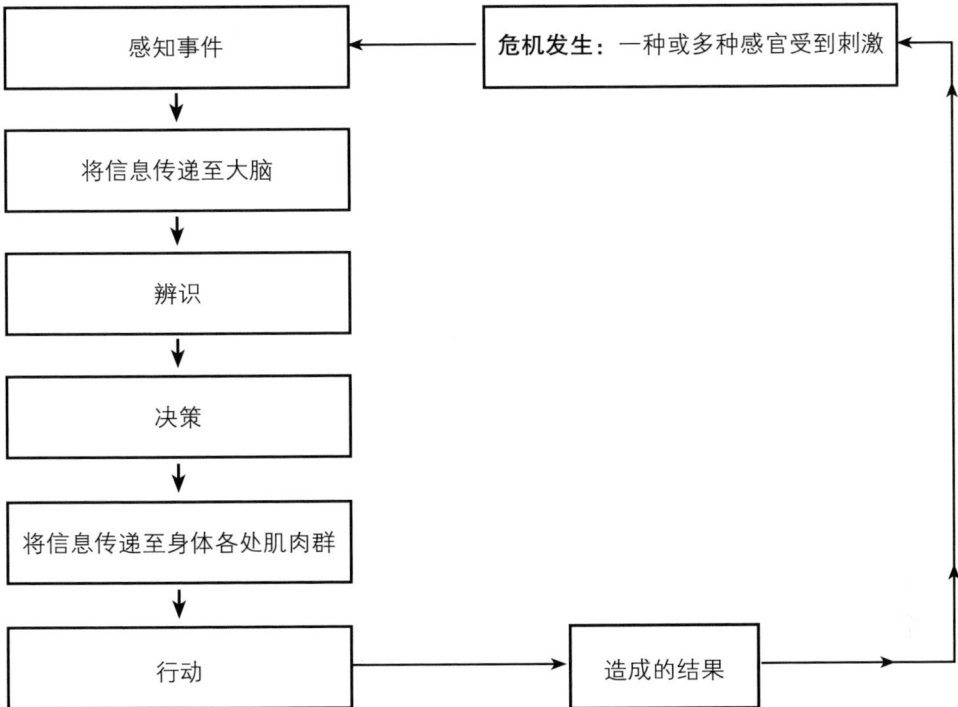

息传达给各处肌肉群。

5. 接收到相应的信号后，肌肉会在适当的时机同步收缩，身体做出**行动**，来实施大脑的命令。

第 3 阶段（3a 和 3b）是最为复杂、最具不确定性的。流程图只将它分成了两部分，但事实上，在大脑中进行的这个阶段包含复杂的处理过程，有些是顺序发生的，有些是同步发生的。在上述 5 个反应阶段中，第 3 个阶段是你最有可能进行提高和改变的阶段，其他阶段则更偏向于个人和遗传性特征，很难进行显著改变。

通过系统学习，配合适当的训练，你可以在技术和心理层面有效提高自己辨识暴力、危机的能力，同时缩短你做出反应所需的时间，从而成功应对这些情境。事实上，你的终极目标并不只是缩短自身的反应时间，更是为了通过这些训练方法**提高你在正确的时机做出正确的决策，并使用正确技术的能力**。

反应时间是指从你受到突发的应激刺激（例如拳击或踢击）到你做出应对动作为止所经过的时间，反应时间体现了大脑处理信息的速度以及生物电信号在体内传递的快慢。人们可以采用合理的训练方法，来提高大脑**辨识刺激（攻击）**和**反应决策**的能力，让身体随时准备好，遇到危机**毫不迟缓地做出正确的动作反应**。

危情评估

如果对手的攻击完全出乎你的意料，你只能基于本能反应做出动作。这时，你要迅速利用自己在马伽术训练或者人生经历中学习到的反应行为进行应对。由于这一类决策往往是下意识做出的，你很难在那一刻改变并有意识地控制你的动作。所以，你训练的相当一部分内容应专注于将模式化的动作和行为转变为你的本能反应，让你能够在感知危险时毫不犹豫地做出合适的直觉反射动作。

如果事发并不突然，你有足够的时间来考虑你的行动，有意识地决定行动程序，比如先做什么再做什么，我们建议你采取下列行动方式（按优先推荐顺序排列）。

✿ **寻找安全路线，避免进入危险区域。** 如果可能的话，在绝大多数情况下我们都不建议你卷入冲突，尽量避免靠近潜在暴力事件可能出现的区域。

✿ **逃离现场。** 如果你已经身处冲突现场，**请在受到实际伤害前**寻找一条能让你安全撤离的出路。正如《旧约·箴言篇》里所说："易怒的人，常引起争端；含忍的人，却平息争论。"在撤离时要仔细决定你的每一步行动，避免受到伤害。

甚至当你处在武力对抗之中时，如果你认为到了极度危险的境地，也可以寻找机会，**在安全情况下**尽快逃离。对英雄主义的渴望或自负，在任何情况下都不能凌驾于理智和个人安全之上。考虑所有的相关因素后选择理智地撤退并不是一种耻辱，而是战术上的最好选择。

注意　你也必须考虑到，有时由于撤离造成的伤害可能会比你在武力对抗中受到的伤害更严重，比如从较高的地方摔落、被高速行驶的车辆撞到或你的逃离让被留下的第三方受到更多的伤害等。你需要根据不同情况做出合适的应对行动。

✿ **使用身边的日常物品。** 如果你无法脱身或不愿意撤离现场，请尝试利用身边能找到的一些物品或者你随身携带的物品作为武器进行自我防卫和反击（在

第 7 章 "使用日常物品进行防卫" 中有详细讲解)。

✿ **使用身体武器**。如果你无法在附近找到可用的物品，或者来不及去寻找这些东西，那么你**只能使用你的身体**（当然还有你的大脑）作为武器进行防卫和反击。这是我们学习马伽术的主要目的，并且你学到的绝大部分马伽术技术都属于这个范畴。

压力下的身体与心理反应

当处在一个**高度紧张**的情境中时，你会很容易被恐惧、愤怒以及其他的一些负面感觉所支配。这些感觉会直接影响并可能严重阻碍你的大脑在遇到危机时认知危险、辨识信息以及做出决策的能力。

在高度紧张状态下，你的注意力会**向内收缩**，从而降低你的身体和思维的反应能力。肌肉会不受控制地进行不必要的收缩，对周围环境的感知能力会大幅下降，决策时间也会大大延长，并且你所做出的决定也会有很多是错误或非常不合理的。这里的训练方法便是为了教授你如何更有效地处理这些负面感觉，以及它们可能给你带来的影响。

当你感觉身处危险之中时，可能会出现无数种情绪，这些情绪很可能在你不知不觉中便主宰了你的意识。身体的自主性神经系统（不受意志支配）会向你的血液中释放各种物质（例如肾上腺素等），这让你的表现与正常状态不在一个水平。因此，你需要通过训练来**认清这一现象**，了解在各种极端情况下这种现象对你的身体造成的影响，并**学会控制它们**。如果我们在逼真的情境下进行针对性训练，我们的思维和身体会变得适应这类压力，学会在压力下进行有效的行动。

处在人身威胁的高压之下，人一般有三种反应（简称 "3F"）。

✿ **逃离**（Flight）：立刻逃离危险区域。

✿ **冻结**（Freeze）：身体运动系统全面麻痹（或大幅减缓），像雕像一样站立在原地不动，肌肉无法控制身体的各个部位。

✿ **战斗**（Fight）：主动采取防卫反击，直到解除威胁。

下面列举了几种可能出现的情况，针对每个可能的情境进行训练，可以让你提高技术能力并采取正确的行动。

1. 提前发现潜在威胁，保持克制以避免冲突。

2. 如果你已经身处冲突现场，在不增加受伤风险的前提下，找到最好、最有效的逃生路线，有计划地撤离。

3. 如果你为了保护（自己或他人的）生命安全而选择武力对抗，请使用你学会的防卫反击技术，应对各种可能出现的暴力威胁。

4. 如果你感觉由于恐惧或压力导致身体进入麻痹或停滞状态，你就要学习破除这种麻痹状态的方法，让自己能够执行所需的各种可行方案。这需要通过大量的训练来掌握。

能力提升训练法

前面我们解释了大脑处理危机信息的过程，现在我们来讨论一下可以有效提高反应能力的训练方法。一些方法专注于对**辨识**系统的训练，而另一些则致力于加强**决策**系统的表现。我们还有一些特定的训练方法，用来针对这个完整的反应过程，或针对这个过程中的特定片段。

基于本章开头流程图所示的理论，下面的是各种训练方法的基本结构。首先，我们提供一种训练方法，用于提高观察、认知和辨识对方可能采取的行动或攻击的能力。要达到这个目标，我们需按照以下两种流程图来执行。

a. 第一范畴训练方法。　　　　b. 第二范畴训练方法。

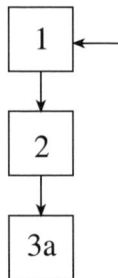

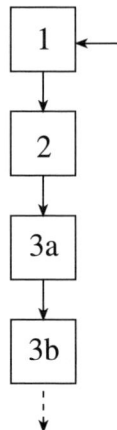

在使用**第一范畴训练方法**（见图a）时，你站在原地不动，只观察针对你的各种攻击。通过这个训练，你可以辨识对方可能的攻击套路及顺序，然后训练你的思维和身体一步步针对这些攻击套路进行防卫。**第二范畴训练方法**（见图b）则要你去思考并明确你必须做出什么防卫动作，必须做出何种决策，以阻止对方的攻击。

使用上面这两种方法进行训练时，重点在于你一定要冷静地观察对方（你的搭档）的攻击动作，不需要采取任何应对动作。（详见下一节。）

当我们从主流程图中抹掉第1阶段和第2阶段后，就获得了一个特殊的训练范畴，我们将在本书的下一章进行深入探讨，也就是**精神（意识）训练**，主要利用想象力来进行。在进行这类训练时，由学员独自进行，他可以只使用自己的想象力，也可以包含身体动作。各反应阶段的不同组合，可以形成不同的训练方法，如下。

c.第三范畴训练方法。　d.第四范畴训练方法。　e.第五范畴训练方法。

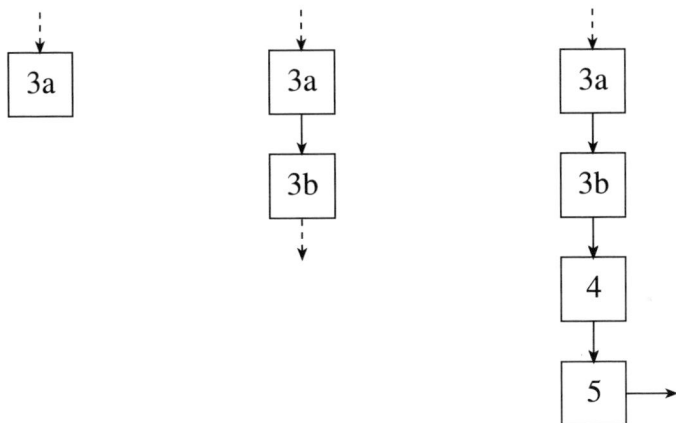

在这些训练方法中，你要将在**脑海中想象的画面**作为刺激感官的危机信息。例如，在第三范畴训练方法（见图c）里，你要用大脑练习"看到"对手的行动，然后执行某种辨识程序。在第四范畴训练方法（见图d）中，你要履行辨识过程，然后决定如何采取行动，并在你的想象中完成必要的动作、防卫和反击等。你选择的反击动作可以空击完成，也可以借助训练道具，比如沙袋或假人等。在第五范畴训练方法（见图e）中，还可以进行进阶训练，例如想象对抗多名攻击者。

在以上图示中，第二、第三、第四及第五范畴训练方法中都有虚线箭头，虚线箭头表示你在想象中完成身体动作，会用到你的感觉器官、外周神经系统以及很小程度的肌肉运动。而在第五范畴训练方法里，你可以对空做出动作或对目标道具做动作，因此我们用实线箭头来标记。

其实训练的方法还有很多种，包含针对各个反应阶段（1~5）的训练。有些是基于**感官知觉**的训练，如视觉、听觉、触觉或其他感觉，另一些则更多地锻炼你快速决策的能力、快速精准的动作能力，甚至在极端压力下的行动能力。

完整观察一系列进攻

1 起始状态。你（观察者）处于放松姿态，攻击者采用格斗站姿。

2 攻击者开始发起一系列进攻。开始是远距离攻击，比如前踢裆部。

这是一种基本训练方法，包括识别对方的动作，看清楚这种攻击是怎么开始的。你需要观察一系列攻击动作，去理解内化这些攻击的整个动作过程。作为观察者，你不需要做出防卫，内心要保持冷静，这会极大地帮助你专注于观察对方的攻击动作。要想提高快速辨识攻击并采取有效反应的能力，这是训练的第一阶段。

攻击者也出现在这个训练阶段。如果你扮演的是攻击者，就需要运用各类技术，以不同的变化和组合，在不同距离对防卫者的脆弱部位进行准确的攻击。

然后是中距离攻击，攻击者靠近并以直拳击打你的下颌。尽管作为观察者，你有时可以观察攻击者的手臂及其运动轨迹，但你不应该只将注意力放在局部攻击动作上，而是要连续观察对方的完整行动。

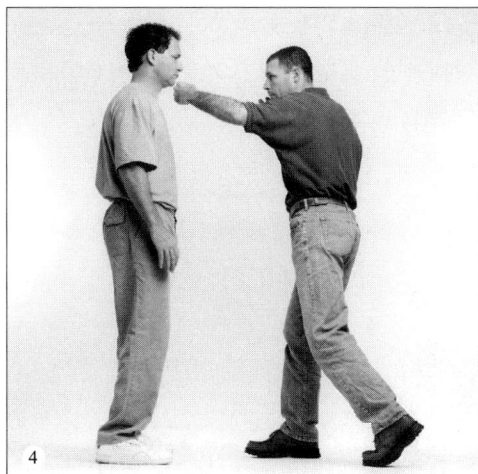

攻击距离进一步缩短，攻击者向你猛进并发出一记勾拳。

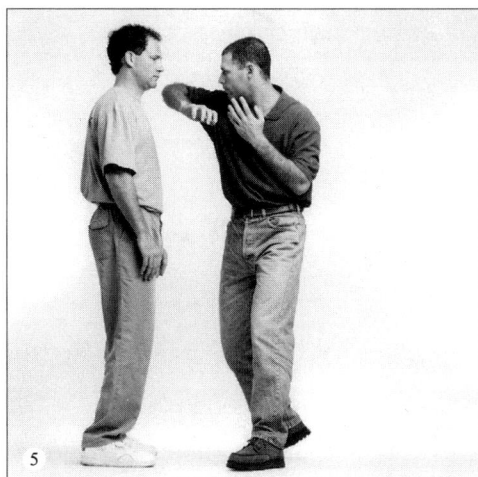

攻击距离继续缩短，比如攻击者向斜前方上步，水平肘击。

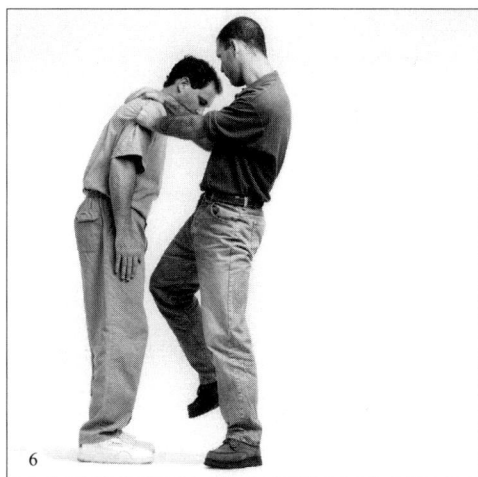

在系列进攻的最后，攻击者近距离膝击你的裆部。

扮演攻击者时，如果你的搭档穿戴了合适的防护用具，你可以轻微地攻击到目标区域。而作为"攻击者"，当你想好要进行的攻击时，就要立刻猛攻过去，这个训练要求你有一点凶悍的攻击性。在马伽术的训练中，也可以使用这一基本方法来提高你在合适的时机、距离和角度进行适当攻击的能力，从而让你在实际对抗中表现得更为强大。在训练中，攻击者需要从不同角度和距离发起进攻，而防卫者只需要观察。

初始反应行动的变换

感官在受到信号刺激时会生成一条反应链，也就是我们前面提到的 5 个反应阶段，而你身处危机之中，则会对外界做出各种反应。现在来想一下，如果在最初的信号刺激之外，有**另一个信号**也到达了你的大脑，那么只有你的注意力仍然可以开放接收新的信号刺激，你才能在执行第一个信号触发的反应动作的同时，处理新的信号，使变换行动成为可能。

另一种在处理危机时变换行动的情形是，阶段 5 还没有最后完成，也就是说你身体的行动还没有到位。在这个阶段变换行动会更加困难，不过仍有可能在一定程度上停止或变更初始行动。因此，要时刻**保持注意力，让各感官系统开放**，以接收新的刺激，而不是只专注于初始行动，这样才更有可能或更轻松地在整个危机过程中随时变换行动。

全面解除危机

当你即将受到攻击或者正在被威胁时，你必须采取所有必要行为**免除一切受伤的可能**。这条基本原则意味着，你必须根据现场时机及准备情况，按照一定的优先顺序采用一系列结构化行动来处置所有危险情况。以下是我们给出的参考阶段。

第一阶段：防止被攻击者击中，比如别让对方的拳头击中你的下颌，别让对方扼住你的颈动脉和气管，不要被子弹打中，偏转棍击方向别被打中头部，阻截刀的刺击，等等。

第二阶段：通过"处置"攻击者，防止其进行第二次攻击（尤其是用武器）。当对方持械威胁或攻击你的时候，有时你需要控制对方的武器并尽快制伏对方，接着，你需要确认现场是否存在你之前没能留意到的**其他攻击者**。

第三阶段：结束战斗，确保攻击者无法（或不愿）继续攻击。如果对方使用武器，那么行动结束前通常要进行缴械。

当你面对多个攻击者时，你需要按照我们在第 10 章"*应对两名持械歹徒的原则与步骤*"中所给出的优先级采取行动。

如果可能的话，可以选择**迅速撤离**，避免受到攻击，让整个危机在第一阶段直接结束。你也可以在**防卫行动**之后安全撤离，比如在格挡对方的刀并果断反击之后撤离。

对方武器的种类以及攻击的方式有时也决定了你的行动。一般情况下，你要尽量尝试在第一阶段便**采取反击**；而有些时候，防止对方继续使用武器或者身体攻击，优先于反击行动。当对方持有**武器**时，第二阶段分为两个部分，即应对攻击者本人和限制其使用武器。

注意 有时，处置危险的不同行动阶段会同时发生。

以下是第 1 章"*针对持刀攻击的防卫*"中的两个案例。我们会分析这两个案例中用到的防卫技术，并讲解其在应对各种威胁因素时使用的指导方针或原理。

1. "*敌·从正面刺来（冰锥式握刀）*"。在这种情况下，你的反击要和防卫同时进行，或者在防卫完成之后立刻反击。你第一阶段的任务是阻止攻击，然后是第二阶段的反击（与第一阶段同时进行）。你需要尽快控制对方的持刀手，并限制其持刀手的活动能力，从而最大限度阻止其继续用刀。第三阶段的任务是继续反击和缴械，结束战斗。

2. 基于预判攻击者的行动并先于其行动而进行反击的技术，也包含同样的三个阶段，尽管有时阶段的界限并不是十分明确。例如"*敌·从正面刺来（冰锥式握刀）*"和"*敌·东方式刺击 vs 我·踢击下颌*"。在这两个技术中，你都会快速做出强力打击，在对方到达有效攻击距离之前阻止他。在这里，你成功地用一个动作完成了前两个阶段的任务，防止被攻击击中并反击对方。而你在最后阶段的行动，则取决于你这个动作的效果。

第 *13* 章

训练方法——如何使用本书

马伽术的训练原则

在本书"什么是马伽术"中，我们阐述了一些马伽术体系的根本原则。在本章中，我们会更详细地讲解在训练中需要坚持的原则。

从不利位置开始

马伽术的许多技术都是基于你处于不利**位置**的情况下。例如，要练习从抓握中挣脱，你必须要在被对方用力困住的情况下完成，这正是一种大大限制你行动力且极其危险的情况。如果你要训练应对某一类具体攻击的自我防卫，那么你必须要假设攻击者已经做出攻击动作或表现出了攻击意图，对你的人身安全造成极大的威胁。

在实际情况中，如果你提前觉察到对手要进攻，或者你已经准备好迎接对方的进攻，你就可以提前做出应对措施。但因为并不是每次都会这样，所以我们在本书中呈现的技术，考虑到了防卫者在不同程度的准备状态下应对攻击的情况。

防卫技术必须**迅速有效、干净利落**，在你完成防卫动作后，需要立刻反击或快速撤离。你要记住，尽管你可能成功地防御了攻击（临时摆脱危险），但大多数情况下，防御本身并不能完全终结威胁。

正因如此，马伽术一再强调要进行**强力且有效的反击**（当然也有例外），或者在**控制整个局面之后撤离**。这些行为与最初的防御动作同时进行，或者在防御动作结束之后立刻进行。防卫与反击相结合，才能**完全消除威胁**，这种结合是马伽术技术中非常重要的一个元素。

马伽术技术的另一个原则是阻止攻击者继续使用武器，限制他使用武器的能力或夺取他的武器。对于**徒手攻击者**，你也要尽力限制其行动能力，阻止其用拳、脚，甚至找到其他物品作为武器继续攻击你。

与搭档训练

马伽术的训练包括以下方法：击打沙袋或其他靶具（比如手靶），练习拳法和踢法；技术分解操练（无搭档）；提高心理状态与身体技能的精神训练等。而在训练中最根本的一个要素是训练搭档，他可以提供对抗与反抗，提高真实感。

刚开始训练时，建议以相对**较慢的节奏**与搭档进行。这能够让参与双方更好地理解和吸收训练、技术、体系背后的理论，以及对抗中存在的各种因素。

训练应该模拟真实情况，但是，其中一方要尽量避免用过大的力量攻击另一方。原因显而易见，如果任何一方因为过度对抗而导致受伤，都会使训练无法继续进行，更严重的，甚至可能会因为这个伤势导致在日后真正遇到攻击时无法做出有效反应。

注意　马虎、敷衍的训练对战斗风气和精神意志都有极其严重的负面影响，而这两者在真实对抗中都至关重要。此外，**草率地进行训练也很可能对你自己造成一些不可逆的健康损害**。因此，作为马伽术学员，必须仔细阅读本书第 14 章"训练安全事项"中的相关内容，并在训练时遵守里面提到的安全保护措施。

引入变化因素

当进行防卫、解脱以及反击的训练时，要首先从最基本的固定技术开始练起，这叫作"封闭式"或者"规定式"训练。当学员已经理解、消化了基本防卫技术和其中的原理之后，便可以将练习提高一个难度，尝试加入一些变量。

可以将训练设定为，你站在一个区域的中心，攻击者从四面八方的各种高度攻击你，这叫作"开放式"练习。你要首先使用固定技术，对特定攻击做出正确的防卫反击。随后，还是类似的攻击，但这一次可能来自另一个角度和高度。最后，你要尝试在一些特定的姿势下或当你的移动能力受限制时，对这类攻击进行防卫，比如在你背靠一面墙、在桌子后面、在坐姿或卧姿等情况下完成防卫技术。在上述所有的练习中，你会针对从不同角度、高度以不同速度、节奏而来的同一种攻击进行防卫，同时，在每一次练习中你都要在防卫之后尽早反击。

任意两个人的行动方式都是不同的，所以我们非常建议你**多与不同身高、体重、能力的学员搭档练习**，而不是只适应一个搭档。这种训练方式的最后阶段是应对**两名或更多攻击者**。

从技术到原理，再回到技术

本书中所讲的原则和原理涵盖了各种不同的技术，有些我们做出了明确的说明，而有些没有。只要你能认识某个特定技术背后的原理，你就会更好地吸收理解它们，也会更加明白基于相同或类似原理的技术。

在练习技术时，心里要想着这个技术背后的原理，这样做实际上可以提高你对多个类似技术的运用能力，提高你应对类似危险的"开放性"技巧的掌握程度。这一点在练习中极为关键，因为这能够**有效提高你在面对各种变化时做出适当应对**的能力，它让你能根据实际情况适当地调整你所训练的基本技术。是否能够针对各种攻击进行防卫，是我们衡量是否成功模拟了真实场景的标准之一，因为现实往往和固定练习有所不同。

一个高度融合并且能够被你深度理解的训练体系可以给你的最大收获是，在不断练习解决新问题、应对各种情境的过程中，提高自己的决策能力。

训练前提

首先，你要将本书从头到尾仔细阅读，确保已经完全理解了马伽术体系的核心概念。我们再强调一次，你必须在进行初次训练之前，仔细阅读第14章"训练安全事项"。当然，你应当在专业认证马伽术教练的监督和指导下进行训练。

你必须确保自己已经完全理解了书中每一章节中的技术细节。我们建议你研究各类技术及其背后的原理，寻找它们的近似特征，正是因为有了这些近似特征和基本原理，这些零散的动作和技术才能发展成一个统一的、符合逻辑的、实用的自我防卫体系，让你能够在面对真实的生命威胁时可以使用。

有些章节还包括一些战术讲解和建议，有助于你应对各种棘手情况，这比应对某种特定攻击更进一步。真正的大师可以使用最少的身体动作和最小的力量赢得对抗，有时也许不需要肢体接触，**从精神上就直接压垮对方**。使对方在战斗发生前就屈服。

在你读完这本书，并且对可能会遭受到的攻击类型有了大概的了解之后，你便可以开始针对**某种特定的攻击或威胁**进行防卫技术练习，比如攻击者持刀、棍或手枪的情况。同时，建议你按照书中安排的技术顺序练习。当然你也可以根据自己的情况，采用合理的逻辑顺序练习。

单人训练

以下是单人训练时需要注意的重点。在你开始训练之前，先做一些适当的热身运动来促进血液循环、拉伸肌肉、提高关节灵活度。要尽量避免在身体还未准备就绪时就进行太过剧烈的活动，不然很可能会给你带来损伤。严格来说，在进行任何形式的身体锻炼之前，都需要先咨询私人医生并且获得健康证明。

在选择某个特定技术，并仔细学习了本书示范之后，你可以原地站立，然后想象一名攻击者对你使用与示范中相同的攻击方式。从与示范相同的站姿开始，慢慢地按照示范中防卫者的动作做出相应的技术。你可以用镜子辅助练习，检查自己的动作和位置是否与示范中的防卫者一致。

一些基本的防卫技术通常可以一步完成。然而，当开始训练更复杂的技术时，你便需要将其按照示范中的步骤以及技术讲解分为一步一步的动作。如果有必要，你可以先单独练习每一个阶段的动作，然后再组合起来练习完整的技术。你也可以请搭档在一旁观察你的动作，然后指出你的不足或错误。

与搭档配合训练

当你将技术融会贯通，并且对着假想攻击者进行训练之后，你就可以与搭档一起练习了。你们双方都要按照本书中示范的技术进行攻击、防御及反击训练。在这个阶段，你们需要先缓慢地做动作来适应这个过程，你的搭档要首先谨慎地"意图伤害你"，向你接近，然后你要冷静地慢慢做出你所练习过的相应技术，你的动作要以慢动作完成。

记住　搭档双方应该做好肢体撞击的准备。

要想有效地提高攻击和防卫的力量及速度，尤其是当你的搭档开始使用武器进攻时，我们建议攻击者使用**护臂**。只有当你们做好一切安全措施，并按照要求掌握了相关技术之后，才可以练习对更快、更强力的攻击进行防卫。

除了和搭档一同训练之外，你也应该常常复习本书中的相关内容，来发现一些你之前可能遗漏的技术细节。

防卫锐器与钝器攻击的技术的高级训练方法

当你练习并掌握了不同的防卫技术，对自身水平有一定信心时，可以开始进行更高一层的训练。通过如下的高级训练方式以及教学游戏，你能够迅速提升自己辨识具体攻击的能力，并立刻决定用何种方式进行防卫与反击。

✡ **不同情境**。你的搭档扮演攻击者角色，并在每次攻击时变换位置，从**不同的角度和距离**，使用刀或棍以**不同的攻击方式**向你发起进攻。

✡ **延迟感知**。你的搭档会将他的武器藏在背后，然后突然发起攻击。作为防卫者，你要站在原地向前看，允许搭档从各种角度和距离对你进行攻击，而你要在很短的时间内辨识攻击并做出反应。这种方式会加强你的警觉性以及**在真实对抗中快速反应**能力，并且可以让你得到想要的结果。

　　注意　在真实对抗中，任何情况下都不能让一名疑似攻击者位于如此靠近你并可以对你的安全造成极大威胁的位置。

✡ **多重攻击**。在这种情况下，攻击者不会仅仅进行**一次攻击**，而是会有**一系列的攻击**动作（可能以相同或不同的方式）。你的防卫反击动作必须既能化解对方攻击带来的威胁，同时也能压制住攻击者本人。

　　我们再次强调，有时候选择在合适的时机向正确的方向**撤离**是最好的选择。另外，你可以同攻击者拉开安全距离，让自己有充分的时间和空间做出合适的防卫与反击技术。

✡ **闭眼训练**。站在原地闭上双眼。搭档将他的武器放在离你身体大概 40~50 厘米的位置准备攻击。你的搭档随后会用某种方式"唤醒"你。你收到信号睁开双眼的瞬间，立刻辨识危险，针对搭档的攻击方式迅速使用相应的防卫技术。这是闭眼训练的基本步骤。

解除火器威胁的技术的训练方法

在你练习过针对手枪、冲锋枪及步枪威胁的各类基本防卫技术之后，如果你感觉已经可以应对基础威胁并理解了这些枪械防卫技术的原理，你就可以继续进行更加"危险"的情境训练。这种训练方式能够提高你**辨识攻击**并做出正确**战术决策**的能力，这些附加的模拟情境会拓宽你可以成功应对的情况的范围。你也可以采用上面提到的防卫锐器与钝器攻击的高级训练方法来训练枪械防卫技术。

注意　在这里，"枪"和"火器"通指手枪、冲锋枪或步枪。

高级训练方法

✿ **练习被抓住或推搡时解除威胁。**攻击者用枪威胁你的同时抓住你并推搡你。这个情境需要你在行走中或被推搡中，或是行动受限的情况下进行防卫。

✿ **练习从不同方向解除威胁。**这种情境模拟了无辜的**第三方人员**位于你左侧或右侧，并且假设你偏转攻击者的枪口，很有可能造成第三方暴露在火线上。在这里，你必须使用对应的技术，确保**枪口方向不要指向第三方**。

✿ **练习在坐姿情况下解除威胁。**这种枪械防卫的训练非常重要，模拟你坐在椅子上并且攻击者离你很近的情况，也可以模拟你坐在汽车中的情境。现在世界上有越来越多种类的犯罪，例如抢劫汽车、对司机或乘客的各种车内或者车外攻击等。

✿ **角色扮演。**如果你的搭档能更好地进入攻击者的角色，比如下指令、行动紧张或无规律、对你进行辱骂等行为，你便能练习在高度紧张的危险情境中进行应对。

拼合训练

将不同的情境、技术以及训练方法进行拼合。要培养训练一个出色的防卫者，攻击者的角色扮演非常关键，尤其是要让防卫者无法提前预判即将发生的威胁或者攻击方式。这类角色扮演训练中需要用到各类不同的攻击和防卫手段，可以参考以下建议。

坐姿的情况下应对**持棍攻击**。有些情况下能够用椅子来辅助进行攻守，有些时候你可能只能依靠身体。

在针对**持刀攻击**的防卫训练中，让搭档一手**抓住你的衣服**，另一只手持刀快速向你**进行多次刺击**。你需要在应对多次攻击的同时尽快反击。

你还可以使用难度更大的训练方式来锻炼自己的防卫能力。**闭上双眼**，然后在搭档对你发出特定声音、较轻击打或是直接抓握时立刻睁眼。你必须在睁眼时马上辨识出对方所使用的攻击或威胁方式，使用相应的防卫技术，尽可能有效并准确。

作为防御者，你也可以四处走动，搭档扮演攻击者，突然从障碍物后对你发起攻击，这样你在**最后关头才能看到对方使用的攻击方式**。当你看清楚攻击者后，立刻辨识攻击方式，然后根据攻击类型和周围情况做出相应的防卫和反击，或者立刻拉开距离。为了拓宽使用情境的数量和类别，建议你从下面的选项中**进行难度不等的拼合训练**。

✿ 将两种不同的攻击方式结合起来。

✿ 防卫者以格斗式或放松式作为起始状态。

✿ 改变攻击角度，或改变攻击者的位置。

✿ 改变训练的场地（即周围环境）、练习的时间，攻击者不断更换武器。

✿ 在训练中加入多名攻击者的角色，让他们从不同的角度用相同或不同的攻击方式对防卫者同时发起进攻。

当然，除了上面的这些之外，还有很多别的训练技巧可供使用，但上述作为补充训练来说已经基本够用了。你要记住，训练的本质就是**练习、练习以及更多的练习**，但是要通过更加富有创造性、挑战性的方式来进行，以获得实质的成长与提高。

精神训练

如何训练人们应对生死攸关的情境，是我们面临的主要问题。很显然，学员们不可能在被杀害或者受到极大的伤害后，恢复到之前未受伤的状态继续进行训练并且改正错误。因此，真正的挑战其实是如何将学员们代入可以发现问题的

真实的生死训练状态，却又不会真正地危害到他们的人身安全。

我们为什么要这么执着于模拟真实的暴力事件？如果不做特殊的精神训练，只进行技术学习是不够的吗？答案是"不够"。精神训练对于一个人在暴力事件中的存活能力是极为关键的，在生命安全受到威胁时，你不仅要应对危险本身（攻击者），同时也要调整面对危险时的精神和身体状态。在暴力事件中，在面对恐惧和紧张时，身体和精神会呈现出一种统一性。因此，一个人应对恐惧和精神压力的表现直接影响了他在这类场景中快速做出正确决策的能力，也会决定他能否做出那些已经训练过的技术。

当你处理暴力冲突时，通常会精神紧张，从而产生一些极度负面的情绪，例如恐惧、焦虑、仇恨、愤怒等。进行精神层面的训练可以提高自我控制力，更好掌控自己的情绪，更加快速准确地做出决策，从而解决上述问题。自主神经系统会向血液中释放大量的肾上腺素，因此，这时你可能会面临 3 种身体状态：**逃离**、**冻结**、**战斗**。

很明显，在这个时候身体僵住是没有用的（尽管对于部分动物而言，这是一种在天敌面前的防卫措施）。而如果要逃离或战斗，那么必须在深思熟虑后再做出决定，必须让感官尽可能多地获取周围的信息，这远好于仅靠感觉或者意气行事。你必须把"冻结"从本能反应中删除，即使你要停止移动，也必须是出于某些战术意图的需要，而不是因为**失去了对身体的控制**。

有很多在训练中表现优异的运动员却在大赛中惨遭滑铁卢，这是因为在大赛中，精神紧张以及各方面的压力会导致运动员无法发挥出体能和精神上的全部能力，他们也无法专注于动作，所以失去了取得好成绩的力量。许多心理学家和特聘教练帮助运动员进行精神锻炼，目的是让他们更好地掌控自己的情绪，对自己更有信心。

各行各业的人们，无论是在千万人面前进行表演的艺术家，还是坐在屏幕前的证券操盘手，都会时常经历巨大的精神压力，影响他们进行正常的工作活动。他们中有些人甚至因此与药物相伴一生，让自己在崩溃的边缘不断徘徊。

很显然，是**内在精神资源**让我们能够有条不紊地进行日常活动。我们必须学会在事件中有效控制自己的主观情绪与情感，只有这样，我们才能在遇到突发事件时冷静不慌乱。这些事件也会帮我们理解外在力量如何施压于我们，帮我们增强精神意志。

最后，我们来解答一下本节最开始提出的问题。在不受伤害的情况下模拟生死攸关的情境，这只能通过在**训练计划中加入精神训练**来实现，这是打磨精神力量的有效手段。精神训练配合体能训练、技术训练以及战术训练才称得上是完整训练。

当你想象一个场景时，你的身体会像受到了真实的外界刺激一样，做出下意识的反应。你可以在训练中利用这一点来提高自己处理危机的能力。就结果而言，身体对于**外界刺激**和内在想象刺激所做出的反应几乎没有本质差别。想象的画面与想象者的精神状态以及的密切关系，很好地解释了精神训练的原理。简单来说，**潜意识**决定了人的感情和情绪，并会影响人在事件中的精神与身体能力。对某个具体情景进行想象时，实际上是在告诉潜意识我们"看到"了这样一个场景，从而让潜意识得到锻炼。

你可以在比较放松的时候，利用空闲时间进行想象力练习，比如当你在火车、公交车或飞机上时，或者在你排队等候牙医治疗的时候。想象一个特定场景中，你位于某个地方，然后攻击者意图对你进行攻击。尝试为攻击者的形象添加更多细节描述，例如他的外貌、衣着等。然后观察攻击者使用的武器和攻击方式，同时留意你自己当时的精神状态和位置。

通过在脑海中想象具体的威胁，想象你做出相对应的战术和防卫技术，你的神经系统和肌肉就会对真实情境中的威胁更加敏锐，不受压力干扰。另外，精神训练有助于将防卫技术和战术运用变成本能反应。因此在被攻击的紧张压力下，你可以不经思考立刻做出身体反应。同时，精神训练也能帮助你更好地了解危机通常是如何展开的、给人什么样的感受，以至于在面对威胁生命的真实事件时，能够消除恐慌和紧张带来的影响。

有两种想象视角可供使用。

1. 采用第三方视角，仿佛你在**看一场电影**，而这些画面（包括你自己）都在你眼前呈现。

2. 采用第一视角，假设自己是事件的**参与者**。我们建议你更多地使用第一视角，因为这更真实地模拟了暴力事件中的防卫者视角。

训练技巧如下。

想象对抗的不同阶段，尽量涵盖可能出现的各种结局。首先，想象对方成功地攻击了你，看到自己"受伤"，"感受"到你的伤痛，你在对抗中"失败了"。

不断地慢速重复想象这一事件的过程，每一次想象都要**改进你的位置以及表现**，不断做出更加有效的防卫，同时不断增加反击力量和频率。最后，重复想象自己取得胜利，利用有效的防卫和反击技术击败对方。

要将更多的注意力专注于**想象自己成了"胜利者"**，将这个结果深深地铭刻在心中，这会提高你在遇到**真实危险**时的生存概率。也要意识到自己有可能"失败"或"受伤"，这会降低你在真实情况下受伤的恐惧感，可以显著**提高你在压力下的能力表现**。当你在想象中能够轻松击败对手之后，便可以开始进行另一次假想了：不同的情境，不同的攻击者，不同的攻击方式。

在精神训练的高级阶段，需要想象同攻击者的**整个对抗过程**。你可以将想象与实际的身体动作结合起来，即你一边在脑海中想象攻击者的攻击和行动，一边实际地做出针对这些动作的防卫和反击，同时更换战术。在这个过程中你要"留意"你"眼前的人"，努力"看到"你的行动让他有何反应以及对他造成的影响。**慢慢地**进行这一类练习，**仔细观察细节**。想象一连串的画面、动作和情景，这是精神训练的关键。

这个训练方式反过来也是有效的。所有非想象的常规的防卫技术和战术训练以及实战对抗，都可以训练提高你面对冲突的心理状态。原因在于，当你在进行实际的身体技术练习时，你的精神也得到了训练。因此，对身体和心理的训练而言，都是压力越大越好。

最后，你必须明白，不管精神训练多么重要，在实际对抗中永远都是用身体动作来保护你或者身边其他人的性命。因此，**体能锻炼**必不可少，尤其是要提高**抗击打能力和忍耐疼痛的能力**。最终，你将更加自信和成功地应对攻击者的各种攻击，不受情绪或身体的负面影响，勇敢地战胜对方。

第 14 章
训练安全事项

想要获得在暴力冲突中应对歹徒或在战斗中击败敌人的技术，就需要训练。用实战格斗的方式进行训练，就意味着不仅需要在肉体上（从轻微接触到全力对抗），还要在精神层面与一名或多名搭档进行磨炼。训练需要用到各种专业装备，例如沙袋、拳击手靶，其他训练靶或防护装备等。你也可以通过空击训练提高和修正技术，比如在没有搭档的互动或沙袋的情况下，对着空气进行肢体练习。

我们的目标是让学员能够在进行各类训练时**不致受伤**，为此我们需要一块合适的场地、一定的行为规范、专业的装备，以及一套循序渐进的训练方法。做到这些，就能够避免发生危险情况，减少训练中受伤的概率。在本章中，我们会讲解一些达到这个目标所需要的指导方针。

毫无疑问，试图在事件模拟和日常训练这两种互相矛盾但又都十分重要的训练方法之间寻求平衡，必然会有一些冲突存在：一方面我们在训练时向学员施加极大的压力，以模拟真实事件中的街头对抗场景；另一方面我们要在平日训练中规避一些可能会造成学员受伤的因素。在马伽术的训练理念中，一直强调要**将这两种互相矛盾的训练方式相结合**，尽可能地在真实氛围中进行训练，同时也必须保证学员在训练中不会受到不必要的伤害。

体检

无论是学员还是教练，体检的重要性都毋庸置疑。学员和教练都必须足够健康，才能达到马伽术高强度训练的体能要求。有些身体稍有缺陷的人也能**在医生的特殊指导下**进行马伽术的学习和训练，并同样能得到令人满意的结果。在以色列，我们专门为那些有严重身体障碍的人（先天缺陷或者后天由战争等因素造成）定制了特殊的马伽术课程。其中的绝大部分学员都能顽强地克服自己身体的缺陷，并展现出令人惊讶的马伽术水平。

在开始进行马伽术训练之前，当事人应该从相关医疗机构获取体检合格证书。在进行体检时，要特别交代医生，当事人将要进行高强度的身体对抗，并且**会对心血管系统造成一定的压力**。必须强调的是，如果通过学习指导手册（例如本书）或教学视频来学习，无论是独自练习，还是与搭档一起练习，都要更加小心，因为这种训练中**没有专业的马伽术教练进行现场监督指导**。

训练场地

在马伽术的概念中，任何可以进行体育活动或体能训练的地方，都可以是**训练场地**，如运动俱乐部、大草坪、沙滩或者你家的客厅等。但是有一点要记住，你所进行的训练类型一定要和你所选择的训练场地相符合。

在开始训练之前，场地中任何可能造成学员受伤的物品都必须**移到边上**。如果你选择在铺有垫子的训练馆进行训练，那么要确保每一块垫子都和相邻的垫子紧紧连在一起，并且**不会轻易滑动**。最好能在铺有垫子的地板上铺上一层抻平的篷布或塑料布，不要有褶皱、空隙或者撕裂。

选择的训练场所必须**保证空气流通**，以确保场内有源源不断的新鲜空气。同时，水分给养一定要足够才行。如果在天气较炎热的时候进行训练，那么学员也必须**在训练中途饮用足够的水**。

注意　训练场所的出入口必须能够同时让至少三人通行，这样有人受伤时另外两人可以快速将伤者运出场地。

必须准备好急救包，所准备的急救用品必须妥善存放，且足以应对多种类型的损伤，从轻伤到重伤。时常检查急救箱中的物品，定期更换或补充缺失物品。在训练时，所有人必须了解急救用品的存放处，如果有人受伤，能够在第一时间使用它们。

马伽术学员需要经常在不同的场所进行训练，其中**包括某些你可能会遭遇暴力事件的地方**。如果不这么做，那么在陌生环境中面对突发对抗时，你的思维能力很可能会受到极大限制，从而影响身体做出正确的应对。每当更换训练场地时，需要仔细勘察这块地方，寻找潜在的安全隐患等。当然，需要**随身携带必需的急救用品**。

毫无疑问，训练场馆必须符合**当地有关部门**关于安全及卫生的要求。

训练时的穿着

训练时的衣服及装备必须合理。在开始训练之前，学员要**卸下身上所有的小物品或饰品**，因为这些物品在训练中极有可能对自己或其他学员造成伤害，包括手表、项链、戒指、耳环等。

注意　如果参与训练的学员中有戴眼镜、留长发或长指甲的，必须格外小心。

训练服装必须完好、简洁，不能含有可能会对学员造成伤害的配件，例如拉链、皮带扣、撕裂的衣物、耷拉的口袋等。

训练还需要安全设备和防护性装备。在训练中所使用的力度，要与搭档的防护装备匹配，**避免因为力量过大**而使搭档受伤。合理使用绷带、拳击绑手带以及护裆等装备，这些装备必须完好无损且没有锋锐边缘。

在训练中穿着不同的服装也很重要，从轻便的夏装或泳衣，到厚重的冬装。为了适应现实情况，你需要在穿任何衣物时都能自信从容地进行安全防卫或格斗对抗，因此，不能只穿一种服装进行训练。

热身

热身的目的是让学员在身体和精神上都做好训练准备。热身应与训练内容相关，动作**循序渐进**，包括对各部分身体系统的激活。

当面对一场真实的暴力对抗时，你不可能恳求攻击者先让你进行热身。因此，你必须在发现对方意图的一瞬间做好身体和思想上的准备，在不进行热身的情况下用合理的技术应对攻击。在这种情况下，你的自主神经系统会帮助你，它的作用是通过向你的血液中释放不同的物质（比如肾上腺素）来辅助你处理这类情况。如果你选择不进行热身运动就直接开始进行训练，那么你需要格外留意**避免进行突然的爆发性动作**，因为这样极有可能会伤到你的身体。

建议在开始按照本书所述的技术、学习方法进行训练之前，先进行轻度的热身运动。这个过程需要持续 10~15 分钟，通常包括一些**伸展运动**，以促进血液循环，加速激活心血管系统，增强肌肉和关节灵活度；包括适度的**力量练习**，例如俯卧撑、卷腹和深蹲等；同时也建议在热身运动中加入一些基于马伽术技术的**格斗游戏**和训练。

训练纪律

在**没有教练在场的情况下**与搭档进行训练时，我们建议首先商量好谁来组织训练，这个人称为训练组织者。

恰当的行为是安全训练和避免不必要伤害的关键，这基于自律以及服从教练或训练组织者的指令。

警告 当你独自或与搭档一起根据既定指令进行训练时，由于没有专业教练在场，就需要保持高度责任感并严格遵守安全准则。

团队必须服从指令，行为一致。在进行多人集体训练时，学员要向既定的一个方向统一行动，以减少相互之间的冲撞。

当进行具体技术的练习时，学员需要在冷静的情绪状态下做出各种攻击和防卫动作。不能对搭档发火，也不能表现过激，双方也都不能突然对搭档做出一些计划之外的动作。在这里，自律包括严格遵照训练规程进行练习、根据训练组织者的指令行动，以及一颗为你搭档的安全着想的心。

特定训练中的安全准则

学员必须在面对任何难度的训练时都从思想上、身体上以及技术上做好准备。不管出于什么原因，如果学员认为无法应对对抗演练或无法完成所要求的任务，就**应该避免进行这些动作**。教练或训练组织者都应时刻了解学员的能力和极限，根据实际情况调整训练内容。

就算是进行空击训练，如拳击、踢击等，也需要**合理地控制力量**，避免肌肉和关节损伤。比如，四肢的伸展不能强行伸到最大程度之外，避免过度伸展伤到关节。因此，你必须在达到最大伸展范围之前收回动作。

训练中，击打沙袋或其他目标（比如胸靶或手靶）的力量，都需要有所**控制**。进行攻击的肢体必须要习惯、适应并吸收接触到目标时产生的冲击力。通常来说，需要一段时间的训练之后才能安全地进行高速而有力的攻击。不管是在训练还是在真实对抗中，我们都不难见到，在打出一拳之后自己手腕受伤的情况。

在集体训练中，任何需要大范围空间的动作，例如软受身、硬受身、滚翻、摔法以及踢法等，需要**所有学员向同一方向做动作**，避免彼此之间的冲撞。**受身和摔法**等动作，则必须在较柔软的地面上进行。

如果训练场所比较拥挤，像摔法这类动作必须**同其他训练者协调**后才能进行。在这种情况下，必须先观察设定移动的方向，**避免与其他训练者相撞**。任何时候都不能朝其他学员的方向用力摔出自己的搭档。

警告　除非有特殊的指令，在进行摔法、大外刈、投掷等技术动作之后，不能用力地砸在你的搭档身上。

不能对搭档身体的任何一个部位，尤其是**脆弱部位**做出强力击打。必须清楚，每个人对攻击力量的承受和忍耐能力都是不同的。对于某些人来说，他们更能忍受疼痛，但其他人或许对疼痛更为敏感一些。然而，不管是什么样的人，其身体脆弱部位被全力攻击肯定会导致受伤，有时这种伤害可能是永久性的。

注意　任何时候都不能不戴拳套或用绷紧的拳头，对你搭档未受保护的面部进行攻击。

在搭档给出一个约定好的信号时，比如喊出某个词或拍手等，你必须立刻松开锁头、锁喉、锁腕或其他反关节动作。这些攻击动作不能以最大力量或者最快速度进行，相反，必须在可控的、循序渐进的情况下进行，并注意观察对方的反应。只有当你们对某项防卫技术达到高度熟练的程度时，才能逐渐加强动作力量。

在训练针对持棍攻击的防卫时，所选用的棍必须是光滑的，不能有任何破损、断裂的迹象。在训练的初级阶段以及高压训练中，建议用包裹了柔软材料的棍子进行练习。

在训练针对持刀攻击的防卫时，在初级阶段务必使用橡胶刀。在技术很熟练的情况下，可以使用不锋利的木刀进行练习。完全掌握了防卫技术和技巧之后，才能使用金属刀具进行训练。

注意 所有的训练道具和装备必须妥善存放，保持完好，并且符合特定训练的使用要求。

在必要情况下，根据个人的身体状况、技术水平以及模拟对抗的强度，学员应该穿戴好**护具**。在市面上，你能够找到五花八门的各式防具。但出于对自己负责的态度，最好选用做工扎实、设计合理的款式。

在模拟对抗训练时，有任何环节失去了控制，都要立刻终止训练。在进行训练时，旁边**必须有专人负责监督和管控**，当所有训练者的情绪、精神、身体都恢复平稳之后，训练才能继续进行。

在练习每一种技术和对抗时，搭档彼此之间要保持绝对的信任，也必须**互相帮助达成目标**，即完整掌握技术，提高技术水平，并且积攒知识和经验。在这个过程中，不能出现恶性竞争、争强好胜或者报复等念头。

一些防护装备：实战对抗时使用的头盔、击打沙袋使用的分指手套、拳击手套、护腿、护裆、木制和橡胶制的训练匕首。

第 *15* 章
关于作者

马伽术创始人：伊米宗师

马伽术创始人，伊米·利希滕费尔德（赛德－奥尔）1910 年出生于布达佩斯，当时那里是奥匈帝国的核心城市之一。他的童年和青年时代是在捷克斯洛伐克的布拉迪斯拉发度过的，在这里，人性化教育和在法律监管下的运动文化广受人们的认同和尊重。成长过程中所接触的这些东西，是伊米在日后显现出耀眼人格魅力的关键因素。

伊米的父亲——萨缪尔·利希滕费尔德——毫无疑问也极具人格魅力。萨缪尔13 岁时便加入了一支巡回马戏团，并在此后的 20 年间不断表演诸如摔跤、举重以及其他各种力量运动。对于他来说，马戏团也是一所学校，让年轻的萨缪尔有机会认识各式各样从事不同体育项目的人，包括那些从事非常罕见的运动的人。这些人将自己拥有的知识倾囊相授，教给了萨缪尔，其中也包括许多格斗和自我防卫的技术。

一队佩戴奖章的犹太摔跤手（由伊米领头）跟随萨缪尔·利希滕费尔德在捷克斯洛伐克独立日游行。

离开马戏团之后，萨缪尔在布拉迪斯拉发（当时称为普莱斯堡）定居，并开设了这个城市首家重竞技俱乐部，以著名的希腊神话英雄**赫拉克勒斯**命名。之后，他又加入了布拉迪斯拉发市警署，并升至警司职位。在警署工作的时间里，他抓捕的杀人犯和暴力罪犯最多，成为市民们深为敬仰的警察。

作为警司，萨缪尔对部下进行了自我防卫和处理暴力事件的培训，同时强调，即便是在抓捕罪犯时，也要保持自己作为公民的内心的正直，决不能越过道德的底线。他所教授的技术高度模

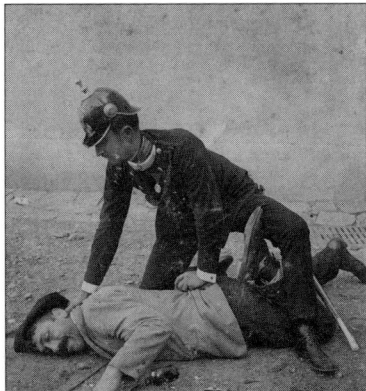

萨缪尔·利希滕费尔德正扮演罪犯的角色，与另一名警官一同演示如何控制并抓捕罪犯。

式化，也许不是非常有效或足够强力，但在当时已经足以适应警察的工作需要了，也符合那个时期对警察行为的各类法律约束。

当伊米还是个孩子的时候，萨缪尔便开始对伊米进行体操等各种体育项目的训练。之后，萨缪尔也让伊米参加到自己为部下探员们组织的定期训练中。在父亲的鼓励下，伊米开始参与很多体育活动，先是在游泳项目上表现优异，随后是体操、摔跤和拳击。在 1928 年的捷克斯洛伐克全国青年摔跤锦标赛中，伊米获得了总冠军。1929 年，伊米又在成人组的摔跤锦标赛中获得冠军，并在同年的全国拳击锦标赛和国际体操锦标赛中都获得了金牌。

在随后的 10 年里，伊米将自己体育运动的重心放在了摔跤项目上，他既是运动员也是教练。这段时间，他成为国家摔跤队的一员，并连年在自己的体重级别赢得捷克斯洛伐克全国锦标赛冠军。到 1939 年为止，伊米参加过无数次国际大赛，并带回了很多奖牌和荣誉。伊米已经成为当时欧洲的顶尖摔跤手之一，击败过世界上许多知名选手。

伊米还经常参加杂技表演，并且接触到了戏剧艺术。他向捷克斯洛伐克最著名剧团的演员们教授的体操，在几次表演中都大获成功。在一次芭蕾舞表演中，伊米出演墨菲斯托一角，成功打动了在场所有的观众和戏剧评论家，赢得了雷鸣般的掌声。

在伊米而立之年，布拉迪斯拉发的社会形势悄然改变。由于受到中欧地区类似运动的影响，法西斯主义和反犹太运动开始在城市里出现，对整个城市秩序

造成极大的破坏，同时也危害到许多犹太社区。在这样的形势下，伊米很自然地被一群年轻有志的犹太人拥护为领导者，他们之中大多都有着相似的拳击、摔跤或举重等运动背景。这群年轻的运动员们在伊米的领导下，不断尝试阻止反犹太团体进入他们的街区肆意破坏。

在 1936 年至 1940 年期间，伊米有时带领着这群犹太小伙子，有时独自一人，同反犹太团体发生过很多次暴力对抗和街头战斗。他们时常会面对成百上千名暴怒的布拉迪斯拉发反犹人群，阻止这些暴民进入犹太街区。不过有时，他们只需要应对一两名暴民的威胁。尽管我们无法用有限的篇幅完全讲述伊米在这段时间所经历的种种困难，但可以想象的是，正是这段在冲突中不断寻求自我保护、为同族人拼死奋战的苦涩经历，将伊米的精神与肉体完全熔炼，让他从一名运动员逐渐变成了一位游走在生死之间、坚持不懈地为民族大义而战的斗士。也正是这段经历，将以色列格斗术（即**马伽术**）的种子深深地埋在了伊米的心中。

20 多岁的伊米·利希滕费尔德，在当时是一名精通拳击、摔跤和其他运动项目的全能运动员。

1940 年，已经完全被反犹太主义者掌控的当地政权视伊米为眼中钉，伊米只能选择离开他的家人和朋友，登上了最后一艘难民船，成功逃离了纳粹团伙的势力范围。这艘古老的船名为彭特乔，它搭载了数百名失去容身之地的犹太人，从中欧驶向了犹太人的应许之地以色列（当时仍被叫作巴勒斯坦）。要想了解彭特乔以及它的乘客的故事，你可以阅读约翰·伯曼所著的《奥德赛》一书（1984 年由纽约 Simon & Shuster 出版社出版）。

伊米在船上的漂流生活惊悚而又精彩，这样的生活一直持续了 2 年之久，直到他最终抵达目的地。在旅途开始的 5 个月时间里，彭特乔沿着多瑙河一路航行进入爱琴海。途中，伊米不得不频繁地跳入水中，来拯救不小心掉下甲板的乘客或取回当时非常缺乏的食物。结果因为经常下水，伊米的耳道严重感染，这差点夺去了他的性命。

在临近希腊的卡米拉尼斯岛，船上的锅炉突然爆炸，彭特乔不得不搁浅在岛上。伊米和他的 4 个朋友搭乘一艘小船前往附近的克里特岛寻求帮助，一路上

他无视自己耳道的感染和朋友们的不断恳求，顽强地将小船划向目的地。（这一天正好是"赎罪日"——以色列一年中最重要的圣日，据说这一天连海中的鱼都会颤抖。自从那次奇迹般生还以后，伊米每年都会过"赎罪日"，尽管他本来是无神论者。）但是，他们英勇的举动最终却因为暴风雨的来临而失败。强劲的海风使得小船在海上无助地漂流，直到最后也没能到达克里特岛。终于，在第 5 天的清晨，一艘英国战舰救起了这 5 名生还者，并将他们带到了埃及的亚历山大港。由于耳道感染恶化，上岸后，伊米立刻被送往当地的犹太医院进行手术。直到将近 50 年后，伊米才了解到自己当时已经是垂死之身，就连医院的医生都对他不抱希望了。这还是当年小船上的成员之一约瑟夫·赫兹（后来在布拉格任医师）后来到以色列拜访时才告诉伊米的。

在进行了一段时间的疗养后，伊米加入了**捷克军团**，在第二次世界大战中受英国军队指挥领导。在这个编制下，他在军中待了 9 个月，并转战于中东各地，如利比亚、埃及、叙利亚以及黎巴嫩。1942 年，在离开军队后，伊米终于得到了进入巴勒斯坦的许可。

那时，伊米的几位朋友和前弟子都在现 IDF（Israel Defense Forces，以色列国防军）的前身——**哈加纳**军事组织中服役，他们随后便将伊米介绍给了时任哈加纳首领的伊兹查克·萨德将军（General Itzchak Sadeh）。因伊米在近身战斗中的过人天赋，他立刻得到了萨德将军的认可，并加入了组织。

1944 年，伊米开始在自己精通的领域对以色列战士进行训练，包括体能、游泳、持刀攻防等。在这段时间里，伊米开始训练**哈加纳**和**帕拉玛赫**（哈加纳组织中的特种部队，同时也是现以色列国防军特种部队的前身）中的精英部队，还有其中的海军部队**帕亚姆**，以及其他警员。

1948 年，以色列建国，同时也成立了以色列国防军。伊米成为以色列国防军**格斗体能学校**的首席教官，负责教授体能及马伽术。伊米在以色列国防军中服役 20 多年，期间他不断地研习和改良特有的个人防卫和近战格斗方法。伊米亲自对军中特种部队的顶尖战士们进行训练，培养认证了很多马伽术教官，也因此获得了以色列众多高级长官的认可。

伊米所开创的马伽术要满足以色列国防军的不同需求，也就是说，马伽术必须是**比较容易学习、上手和应用**的格斗体系。作为战士，不管是办公室的干事，还是特种部队中的成员，都能在**最短的训练时间内**获得熟练的马伽术技能。

有一点非常关键，那就是战士们的马伽术技能可以通过最少的练习与复习，保持在一个相对较高且稳定的水平上。更重要的是，伊米所发明的这种个人防卫和格斗体系让人们能够在面对极大的压力时有所准备。

在从以色列国防军退役之后，伊米开始改进马伽术体系，使它能够适应每个普通人的需求，无论**男女老少**，在面对各种不同攻击（如暴力犯罪或者其他极端情况）时，都能拯救自己的性命并尽可能地免受伤害。

为宣传他的马伽术体系，伊米在以色列创立了两个训练中心，一个在特拉维夫，另一个在他的家乡内坦亚。或许有些巧合，内坦亚这个因绝妙的地中海风情而闻名的旅游胜地，同样也是许多顶尖马伽术教官的家乡。越来越多

伊米·利希滕费尔德在以色列国防军中担任体能与马伽术首席教官。

的热衷于马伽术的学员们都慕名来到这座城市，进行马伽术的"朝圣"，经受着最原始的以色列风格的格斗术洗礼。

在推广马伽术的同时，伊米依然担任着以色列国防军以及其他以色列安全部门的马伽术教官和顾问。1972 年，第一期面向普通民众设立的马伽术教练课程在内坦亚的温盖特体育学院的教练及教官中开设。从那以后，马伽术得以向无数的以色列普通民众推广，并逐步在全球扩展它的影响力。

成千上万的人都参与到这种易学易用、逻辑清晰的马伽术自我防卫的学习中。除了以色列安全部门和警察部门外，马伽术的教学还在师范学院、小学、私人院校、私教工作室、乡下的民众聚居处（例如**基布兹和莫夏夫**）以及市中心的一些社区中展开。

1978 年，伊米和他最得意的几个学生一起创立了**以色列马伽术协会**（IKMA），希望能将马伽术向全以色列乃至全世界推广，向更多人传播这种自我防卫的体系和价值观。伊米担任以色列马伽术协会的终身会长。

马伽术在国际上的活动最早于 1981 年在美国展开，这离不开美国商人丹尼尔·亚伯拉罕先生的热忱帮助。此后马伽术教学在美国土地上的推广则必须感谢

加利福尼亚州洛杉矶市的达伦·R.莱文先生（大师级 M1/专家级 E6）的大力支持与帮助。从 20世纪 80 年代以来，莱文先生便不断地向美国社会介绍并推广伊米所创立的这套体系，同时也担任了这本书的英文版技术顾问与专业编辑。

20 世纪 90 年代初期，伊米宗师表达了创立**国际马伽术联盟**（IKMF）的意愿，希望将马伽术向更广阔的地区推广。最终，IKMF 得以成功创建，伊米对于自己的梦想终于实现感到十分欣慰。1996 年，伊米授予伊亚·雅尼洛夫（本书的合著者）国际马伽术联盟首席教官的称号

伊米的道服。这是 20 世纪 80 年代他在美国讲学时，美国马伽术协会赠予他的。

（伊亚目前是 KMG 的总裁及首席教官），以及大师级 M3/专家级 E8 的马伽术级别，并亲授其"创始人卓越证书"，来感谢他为马伽术所做的贡献。

直到人生的最后岁月，87 岁高龄时，在伊亚·雅尼洛夫的帮助下，伊米仍然在不断地提高马伽术的技术和理念。他一直坚持现场监督马伽术中最高级别的教官进行训练，并且同来自以色列以及全球各地的教练们保持交流。伊米用自己独特的人格魅力以及不失优雅的幽默感不断影响着身边的人们，并将自己的知识和经验传授给他们。

伊米宗师于 1998 年 1 月永远地离开了这个世界，当时在他身边的，是他最得意的弟子和继任者伊亚·雅尼洛夫。即便在生命的最后时刻，他也依旧保持着高尚的灵魂与人格。他知道，他所创建的马伽术训练体系将永远充满活力，生生不息。

首席教官：伊亚·雅尼洛夫

伊亚·雅尼洛夫大师生于 1959 年，15 岁师从马伽术创始人伊米·利希滕费尔德学习马伽术，20 世纪 80 年代初期开始成为伊米宗师最亲近的助手和得意弟子。伊亚大师是当今世界上最高级别的马伽术教官，是唯一一位同时持有伊米宗师亲授的马伽术最高等级以及"创始人卓越证书"的人。

如今，伊亚大师是世界领先的马伽术机构——KMG（Krav Maga Global，世界马伽术联合组织）的总裁及首席教官。

伊亚·雅尼洛夫。

1984 年，伊米宗师委任伊亚大师负责筹备一套关于马伽术的综合系列书籍（本书是其中一部）。从那时起直至 1998 年伊米宗师辞世，他们潜心研究马伽术的各方面元素，推敲马伽术的原理、技术和战术。1987 年，伊米宗师任命伊亚大师为马伽术专业委员会的领导，负责筹备与更新马伽术的教学大纲，同时将马伽术转型为集技术和战术于一体的体系。在这套慎重革新的马伽术体系中，每一处修改都基于伊米宗师的技术与教义。伊亚大师也在这一体系中创立了格斗及要员保护的教学大纲。

伊亚遵循伊米宗师的梦想，从 20 世纪 80 年代开始，努力将马伽术带出以色利并在世界上发扬光大。1996 年，伊亚携同他的 6 名学生成立了国际马伽术联盟（IKMF），他担任主席与首席教官。后来由于需要建立一个专注于此项事业的职业化组织，伊亚大师在 2010 年创立了 KMG，并自此担任总裁及首席教官。

这些年来，伊亚大师一直潜心执教，足迹遍布以色列及其他 55 个国家，他教导过普通的男女老少，也培训指导过政府部门的警员、指挥官和教官、军方突击队员、安全部队、反恐人员、执法人员、机要特工、要员保镖等。

自 1981 年第一次为美国爱好者指导防身术教练课程以来，伊亚大师已在以色列及全球范围内策划并亲授了上百次马伽术教练课程。以色列以外的第一批马伽术教练几乎都是由他教授的。

通过伊亚大师的不懈努力及其学生们的协助，伊亚大师如今已是国际上马伽术的首席大使。而他的这些学生们后来也都成为自己国家的教官、马伽术学校的创办者和领导者。在过去的 10 年中，伊亚的顶尖学生、高级别教官们也都为马伽术的专业发展做出了贡献。

现在，伊亚大师还与其他几位专业人士一起开发了一个独特的项目，叫作"董事会勇士项目"。该项目体系可用于教授企业高层人员在专业和个人方面提高他们的技术与能力，尤其是在管理压力、战术思维与团队建设方面。这些原理在最近出版的伊亚与奥洛·鲍伊博士合著的马伽术图书《格斗心态与作战压力》（Combat Mindset & Fighting Stress）中进行了详细阐述。

伊亚大师持有电气工程学位，同时也是以色列教育体育部的认证教练。

KMG 机构总部的地址：KMG-Krav Maga Global, P.O. Box 3711, Kadima 609200, Israel.

网址：www.krav-maga.com，www.kravmagaglobal.com.cn.

技术顾问：黄清龙

黄清龙（Von Ng），加拿大籍，出生于 1976 年，是 KMG 中国部的主理人兼首席教官。他第一次接触并习练马伽术是在 2004 年，当时他住在菲律宾。经过多年的训练，他于 2010 年正式踏上了马伽术教官之路，在 KMG 获取了教官专业认证。2017 年，他在以色列获得了他的第一个专家级别教官证书。

黄清龙师从伊亚·雅尼洛夫（Eyal Yanilov）大师、泽夫·科恩（Ze'ev Cohen）大师及其他几位民用与执法领域的马伽术大师。他和同伴们一起在美国、英国、匈牙利、捷克及以色列刻苦训练，

黄清龙（Von Ng）。

与 KMG 的全球教官团体保持交流，以了解马伽术在世界不同国家的应用情况。

这些年来，黄清龙在中国培训了数千名学员，其中有普通人，也有执法与私人安保领域的专业人员。他一直在培训和监理中国各地的 KMG 教官与学校的发展，经他培训的一些教官后来到其他国家并成为当地 KMG 事业的先行者。

黄清龙自幼习武，他研习松涛馆流空手道 4 年以上，极真空手道 15 年以上，习练菲律宾武术将近 10 年，其中包括希卡兰（Sikaran，一种菲律宾踢拳体系）、阿尼斯（Arnis，菲律宾短棍流派）和马诺马诺（Mano-Mano，一种菲律宾徒手格斗体系）。多元化的习武背景已经内化为他的思维方式，他由此去看待、认同并欣赏马伽术的体系，尤其是它在自我防卫、系统训练、抗压训练和搏击实战等方面的独到方法。

如今，黄清龙继续与伊亚大师以及 KMG 以色列总部团队紧密合作，以使马伽术培训适用于中国的特定需求。他的目标是了解中国的现代文化和社会需求，为民用和专业领域的马伽术培训量身定制训练方法，确保学员在训练中获取尽可能多的技能，确保普通习练者和专业人员都有机会接受正宗优质的马伽术培训，并最终秉承伊米宗师和伊亚大师的高尚理想与价值观。

本书出版社特邀黄清龙先生担任本书的技术审核顾问。

出版人：兹维·莫里克

兹维·莫里克生于 1947 年，从开始学习马伽术起便一直跟随伊米宗师进行训练。第一次遇见伊米，是在特拉维夫为普通民众开设的马伽术训练中心。在之后的岁月中，兹维既是伊米的弟子，也是他值得信赖的个人助理和好朋友，到伊米宗师逝世前，两人结识已经超过了 30 年。兹维早在年轻时，就被伊米作为教育家和武术家的独特个性及思想所折服。

兹维·莫里克。

在读大学的日子里，兹维享受着在伊米宗师的私人教学和监督下训练的特权，马伽术水平迅速提高，这可是无与伦比的（他和当时伊米的助理教练——已故的艾里·阿维扎一起）。20 年之后，当伊米的重要学生伊亚·雅尼洛夫在特拉维夫开设马伽术课程的时候，兹维立刻选择了在伊亚的教学和监督下继续进行马伽术的训练。

兹维获得了大学毕业证书和学位证书（数学、统计、经济学）之后，伊米让他来做助理并协助建立马伽术组织。1978 年，兹维作为 7 位创始人之一，建立了以色列马伽术协会，并担任第一任协会秘书，随后还出任了协会的对外发言人和公关经理。为了褒奖兹维的热情和他对协会付出的努力，协会授予兹维马伽术名誉黑带。

随后，兹维创建了自己的出版公司——德克尔出版社，并成为一名职业出版人。伊米宗师得知后，便邀请兹维接下以色列境内和全球范围内关于马伽术出版物的全部编辑和出版工作，兹维愉快地答应了。从 20 世纪 80 年代中期开始，伊亚·雅尼洛夫——本书的合著者——便开始对马伽术的技术与原理进行系统整理和分类。1990 年，兹维出版了首部关于马伽术概要的英文版书籍。1992 年，伊米和伊亚合著的希伯来语版本《针对持刀攻击的自我防卫》一书也成功出版。时任以色列总理、前以色列国防军首席官员伊扎克·拉宾先生对伊米作为马伽术主教官在军中教学的事迹表示肯定与尊敬，并为这本书作序。

这段时期，兹维成为伊米的私人顾问以及他最为亲近的朋友之一，他不断地帮助自己的老师伊米实现梦想——让所有遇到危险的人都可以用到马伽术防卫技术。为达到这个目的，兹维也将自己的德克尔出版社发展成为一个国际化出版社（德克尔出版集团），参与到各种出版活动与书展中。

目前您手上的这本书——《伊米大师以色列格斗术》的英文原版，是在1999年由德克尔出版集团和美国弗洛格出版社跨国合作出版并发行的。由于该书的巨大成功，以及马伽术在全球范围的风靡，该书被翻译为多种语言，发行到世界各国并一版再版，包括墨西哥、西班牙、法国、意大利、荷兰、德国、捷克、匈牙利、波兰、日本、韩国，从而让所有对马伽术感兴趣的人受益。

1998年1月，伊米大师逝世，兹维在葬礼上宣读悼词，回顾了这位马伽术创始人高尚的价值观、人格和杰出的一生。

1979年，在以色列特拉维夫，伊米大师（左）参加兹维（右）的婚礼。

2006年，兹维（左）在布拉迪斯拉发的"伊米之家"工作室演示马伽术。

目前，兹维·莫里克正在与伊亚·雅尼洛夫合作，编写本书的续篇，续篇将主要讲解马伽术针对徒手袭击的防卫与格斗技术，预计于2021年出版。另外，他们在2020年还出版了另一本马伽术图书，即与奥洛·鲍伊博士合著的《格斗心态与作战压力》。

附　录

常规站姿。

马伽术常用的概念和术语

这一章主要讲解本书中经常提到的马伽术的一些基本概念和术语。

站姿

✿ **站姿**：许多防卫与攻击技术的起始姿势。

✿ **自然站姿**：身体直立，双手自然下垂，同时双脚分开与肩同宽。这一姿态通常也被称为"放松式"，目的是模拟人在自然心态下的样子，尤其是没有意识到自己即将被攻击的状态。

✿ **常规站姿**：通常也被称作"常规格斗式"。此时你的双脚依旧分开与肩同宽，一只脚略微在前，另一只脚略微在后，两脚之间的距离为15~33厘米。后脚脚跟轻微抬起，同时膝盖也相应地略微向前弯曲，前脚微微内扣。双手举至肩或脖颈的高度，掌心相对，两手到肩膀的距离大约相等。此时，调整你的身体重心，将身体大约一半至2/3的重量放在前脚掌上。

向内防卫的站姿。

注意   上述内容只是常规形式的描述，对于每个人来说，都需要微调以适应自身情况，尤其是在对抗过程中。

✡ **向内防卫的站姿**：与常规姿势相同，除了双手间的距离稍远，手位于两侧肩膀的正前方。

　　目的：这个姿势主要用于以向内防御为主、针对直拳型攻击的防卫技术，这是对于你来说最舒服的姿势。同时，这个姿势能将对方的攻击引至你双手之间的中心位置，使你更容易进行防卫。

✡ **向外防卫的站姿**：与常规站姿相似，只是这一次你的双手会放在对侧肩膀的前方，同时身体略微侧转。

向外防卫的站姿。

　　目的：这个姿势主要用于应对直拳的向外防卫，这样站对你来说最舒服。

步法及移动技术

✡ **垫步前移**：从自然站姿上步，一只脚向前迈一小步，另一只脚通常进行攻击。也可以在常规站姿下用前脚垫步，步骤和上述相同。

✡ **交叉步移动**：这个动作与垫步非常相似。通过交叉步移动，获得合适的距离和范围。如果你是将后脚换到前脚的位置，我们称其为"向前交叉步"；同理，前脚换到后脚为"向后交叉步"。当你迈出的交叉脚即将落地时，另一只脚便已经在空中向对手发动踢击。

通过向后交叉步移动。

✡ **追步**：这种步法也同样是垫步的一种变式。快速迈出后脚，追至前脚所在的位置，在后脚触地的一刹那，另一只脚（一般而言是前脚）便要向对方进行踢击。

拳法

✡ **直拳**：拳直接沿着肩膀与攻击目标的连线击出，在整个过程中尽量保持肘部朝下。当即将击中目标时，略微旋抖手腕，然后立刻将手抽回。这种类似弹簧一样的回抽动作存在于绝大部分的马伽术拳法技术中，这样能让你出拳更为迅速，从而增加击中目标时的冲击力。通常，拳击有两种做法，一是用掌根打击目标，二是用握紧的拳头的食指和中指关节打击目标。

掌根直拳攻击。

直拳，正前方视角。

左手直拳。

右手平勾拳。

右手上勾拳。

侧面劈砍。

✡ **平勾拳**：拳沿半圆路径，从外向内绕过正面近距离的障碍进行攻击。身体略微向挥拳的方向转动，将力量转移到拳上。出拳时，保持拇指在上、小指在

水平向后捶击。

向前捶击。

下，用食指和中指关节打击目标。

✿ **上勾拳**：拳从下向上，沿斜上轨迹挥击。将所有力量集中于拳头，猛地向上挥出。

✿ **劈砍**：用手掌外侧边缘进行攻击，用小指那一侧的掌侧肌肉打击目标。这个技术可以水平或垂直向前、向内、向下、向外击打。

✿ **捶击**：与劈砍相似，只是这一次握紧拳头。同样，这个技术可以用在水平和垂直方向上。

踢法

✿ **前踢**：快速出脚，向前上方踢击目标，用前脚掌或脚背（当踢击对方裆部时）打击对方。

前踢。

前踢的应用。

扫踢示范，正面视角。

扫踢应用，正面视角。

✿ **扫踢**：快速抽扫，以半圆轨迹踢击目标。进行扫踢时需要旋转身体，可以用前脚掌、脚背甚至是小腿胫骨（当目标距离你较近时）对目标进行踢击。

✿ **踩跺**：属于直线攻击。脚向上抬起，脚跟朝向地面，猛地将脚落下（就像踩扁地上的易拉罐一样）。要将膝盖快速抬高（向身体位置），然后施加身体重量，脚后跟直线向下攻击目标。这种踢法可以向下、向前（正蹬）、向侧面（侧踢）以及向后（后蹬）。

抬起腿，准备踩跺。

向下踩跺。

✿ **侧踢：** 这是一种向侧面目标进行踢击的方式，是踩踹的变式之一。向上向前抬高膝盖，然后旋转髋关节，这样攻击脚和目标便会在同一侧。随后，抬起的脚跟朝目标方向用爆发力伸直，同时支撑脚旋转，身体向目标倾斜。完成踢击之后，沿出脚路径快速收回。

侧踢。

防御性前蹬。

✿ **防御性后蹬：** 这个技术也属于踩踹的一种。从臀部位置向后直线进行蹬踢，类似马匹向后蹬腿的动作。身体前屈，从肩膀旁或腋下向后观察目标。

防御性后蹬。

防卫

- **向外防卫**：阻截或者偏转攻击路线的防卫动作。肢体（比如小臂）从靠近身体的位置，向外、向上或向下伸出防卫。
- **向内防卫**：阻截或偏转攻击路线的防卫动作。肢体向身体内侧移动，触及对方的攻击并偏转其方向。
- **突刺式防卫**：这个技术本质上也属于向外防卫。防御手从对方攻击手臂的内侧以锐角突入，让对方的攻击沿着你的防御手臂滑动，从而偏离其原有的攻击路径。这个技术是在直线方向完成的动作，有点类似于直拳。

向外防卫应对直拳攻击。

向内防卫应对直拳攻击，同时进行反击。

向内滑挡防卫，防御手滑至合适距离后直接反击。

使用突刺式防卫应对斧头攻击。

手法

✿ **外翻**：手和小臂以小臂为轴向外旋转，大拇指指向外侧。右手顺时针转动，左手逆时针转动。

✿ **杠杆动作**：将攻击者的任何关节按照超出其自然极限的方式进行弯曲，使对方极度痛苦，甚至使其关节脱臼。这个技术可将对方控制在目前位置，或迫使对方向指定的位置移动。

✿ **腕部反关节**：这个动作结合了翻转掌心和强有力的杠杆动作，能够瞬间将对方放倒在地。

伊米宗师语录

✿ 别人说"不"，不一定真不；别人说"是"，也不一定真是。

✿ 如果你试图告诉别人什么是真相，他们可能会直接"回敬"你一脸的真相。

✿ 人不需要和朋友达成和平，只需要和敌人达成和平。

✿ 亲兄弟明算账。

✿ 强大的人总会有很多朋友。

✿ 人总是会学着变通。

✿ 世上没有两样东西是完全相同的，即便是双胞胎兄弟，或者同一生产线上的两颗螺丝钉，也会有些微的差别。哪怕是同一个人，在不同的时刻也是不同的。

✿ 当你想要追求一位女士时，你最好先搞清楚她的父亲和哥哥是什么人，有时你甚至需要先知道她有没有男朋友。

✿ 男人在街头看到女人时不经意的一次回头可能会改变他的一生。但有时改变他一生的，则是选择不回头。

✿ 我出国旅行并不是为了观赏绝美的风景，而是为了遇见更好的人。

✿ 服务员，看看我的医生都不允许我碰什么，然后给我上两份！

✿ **所有人都想过成为他人。**在一次马戏表演中，一位年轻健壮的杂技演员即将进行高空飞人的表演。在台下观众席最昂贵的座位上，坐着一位大腹便便的富商，他的双唇间叼着一根天价雪茄，手臂搂着一位绝色美人。这位富商看着杂技演员，默默地告诉自己："如果我能像他一样，又年轻健壮又有活力，还可以不用操心世界上那么多的事，就算付出我拥有的一切也行啊。"而杂技演员呢，在高高的舞台上望着富商，心想："真希望我能像他一样，既有钱，又那么有女人缘，还能在整个观众席最昂贵的位子上看着可怜的穷酸小伙儿为了一点小钱拼死累活。"

译后记

非常有幸能承担此任，将伊米宗师的原著——这本马伽术领域"圣经"一般的著作翻译为汉语版。

本人在留学荷兰攻读计算机博士期间开始接触到 Krav Maga。其基于人体本能反应的特点，开放、简单、实用的攻防技术，科学、高效、有趣的训练方法，完善的安全防卫体系，以及深厚的技术理论根基，无不深深地吸引着我。由于我所在的科研机构位于阿姆斯特丹郊区，身边发生过多起留学生安全事件，我意识到如果可以让更多的留学生在走出国门之前学习到这套安全防卫体系，可能会减少很多危险事件的发生。于是我决定将这套安全防卫体系引入国内，并将其音译为"马伽术"。

随着经济的高速发展，国内民众开始更多地关注自身安全与健康，马伽术也迎来了迅速发展时期。截至 2020 年，当年由伊米宗师及其弟子创建的国际马伽术联盟（International Krav Maga Federation，IKMF）已在中国 19 个省及直辖市设有分部，拥有 100 多名认证教练，30 余家实体训练馆，数万名学员。

可是在国内图书市场上，却极少能见到关于马伽术的专业、官方的书籍。当北京科学技术出版社的编辑找到我，并把本书的英文版放在我面前时，我欢欣鼓舞。终于，这本由马伽术创始人伊米·利希滕费尔德（Imi Lichtenfeld）遗留的权威著作要引入国内了。

本书逻辑思维严密，涵盖大部分针对持械攻击的防卫技术内容，同时将马伽术体系最核心的内容、马伽术理论基础及训练方法清晰地展示给读者。通过本书的学习，读者可以更好地了解马伽术体系，并理解技术背后蕴含的理论原则。

如果你还没有接触过马伽术，那么恭喜你，你选择了一本既权威又专业的书籍。

如果你已经是一名注册马伽术学员，那么祝贺你，你可以更好地理解认证教练上课教授的知识，并了解更高级别的技术内容。

如果你是其他领域的从业人员，比如格斗教练员、体能训练师、军警教官等，那么欢迎你，你将进入一个全新的世界！

汤方勇

国际马伽术联盟（IKMF）中国区主席

人文武术精品书系

北京科学技术出版社

武学名家典籍丛书

杨澄甫武学辑注 《太极拳使用法》《太极拳体用全书》	杨澄甫　著 邵奇青　校注
孙禄堂武学集注 《形意拳学》《八卦拳学》《太极拳学》 《八卦剑学》《拳意述真》	孙禄堂　著 孙婉容　校注
陈微明武学辑注 《太极拳术》《太极剑》《太极答问》	陈微明　著 二水居士　校注
薛颠武学辑注 《形意拳术讲义上编》《形意拳术讲义下编》 《象形拳法真诠》《灵空禅师点穴秘诀》	薛　颠　著 王银辉　校注
陈鑫陈氏太极拳图说（配光盘）	陈　鑫　著　陈东山　陈晓龙　陈向武　校注
李存义武学辑注 《岳氏意拳五行精义》 《岳氏意拳十二形精义》《三十六剑谱》	李存义　著 阎伯群　李洪钟　校注
董英杰太极拳释义	董英杰　著　杨志英　校注
刘殿琛形意拳术抉微	刘殿琛　著　王银辉　校注
李剑秋形意拳术	李剑秋　著　王银辉　校注
许禹生武学辑注 《太极拳势图解》 《陈氏太极拳第五路·少林十二式》	许禹生　著 唐才良　校注
张占魁形意武术教科书	张占魁著　王银辉 吴占良　校注
王茂斋太极功	季培刚　辑校
太极拳正宗	杜元化　著　王海洲　点校
太极拳图谱（光绪戊申陈鑫抄本）	陈鑫　著　王海洲　藏
陈金鳌传陈式太极拳暨手抄陈鑫老谱	陈金鳌　编著　陈凤英　收藏　吴颖锋　薛奇英　点校
黄元秀武学辑录 《太极要义》《武当剑法大要》 《武术丛谈续编》	黄元秀　著 崔虎刚　点校

武学古籍新注丛书

王宗岳太极拳论	李亦畬 著 二水居士 校注
太极功源流支派论	宋书铭 著 二水居士 校注
太极法说	二水居士 校注
手战之道	赵晔 沈一贯 唐顺之 何良臣 戚继光 黄百家 黄宗羲 著 王小兵 校注

百家功夫丛书

张策传杨班侯太极拳108式（配光盘）	张喆 著 韩宝顺 整理
河南心意六合拳（配光盘）	李洳波 李建鹏 著
形意八卦拳	贾保寿 著 武大伟 整理
王映海传戴氏心意拳精要（配光盘）	王映海 口述 王喜成 主编
张鸿庆传形意拳练用法释秘	邵义会 著
华岳心意六合八法拳	张长信 著
戴氏心意拳功理秘技	王毅 编著
传统吴氏太极拳入门诀要（配光盘）	张全亮 著
吴式太极拳八法（配光盘）	张全亮 马永兰 著
拳疗百病——39式杨氏养生太极拳（配光盘）	戈金刚 戈美葳 著
尚济形意拳练法打法实践	马保国 马晓阳 著
非视觉太极——太极拳劲意图解	万周迎 著
轻敲太极门——太极拳理法与势法	万周迎 著
冯志强混元太极拳48式	冯志强 编著 冯秀芳 冯秀茜 助编
刘晚苍传内家功夫与手抄老谱	刘晚苍 刘光鼎 刘培俊 著
赵堡太极拳拳理拳法秘笈	王海洲 著
京东程式八卦掌	奎恩凤 著
功夫架——太极拳实用训练	朱利尧 著
道宗九宫八卦拳	杨树藩 著
三十七式太极拳劲意直指	张耀忠 张林 厉勇 著
说手——太极拳静思录（全四卷）	赵泽仁 张云 著
太极拳心法体用——验证与释秘	宋保年 杨光 编著
宋氏形意拳及内功四经精解	车润田 著 车铭君 车强 编著
陈式太极拳第二路——炮捶	顾留馨 著
孙武太极拳心解：三十年道功修习体悟	张大辉 著
王文魁传程氏八卦掌精要	王雪松 编著

民间武学藏本丛书

守洞尘技	崔虎刚 校注
通背拳	崔虎刚 校注
心一拳术	李泰慧 著 崔虎刚 校注
少林论郭氏八翻拳	崔虎刚 校注
拳谱志三	崔虎刚 点校
少林秘诀	崔虎刚 校注
拳法总论	崔虎刚 点校
少林拳法总论	崔虎刚 点校
母子拳	崔虎刚 点校
绘像罗汉短打	升霄道人 编著 崔虎刚 点校
六合拳谱	崔虎刚 点校
单打粗论	崔虎刚 点校

拳道薪传丛书

三爷刘晚苍——刘晚苍武功传习录	刘源正 季培刚 编著
乐传太极与行功	乐匋 原著 钟海明 马若愚 编著
慰苍先生金仁霖太极传心录	金仁霖 著
中道皇皇——梅墨生太极拳理念与心法	梅墨生 著
杨振基传太极拳内功心法	胡贯涛 著
卢式心意拳传习录	余江 编著
习练太极拳之见闻与体悟	陈惠良 著
廉让堂太极拳传谱精解	李志红等 编著
武当叶氏太极拳	叶绍东 何基洪 蔡光复 著
无极桩阐微	蔡光复 蔡昀 著
功夫上手——传统内功太极拳拳学笔记	陈耀庭 著 霍用灵 整理
会练会养得真功	邵义会 著
八极心法——传统八极拳，现代研究修法	徐纪 著
犹忆武林人未远 ——民国武林忆旧及安慰武学遗录	安慰 著 阎子龙 田永涛 整理

功夫探索丛书

内家拳的正确打开方式	刘 杨 著
借力——太极拳劲力图解	戴君强 著
武学内劲入门实操指导	刘永文 著
武术的科学：实战取胜的秘密	〔日〕吉福康郎 著 宋卓时 译
格斗技的科学：以弱胜强的秘密	〔日〕吉福康郎 著 宋卓时 译

格斗大师系列

伊米大师以色列格斗术	〔以〕伊米·利希滕费尔德，伊亚·雅尼洛夫 著 汤方勇 译
拳王格斗：爆炸式重拳与侵略性防守	〔美〕杰克·邓普西 著 史旭光 译

老谱辨析丛书

马国兴释读杨氏老谱三十二目	马国兴 注释 崔虎刚 整理
马国兴释读太极拳论	马国兴 注释 崔虎刚 整理
马国兴释读浑元剑经	马国兴 注释 崔虎刚 整理